大塚久雄から資本主義と共同体を考える

コモンウィール・結社・ネーション

梅津順一・小野塚知二【編著】

日本経済評論社

まえがき

本書は、昨年、二〇一六年一一月一九日に青山学院大学で開催された「大塚久雄没後二〇年記念シンポジウム――資本主義と共同体」を基にしている。当日のプログラムは、私の簡単な問題提起の後、三本の基本報告と、二本の討論報告があり、その後全体の討論が行われた。本書の第一部は、この問題提起と五本の報告論文に加筆したものであり、第二部は、当日シンポジウムに参加した方々の中から、大塚久雄の業績とその今日的意義をめぐって、自由に寄稿いただいたものである。また、大塚研究入門の意味を込めて、大塚の略年譜と基本文献の解説も付加したが、本書がこのような形で、多岐にわたる大塚久雄の業績を、若い世代に橋渡しできるとすれば、幸いである。

大塚久雄は戦後日本において、戦後改革の方向を指導した、戦後社会科学者の一人として位置付けられるが、その学問は戦中期に形づくられたものであった。国際的な自由な学的交流が途切れた時代に、破局に突入しつつあった日本にあって、普遍的な言葉で日本のアンシャン・レジームの構造改革の方向を探ったのである。その点で、グローバルな自由な学的交流が展開するなかにあって、国際基準の旗印のもとに構造改革が叫ばれている今日の状況とは、対照的である。外から、上からの自由化ではなく、内から、下からの自由化の道を追求したのが、大塚久雄であった。大塚はそのために、西欧の学者に学びつつ、日本の現実を踏まえ、問題を捉えていった。本書で取り上げられる方法概念の多くは、時代を超えて、今日なお新鮮な視点を与えるであろう。本書では大塚久雄の著作は『大塚久雄著作集』に拠るが、文献リストや注では初出年で表記している。

このシンポジウムの背景について触れておくと、この数年来、大塚久雄研究会ともいうべき小さな研究会を、梅津の研究室で年に四回ぐらいのペースで行ってきた。今回そのメンバーがこの実行委員会を立ち上げた。報告を担当した齋藤英里、柳父圀近、須永隆の諸氏、寄稿者に加わった近藤正臣氏、それに高村幸治氏（元岩波書店編集部長）と顧問格として関口尚志氏（東京大学名誉教授）である。研究会は研究会というより、大塚久雄とその周辺の諸問題について、自由に語り合う研究サロンに近いのだが、没後二〇年を機に、広く呼び掛けて大塚久雄を追悼し業績を再検討するシンポジウムを企画したわけである。シンポジウムを準備する中で、東京大学の小野塚知二氏、立教大学の小林純氏に参加を呼びかけ、「資本主義と共同体」というテーマを設定したのである。

シンポジウム開催に当たっては、さまざまな方々からご支援をいただいた。大塚研究会の活動には、上野正治氏、ご家族の高柳佐和子氏から援助を受けたし、シンポジウムの実現のために、日本ピューリタニズム学会、社会経済史学会関東部会、政治経済学・経済史学会関東部会からは、共催者として協力をいただいた。また、平出尚道氏をはじめ青山学院大学経済学部経済史の諸先生からは実務的なサポートをいただいた。シンポジウムに熱心に参加された多数の方々も含めて、ここに記して深く感謝申し上げたい。

二〇一七年初夏

梅津順一

目次

第二部　大塚久雄が問いかけるもの

第一部　資本主義と共同体

序章　問題提起——没後二〇年の大塚久雄

梅津順一

二〇一六年は、戦後啓蒙を代表する社会科学者の一人、大塚久雄没後二〇年に当たる。この機会に記念シンポジウムを企画したのは、大塚久雄の業績を改めて顕彰したいと考えたからではない。戦後日本、したがって敗戦後日本、さらには民主化された日本に、歴史の座標軸を示して方向性を与えた大塚久雄の仕事を振り返り、今日の時代状況への示唆を得たいと考えたからに他ならない。『大塚久雄著作集、一三巻』（一〇巻本一九六九年、補巻一九八六年）にまとめられた大塚の著作、論考が今日何を物語るのか、別に言えば、今日われわれがそこに何を読み取ることができるのか。今回のシンポジウムでは、「資本主義と共同体」という主題で、三人の報告者と二人の討論者を立てたが、その主題について説明する前に、大塚久雄の学的業績を簡単に振り返っておくことにしたい。というのは、今日の若い世代にとって大塚はかなり遠い存在であり、大塚の時代とその業績の概略を示しておく必要を感じるからである。

大塚久雄と戦後啓蒙

比較的最近、大塚久雄は戦後啓蒙の著者として位置付けられることが多い。従来は「戦後社会科学」を代表する学者、また「近代主義者」の一人と数えられることが多かった。専門の西洋経済史研究に即していえば、日本の比較経済史学派のリーダーであり、社会科学者としては法社会学の川島武宜、日本政治思想史の丸山眞男らとともに、戦後日本における民主化、近代化のために、近代社会の普遍的原理を身に付けることを強調する立場にあった。これは一面では、日本のアンシャン・レジームにおける主体の問題、日本の伝統的精神構造を問題とする立場であり、逆に言えば、欧米の「古典近代」のエートスに注目する立場であった。戦後日本にあって、批判理論としてマルクス主義の影響が大きいなかにあって、大塚らは資本主義社会をブルジョア社会として批判するだけでは不十分であり、近代社会の普遍的遺産、近代的自由や人権思想を重視したのであった。

もっとも、帝国日本の敗戦を三八歳で迎えた大塚久雄を、戦後の思想家として位置付けるのには、留保も必要である。実際、大塚の主著『株式会社発生史論』はすでに一九三八年（昭和一三年）に刊行されており、後に大塚史学として注目された比較史的な資本主義発生史論も、同年に『欧州経済史序説』として刊行されていたからである。大塚久雄の独創的な研究の骨格は、すでに一九三〇年代に形作られていた。川島武宜や丸山眞男についても同じことがいえるが、日本の戦後啓蒙の思想は、戦後に占領軍の民主化政策に対応して紡ぎだされたものではなく、日本の戦時体制批判の意識の下に、準備されたものであった。大塚は伝統的な政治体制の下での商業資本の在り方を「前期的資本」として特徴づけ、経済的自由を前提として資本主義を牽引する産業資本と明確に区別したのであった。

大塚の近代資本主義の発生史に関する基本的理解は、『株式会社発生史論』を準備する中で育まれた。この本で大塚が取り上げたのは、ジェノアのサン・ジョルジオ銀行、スイスの大ラーフェンスブルク会社、チューリンゲンのロイテンベルク会社などだが、最終的にはオランダ東インド会社とイギリスの東インド会社が注目された。大塚は両社を比較し、エリザベス朝に発足したイギリスの東インド会社が、市民革命の中で、株主総会が統治する「民主型」の構造を取るに至り、株式会社が成立したことを跡付けた。近代初頭のヨーロッパは国際的商業戦の時代であり、当初優勢であったイタリア、スペイン、ポルトガルの南欧諸国に対して、一六世紀末よりイギリス、オランダの北西ヨーロッパ勢力が台頭することになった。大塚にとって株式会社の発生史は、ヨーロッパ各国の比較の中で、近代資本主義の発生史を跡付けることを意味した。

近代資本主義の発生史論

大塚の比較史的な近代資本主義の発生史は、すでに述べた『欧州経済史序説』で語られ戦中刊行の『近代欧州経済史序説』上巻（一九四四年）で改訂された。戦後の著作としては、研究論集『近代資本主義の系譜』（一九四七年）があり、より一般的な読者を想定した啓蒙的著作、『近代化の人間的基礎』（一九四八年）、『宗教改革と近代社会』（一九四八年）が注目される。大塚は近代資本主義の社会的基盤として、中産的生産者層を想定したが、その人間的資質を取り上げたのがこの二著である。前者では、近代的人間類型の例示として「ロビンソン・クルーソーの人間類型」が説かれ、後者では、ルッターやカルヴァンに即して、宗教改革の社会的意義が論じられた。資本主義の人間的基礎に注目したのが大塚久雄の特徴であり、マックス・ヴェーバーの『プロテスタンティズムの倫理と資本主義の精神』から学んだことでもあった。

戦中から戦後にかけた時期、大塚は大病に苛まれたが、健康が回復した後の大塚の研究テーマは、楠井敏朗（『大塚久雄論』日本経済評論社、二〇〇八）によれば次の三つであった。第一に、近代資本主義社会の成立の基礎的条件として、近代的市場構造の成立に関する研究、第二に、近代資本主義成立以前の、経済的・社会的土台として、共同体の基礎理論に関する研究、第三に、近代社会を成立・発展させていく人間的条件として、ヴェーバーの「資本主義の精神」に関する研究である。この三つの研究テーマは、大塚史学の構想を理論的に明確化するものであり、第一の市場構造については、近代初頭イギリスにおける農村市場をめぐる「局地的市場圏」論があり、『国民経済』（一九六五年）では、国内市場に基盤をおく内部成長型発展論として展開された。第二のテーマについては、東京大学大学院における講義ノートをもとにした『共同体の基礎理論』（一九五五年）がある。第三のテーマについて、大塚は一九四四年の旧稿を全面的に改稿して、雄編「マックス・ヴェーバーにおける資本主義の「精神」」（一九六四／六五年）として発表した。

大塚久雄を西洋経済史学の指導的学者として語るうえで注目しなければならないのは、『西洋経済史講座』全五巻の刊行に他ならない。共同の編集者として、フランス経済史の高橋幸八郎、ドイツ経済史の松田智雄を迎え、数十人の学者の共同研究であるこの講座は、ヨーロッパ各国での資本主義の形成過程を比較史的に展望したものであった。この講座の副題は、「封建制から資本主義への移行」であり、この主題は欧米におけるドッブ＝スウィージー論争といわれる「移行論争」に対応するものであった。この講座は日本の経済史学の研究水準の高さを示すものであったが、この講座に寄稿された大塚の重要論文は、大塚自身が資本主義発生史を総括するものでもあった。また、一九六三年に東京大学で開催された「マックス・ヴェーバー生誕百年記念シンポジウム」で、大塚は中心的役割を果たしたが、ヴェーバーを通して日本の戦後社会科学の動向が総括されている点で注目された。

社会科学における人間の問題

十五年戦争の「暗い谷間」の時代に学問的人格を形成し、戦後啓蒙の役割を果たした大塚久雄の業績は、一九六〇年代半ばで一つの到達点を画したといってよい。しかし、大塚の仕事を戦中から戦後の時代に固定して理解するのも正確ではない。たとえば、『国民経済』に収録された二つの論文、「民主主義と経済構造」（一九六〇年）「政治的独立と国民経済の形成」（一九六一年）は、明らかに一九六〇年の安保条約改定問題に関する発言であり、「経済史から見た貿易国家の二つの型」（一九六二年）は、日本の経済成長に関する批判的論評として読むことができる。また「現代日本の社会における人間的状況」（一九六三年）は、高度成長に伴う人間疎外問題に向き合うものであった。これは後に『生活の貧しさと心の貧しさ』（一九六七年）として語られるものでもあり、後の宗教講演集『意味喪失の時代に生きる』（一九七九年）で追求された。

一九六六年刊行の岩波新書『社会科学の方法――ヴェーバーとマルクス』は、大塚の新しい方向を示すものであった。大塚の資本主義発生史においてはマルクス理論の独特な読み方が主導的役割を果たす一方、資本主義の主体的条件の面で、ヴェーバーの「資本主義の精神」論が援用されていた。それがここでは、グランド・セオリーとしてマルクスの社会・経済分析と並び立つものとして、ヴェーバーの社会理論が位置づけられたのである。この続編ともいうべき、『社会科学における人間』では、ヴェーバーの宗教社会学、とくに「世界宗教の経済倫理」が積極的に取り上げられ、非ヨーロッパ社会、とりわけ中国社会、インド社会の成立と構造を比較展望する方法として、ヴェーバーが評価されたのである。大塚は比較的早くから経済史的視点から発展途上国問題に取り組む必要を意識しており、ヴェーバー的方法の重要性を指摘していたのである。このテーマは、今日のグローバル社会の背後にある文化的・社会的構造への示唆を含んでいる。

大塚久雄へのアプローチ

没後二〇年の今日、大塚久雄を主題としてシンポジウムを開催するとして、さまざまな主題が考えられる。大塚久雄の経済史研究は、広い意味で封建制から資本制への移行論争を背景としていたから、それに伴う様々な論点を検証することは今日でも重要な課題である。大塚は昔からある商業活動とは区別して近代資本主義の萌芽を見出していた。旧来の遠隔地間の取引は、特権商人を担い手とし、政治的な特権と結びついたものであったが、近代資本主義の萌芽は地域内部の取引、独立自営農、小生産者たちの自由な取引に由来することに注目した。近代化の歴史的起点は、特権都市や貿易都市ではなく、内陸の農村に求められたのである。

こうした大塚の近代資本主義の発生史は、独特な方法概念、キーワードで語られた。「前期的資本」すなわち経済的自由を前提とせず政治的特権に支えられた経済活動があったが、これに対抗して局地的市場圏、すなわち地域内分業に基づく民衆の自由な経済交流が重視され、遠隔地市場を志向する領主的市場経済と農民的市場経済の対抗、特権商人と対抗する小生産者が成長した中産的生産者層。近代化の担い手である中産的生産者のエートス、すなわちマックス・ヴェーバーの「資本主義の精神」の役割。一七世紀のオランダとイギリスを念頭においた、中継貿易型貿易国家と内部成長型貿易国家。固有の重商主義、産業革命の諸類型など。大塚史学を今日的に検証するとすれば、以上のような論点についての検討が必要とされるであろう。

あるいは、この機会に大塚久雄の業績を再検討する場合、日本の歴史家、ないしは社会科学者として大塚久雄を位置付けることも必要となる。戦前の日本資本主義論争の文脈における大塚久雄、あるいは戦後民主主義と大塚久雄、ウェーバー研究者としての大塚久雄、さらには無教会的知識人としての大塚久雄といった主題が考えられる。今回シンポジウムの準備会を開くにあたって、私は大塚久雄を日本の経済史学史、あるいは戦後日本の社会科学史に位置付ける関心が多いことを予想していたが、むしろ現代のアクチュアルな問題へのヒントを引き出したい、そのような関心が強いことがひしひしと伝わってきた。今回のシンポジウムの参加者も、大塚久雄を歴史上の人物とした位置付け、あるいは大塚の学問的業績の確認よりも、現在の問題に何かを語る大塚久雄を考えたいという関心が強いと考えられる。

「資本主義と共同体」

今回のシンポジウムは「資本主義と共同体」というテーマを掲げたが、本書で取り上げる共同体は『共同体の基礎理論』の主題である伝統的共同体のことだけではない。大塚久雄の伝統的共同体論自体も、重要なテーマであることは間違いない。戦前日本の資本主義の展開のなかで、伝統的共同体をどのように位置づけるかは大きな問題だし、今日のグローバル経済が欧米流の一元的な市場経済のネットワークとしては理解できず、それぞれの地域の伝統的共同体とのかかわりが注目されるからである。ただ、今回のシンポジウムでは伝統的共同体を正面から取り上げることはできなかった。それは問題が小さいからではなく、与えられた時間の枠内で納めることが難しかったからに他ならない。

今回、「資本主義と共同体」というときの共同体とは、齋藤報告でいうコモンウィール、コモンウェルス、小林報告が指摘する「経済的に向上しつつある自由な勤労民衆」の世界、そのコミュニティを意味している。いわば、近代資本主義の社会的基盤として、精神的なインフラストラクチャーないしは社会的連帯の場を共同体と想定している。伝統的共同体とは異なって、自発結社（アソシエーション）が新しい共同体となるが、そのアソシエーションは小野塚報告の言葉を借りれば「永遠の希望」でありつつ、それがつねに隘路を抱えるのであれば、「永遠の絶望」をもたらすほかないことになる。「資本主義の精神」の担い手のフランクリンが参与したのが「ジャントークラブ」だが、その種の自発結社の原型は、宗教共同体ともかかわりがあった。須永報告で取り上げられる「チャーチ」に対する「チャペル」に他ならない。

今回のシンポジウムでは、近代資本主義に対応した共同体、すなわちコモンウィールの世界、アソシエーション、国民経済（国民共同体）が、近代資本主義の発展のなかで、どのような機能を果たしたのか、今後果たしうるかに関心が向けられる。齋藤報告はコモンウィールというキーワードが、大塚久雄にとって本来の初期資本主義だけでなく、現代資本主義への批判的視点を与えることを示唆するし、小野塚報告では、近代的資本主義の社会的基盤を構成する各種のアソシエーションが、抑圧の機構となりうることを問題視している。また、小林報告では、コモンウィールから国民経済へという道筋が、今日のＥＵの経済統合、さらにはグローバル経済に示唆するものを探求している。国民経済の統合はより高度なコモンウェルスを作り上げることができるのか。ＥＵやアメリカの上級の政治クラブ、財界人クラブが世界を牛耳っていることはないか。そうであれば、アソシエーションへの希望は絶望に終わるほかないことになる。

なお、柳父報告は、大塚が国家主義と国民主義を峻別したことを、内村鑑三の思想との関係で考え、その現代的意義を探っている。大塚久雄を戦後啓蒙と捉えれば、内村との関係は、日本の内部で戦後啓蒙を準備した精神的な基礎を探求するものともなる。

以上、今回のシンポジウムについて、それぞれの報告、討論の内容へのイントロダクションを兼ねて触れた。以上の報告は共通して、大塚を過去の人として位置付けるのではなく、大塚を今日の世界への発言者として意識するものである。そこには大塚の業績の特徴がよく表れていると考えられる。すなわち、大塚は歴史研究を通した現代への優れた問題の提起者であったことである。しかし、そのことは大塚がその問題提起に対応する問題解決をすべて準備したことを意味するわけではない。大塚は近代資本主義の基盤として市民社会、アソシエーションに注目したとしても、アソシエーションですべてが解決するとは語っていない。それは近代資本主義の発生の人間的意味を語ったとしても、資本主義の末路への十分な処方箋を持ち合わせていたわけではない。資本主義の発生期に希望の象徴とも考えられた中産層も、恐慌下の二〇世紀ドイツではファシズムの担い手と成りうると考えていた。大塚は座標軸をもって歴史を展望したが、その座標軸で割り切ることにはとても慎重であった。とすれば、そこに我々の課題もある。大塚の座標軸に学びつつ、自由な討論が触発され、我々の課題へのヒントを得ることができるのではあるまいか。このシンポジウムがそのような有益な機会となることを願って、私の問題提起を終えたい。

第一章　資本主義と可能性としてのコモンウィール

齋藤英里

乞う、一切の職業の濫用は除去されよ。もし、少数者を富ますために多数者を貧困にする者があるならば、それはコモンウェルスを益するものではない。（ダンバーの戦いの後、クロムウェルが長期議会の議長に宛てた書簡より）

1　本章の課題

本章は大塚久雄における「資本主義と共同体」をめぐる諸問題について、コモンウィール（commonweal）ないしコモンウェルス（commonwealth）[1]に着目して検討するとともに、その今日的意味と可能性を探ることを課題にしている。[2]大塚はコモンウィールをアソシエーションや、ネーションとの関連でも議論していることから、本章は後続の二つの章にとっての導入にもなろう。

大塚久雄の資本主義発達史研究は、共同体の解体による資本主義の成立を論じたことで知られている。それは、古いムラ共同体にかわる「新しい共同体」の誕生を含意するものでもあった(3)。大塚が独自に編み出した前期的資本、中産的生産者層、局地的市場圏などの概念や、『共同体の基礎理論』などの著作は、上記の問題を検討するのに有効な視点を与えてくれる。

ではこうした諸概念や著作が存在しているにもかかわらず、あえてコモンウィールを持ち出す理由は何か。しかも、コモンウィールは中世末のイギリスに起源がある古語であることから(4)、日本語には置き換えにくく、社会科学の用語として使用するには厳密さを欠くことも否めない。そのためか、コモンウィールは従来の大塚論では前期的資本などの諸概念に比べてさほど注目されず、本格的に論じられることがあまりなかった。

だが、筆者はかねてからこの語句に注目してきた(5)。コモンウィールは大塚の初期から後期にいたる様々な著作のなかで、時には明示的に、時にはやや影に隠れながら言及され、意味内容を変えつつ使用されていることから、コモンウィールに着目することで大塚の比較経済史研究の展開過程と全体像がかなり理解できると、筆者は認識している(6)。コモンウィールは前述の諸概念の土台をなすことから、その検討は大塚の理論形成の前提を探ることになるし、理論化のなかで見失われていった問題があるとすれば、それを再検討する機会にもなろう。

「資本主義と共同体」というテーマに即して、大塚のコモンウィール論の意義をあらかじめ多少述べると、それは封建制の解体から生まれた富や社会関係のことであり、市民社会や資本主義が成立する母体でもある。さらに、国民経済の成立やナショナリズムの起源と、その変容を検討する上でも重要な意味を持つ。これらの点については、行論において明らかにしたい。

イギリス思想史におけるコモンウィール概念の考察は一層複雑で、その全面的検討は筆者の手に余る。ここでは、それが中世末から現代にいたるまで、意味内容を変えつつ、様々な文脈において使用されてきたことをまずは確認しておこう。(7) わが国でも経済史以外に、政治思想史や社会思想史研究においてこの語句は注目されている。(8)

大略以上のような問題関心に立って、2では大塚におけるコモンウィール論の展開をたどる。3ではイギリス思想史・社会経済史研究におけるコモンウィール論の例をいくつかとりあげ、大塚の議論と比較することで、後者の特徴を確認する。4では大塚のコモンウィール論の意義や問題点を指摘する。最後に補論として、コモンウィールの現代的意義を考えたい。

2　大塚におけるコモンウィール論の展開

具体的な考察に先立って、大塚の比較経済史は一体何を問題としたのか、この点をまず考えたい。これは極めて大きい問題であるが、本章との関連では、歴史には大きな断絶面があるという考えに立ち、伝統的共同体社会と、それを打ち破って成立する新しい社会との違い、具体的には、そこにおける富の形態やその獲得方法、人間と人間、人間と自然との関係、それらに関する意識の違いなどを両社会について比較し、新たな社会の成立の論理と倫理を示したものであると、筆者は理解している。[9] その理解の一つのカギとなるのが、コモンウィールである。

コモンウィールは、表1-1に整理したように大塚の様々な著作において言及されているが、その内容は(1)市民社会論、(2)民富論、(3)ナショナリズム論に大別される。以下では、この三点についてそれぞれ検討する。

(1) 市民社会の基盤としてのコモンウィール

大塚が著作のなかでコモンウェルスないし、コモンウィールを使用しだしたのは、戦時期から敗戦直後にかけてである。[10] 具体的には、大塚［一九三八］［一九四四b］［一九四四c］、［一九四六a］［一九四六b］などの論稿があげられる。なかでも筆者は、大塚［一九四四b］に注目したい。この論稿の題目は、「資本主義と市民社会」である。大塚は著作のなかで「市民社会」よりも「近代社会」を多く使用しているが、同稿では珍しく「市民社会」という語句が使われている。しかし、それ以上に重要な点は、資本主義という用語の使用が時局的理由から困難になり、市民社会という語句をその隠れ蓑にして用いていた戦時期に、大塚は「資本主義と市民社会」というテーマを題目に掲げ、両者の関係性を問題にしたことである。

同稿の主眼は、その副題――社会的系譜と精神史的性格――に良く示されている。[11] 大塚は資本主義成立の精神史的背景として、感性的な欲求の解放を重視するブレンターノやゾンバルトらの「解放説」と、ヴェーバー、トレルチらによる「禁欲説」を対比する。続いて両説の検討を史実に即して求めるため、マントゥーやアンウィンらの経済史研究を精査し、資本主義の社会的系譜を検討した結果、ヴェーバー、トレルチらの禁欲説を支持するにいたった。そうした趣旨のこの論稿において、「コモンウェルス」という言葉が散見されることに注目したい。例えば、次の指摘を見よ。

われわれは、近代西ヨーロッパにおける資本主義の歴史的性格を中産的生産者層の、またそれを基軸として構成される経済社会(一六、七世紀のイギリス人のいわゆる「コモンウェルス」)の末裔として理解しなければならないであろう[12]

コモンウェルスとは、中産的生産者層を基軸にして構成される経済社会であること、近代西ヨーロッパの資本主義はこのコモンウェルスの末裔として成立したことを、大塚は戦局が極めて困難になった時期に論じている。近代西ヨーロッパ資本主義の市民社会的性格を歴史的に論じた同稿は、敗戦後の日本社会の課題までも予見したものと考える。

大塚は戦後改革のためには、社会変革と同時に人間変革の必要性を強調したが、ここでもコモンウィールは重要な意味で登場する。大塚[一九四六a]では、日本人が伝統的に持っている親心と恭順の意識——それは古い共同体や天皇制を支えた精神構造でもある——を批判する一方で、近代社会を孤立した人間のアトム的状態ととらえる「孤立主義」的社会観をも批判している。再び大塚の言うところを確認しよう。

しばしば近代社会においては個々人はアトミスティックに分裂し、全体は全く顧慮されないと言われている。しかし、それは、見られるように、全く誤りである。近代的人間類型のつくり出す精神的雰囲気のなかでは、……社会的連帯の内面的意識が、かえって全体への顧慮をつくり出してくることを忘れてはならない。いわゆるcommonwealthあるいはcommonwealがそれであるが、ともかくそうした観点からフランクリンの書き記したものを読むことはきわめて興味深いと思われる(13)。

この論稿で大塚は、自発性、合理性とともに社会的連帯（アソシエーション――齋藤）の内面的意識を近代的人間類型の特徴としてあげ、こうした人間類型の創出が民主主義の確立にとって急務であるとの認識を示している。その際、アメリカ合衆国の「偉大な平民」といわれたベンジャミン・フランクリンの著作に注目を促している。血縁および地縁的紐帯から解放され、自立した人間相互による新たな連帯と全体への顧慮の必要性が、敗戦後の近代化構想における課題として、ここに明確に提起されたのであった。

大塚［一九四六b］は敗戦後の日本においてようやく享受された「自由」は真の自由ではなく、エゴイズムの自由であると批判し、コモンウィールはエゴイズムの自由からではなく、良心の自由

表1-1　大塚におけるコモンウィール・コモンウェルス論の主な著作

年月	題　目	初出収録雑誌等	再収録著作	『著作集』巻
1944. 6	資本主義と市民社会――その社会的系譜と精神史的性格	『世界史講座』(弘文堂)第7巻	『近代資本主義の系譜』	8
1946. 8	自由と独立	『教育文化』5-7	『近代化の人間的基礎』	8
1946.12	自由主義に先立つもの――近代的人間類型の創造	『基督教文化』11・12合併号	同上	8
1947. 4	近代化の歴史的起点――いわゆる民富の形成について	『季刊大学』創刊号	『近代資本主義の起点』	6
1951. 1	資本主義社会の形成	『社会科学講座』第4巻、第6巻		5
1956. 7	経済的繁栄とはどういうものか	『婦人公論』		未収録
1961. 6	政治的独立と国民経済の形成	『思想』第444号	『国民経済』	6
1964. 8	現代とナショナリズムの両面性	『世界』第224号	同上	6
1968. 5	近代化の歴史的起点――とくに市場構造の観点からする序論	大塚久雄編著『西洋経済史』(筑摩書房)		5
1984. 2	経済学とその文化的限界	『アジア文化研究』第14号		11

から生まれることを指摘している。ここで、コモンウィールは「民衆の富裕」の意味で使用されている。民衆の犠牲のうえに行われた買い占め的独占や投機などは、エゴイズムの自由にもとづく営利欲であった。ここには、当時闇市で私腹を肥やす商人の反社会的経済活動――一七世紀オランダのアムステルダムにいたとされる貿易商人ベイラント（Beylandt）、儲けるためなら敵国スペインにさえ武器を売ったというあのオランダのベイラントに例えて――に対する大塚の批判が込められている(14)。

(2)　民衆の繁栄の基盤としてのコモンウィール

前述したように大塚はコモンウィールについて、表1-1の第一論稿では中産的生産者層を母体とする社会関係、第二論稿では社会的連帯、第三論稿では民衆の富裕として、それぞれ論じた。これらの点、特に第三論稿を踏まえてさらにコモンウィール論を展開したのが、大塚［一九四七a］、［一九五一］、［一九五六a］などに現れた一連の「民富論」である。特に大塚［一九四七a］は、(1)で紹介した二つの論稿とほぼ同じ時期に書かれていることから、内容的にも重なる点があるとともに、敗戦後の日本の近代化構想を民富論につなぐものとしても重要である。同稿の末尾には、結論として次の一節がある。

近代社会（＝近代資本主義）が社会的な規模で自生的に、すなわち、真に変革的な経路をとって成長を開始するためには、その出発点において、あらかじめ、中産的生産者層のもとに貨幣形態をとった富（トレジャー）の蓄積がある程度まで行われている、という事態が必要だということとなのである。……この点を検出するために……イギリスとアメリカ合衆国について、近代化開始の時期における事情を検討してみた結果、われわれはそこに、あのコモンウェルスとよばれる社会関係、そしてそういう社会関係のうえに蓄積されるところの「中産的富の一般的形成」mediocrity of fortune すなわちコモンウィールを見出したのであった。これこそが、経済学でいうところの「民富」Volksreichtum の形成にほかならない。逆にいってみれば、この「民富」（コモンウィール）の形成をまさしく起点として近代社会は全社会的な規模における真に変革的な成長を開始した。つまり、「民富」の担い手たる「中産的生産者層の広汎な形成」（コモンウェルス）を起点として、近代化は典型的な展開を見ることになったのである。[15]

この論稿の注目すべき点として、三つの点を指摘したい。第一に、近代的社会関係の母体であるコモンウェルスの上に形成される富を大塚はコモンウィールとし、これをマルクス『資本論』第一巻第二四章「資本の本源的蓄積」第二節「農村民からの土地収奪」に出てくる「人民の富」Volks-reichtume と関係づけ、「民富」と訳したこと、第二にコモンウィールの思想的起源をベンジャミン・フランクリンの「公共善」（Public Good）から出発し、その母体であるイギリスに舞台を転じ、ピューリタン革命期のオリヴァ・クロムウェルやジェラルド・ウィンスタンリーらの言説、さらには *A Discourse of the Commonweal of This Realm of England*[16]や、周知のトマス・モア『ユートピア』を経て、ウスターの聖職者ヒュー・ラティマーによる説教や、大法官のフォーテスキューの『イングランド法の賛美』にまで遡及している点である。さらに、同稿の末尾で、民富を生み出す新しい生産諸力の高まりについて、社会的分業の意義を簡略ながら論じていることを三点目として指摘したい。

なお、この論稿が最初に公刊された際には、「世界史的段階の相違を十分に考慮に入れた上のことであるけれども」と慎重な留保をつけながらも、「このこと（民富の成立——齋藤）は現在の我国経済の近代的＝民主的再建にとって何らかの示唆を与えないであろうか」という印象深い一文が末尾に添えられていた。大塚の民富論は、遠い昔のイギリスの歴史としてだけではなく、地主支配と伝統的共同体から解放され、農地改革が進行していたまさに日本の問題として、当時の識者に向けて書かれたのである(17)。

大塚［一九四七ａ］で簡略に語られていた分業論は、その後に続く論稿の重要な論点となる。その最初の論稿として、大塚［一九五一］をあげたい。「資本主義社会の形成」と題する同稿は、この問題の基本線に関して極めて理論的な説明がなされている。すなわち、資本主義社会の形成は裏側から見れば共同体の崩壊であることから、資本主義社会と封建制社会の基盤の相違――前者は商品生産＝流通の土台の上に立ち、後者は共同体的組織の上に立つ――が指摘されている。その共同体組織を下から揺さぶり、崩壊させつつ、どのようにして小ブルジョア経済が広汎に成長するのか、それが「共同体内分業」という歴史的要因であるとしている。同稿は大略このような問題の立て方をしたうえで、民富論に分業論と共同体論を導入している(18)。ここで民富の形成は、直接生産者（勤労民衆）が営む局地内分業（局地内的貨幣経済）で蓄積される富として、以下のように論じられている。

> 彼ら（農民・職人のこと――齋藤）が新しい局地内的貨幣経済に即して営みを続ける限り労働生産性の上昇からくる余剰は、さしあたって領主層に収取されることなく、彼らの掌中に帰するのであり、したがって、働けば働くほど彼らのもとに貨幣形態における富が集積される結果となる（民富の形成！）からである(19)。

当時のイギリスにおける勤労民衆の豊かな姿を、「働けば働くほど……貨幣形態における富が集積される」という表現で大塚は描いている。民富は、中小の生産者層（小ブルジョア層）を基盤としてつくられた成立期イギリス資本主義の経済的繁栄の表現であった。

大塚［一九五六a］は、農地改革と財閥解体を経て、高度成長が始まりかけた当時の日本人に対して、生活者の視点から経済的繁栄とは何かを語った平易なエッセイである。ここでも、本当の経済的繁栄を意味するものとして、コモンウィールが使われている[20]。大塚の民富論は敗戦直後の改革期だけでなく、その後の日本社会の動向をも批判的に見据えながら議論されていた。この点は、次のネーション、ナショナリズム論にも妥当する。

(3) ネーションとナショナリズムの基盤としてのコモンウィール

一九六〇年前後から貿易自由化問題や日米安保条約改定に直面した大塚は、議会制民主主義を支える社会経済構造の解明という問題関心のもと、国民経済論やナショナリズム論に研究の重点を移動させ[21]、さらに南北問題の世界的重要性から低開発国問題の研究へと視野を拡大させていった。この時期の代表的著書、大塚［一九六五］は、既出の一〇の論稿を三部に分けて収録したものである。そのなかの論稿の一つ、大塚［一九六一］は、コモンウィールをネーションの形成やナショナリズムとの関係で論じている。

同稿で注目すべきは、それまでのコモンウィール論がもっぱら民衆の社会関係やその富を論じていたのに対して、それとは別個のキングズ・コモンウィールという概念を新たに出すことによって、絶対王制の基本的な推進力を説明していることである。この点を詳述すると、絶対王制は、勤労民衆の動向と利害の経済的内容としてのコモンウィールが、封建制内部で形作られ、それが国民的規模における自己の利害の象徴として国王を押し上げることで基本的に成立するとされている。キングズ・コモンウィールとは、その姿であった(22)。

しかも絶対王制の内部で、コモンウィールの担い手である中産的生産者層が両極分解することによって、民衆のコモンウィールは国王の封建的利害から分離・対立する。市民革命はその対立の頂点であり、コモンウィールは国王を頂点とする封建体制の束縛から解放され、国民的規模における実質的統合へと歩みだす。大塚はこのように市民革命を、キングズ・コモンウィールに対する民衆のコモンウィールの勝利と見ている(23)。

ただし大塚によれば、王政復古期になるとコモンウィールという語はしだいに背景に退き、名誉革命前後から national benefit〈国民的利益〉とか、nation〈国民〉という語がさかんに使われ始めると言う。その国民的利益を追求したのが、名誉革命以降の固有な意味での重商主義であった(24)。その際、国民経済の形成が進展するなかで、その起点をなしたコモンウィールはネーションへと変容する。

その際、大塚はイギリスの国民経済成立の裏側で、他国の国民経済の成立が破壊されたり、政治的独立が阻止される面があることを指摘している(25)。

この論稿をさらに展開したのが、大塚［一九六四］である。同稿は現代という時点にたって、ナショナリズムの両面性——明るい国民主義的ナショナリズムと、暗い国家主義的ナショナリズム——を問題にしている。[26]ここで重要な点は、この二つのナショナリズムが別個に存在するのではなく、後者は前者からの逸脱と見ている点である。すなわち、ナショナリズムはすぐれて近代における現象であるが、そうした国民主義的ナショナリズムをささえ勝利をえた真のコモンウィールにも、国家主義的ナショナリズムを産み落とす可能性がはらまれていることを、大塚はフランス大革命後のボナパルティズムをささえたナショナリズムに見ている。その担い手は窮乏化する小ブルジョア層、すなわち民富を欠いた小ブルジョア層であり、彼らの利害がキングズ・コモンウィールと結びついたというのである。

ドイツでは、問題は一層深刻な形をとって現れる。ブルジョア革命による構造変革を経験しない後進資本主義国ドイツにおいて、窮乏化した小ブルジョア層の利害と動向を吸引したのが、ナチズムであった。[27]こうした指摘は、現代の排他的民族主義の由来を理解する点でも重要である。

さらに、同稿で大塚は国民と民族の関係について、以下のような示唆をしている。

かつてマルクスは重商主義の Nationalreichtume（国民的富）に対比して、コモンウィールを Volksreichtume と訳出したけれども、コモンウィールのばあい、さらにその起源まで遡っていくと、……「国民的」というよりは「民族的」とよぶにふさわしいような様相をおびて現れてくることも、たしかに否みがたい。[28]

このように、大塚はコモンウィールを小ブルジョア層からさらに民族に起源をもつとの認識を示し、国民から民族へと視野を拡大させ、両者の歴史的関連を問題にしている。コモンウィール論の射程の深さを示すものと云えよう[29]。

3　欧米におけるいくつかのコモンウィール論

ここでは大塚のコモンウィール論と比較する意味で、イギリス政治思想史・社会経済史研究などにおけるいくつかのコモンウィール論を紹介したい。

(1)　ウィリアム・カニンガム（一八四九－一九一九）の政治哲学論

大塚がコモンウィールという語句を知ったのは、Cunningham［1917］を若き日に読んでからである[30]。カニンガムは *Growth of English Industry and Commerce*『イングランドにおける産業と商業の発達』（初版、一八八二年、後に三巻本に拡大）を著し、ロンドン大学をはじめ、ハーバードやケンブリッジ大学などで講義した高名な経済史家であった。英国国教会の敬虔な信徒でもあった彼は、一八七二年にケンブリッジの聖マリア大聖堂の副牧師（Vicar）に任命され、さらに晩年はケンブリッジ近郊のイーリー大聖堂の大執事（Archdeacon）として奉職した[31]。

同書はその大執事時代に書かれたカニンガム最後の著作であり、『ブリティッシュ・シティズン』

紙上に毎週連載した六編の記事をまとめた一〇〇頁余りの小著である。その主題は、第一次世界大戦期の混迷する状況下における国家と市民の役割を論じたもので、英国国教会聖職者としての思想的立場が反映されているとともに、経済史家としての知見も多く含まれている。

さて、Cunningham［1917］は、冒頭でコモンウィールの起源についてこうのべている。

> コモンウィールという語句は多少古くさい感じがするでしょう。（しかし）これは今日の政治上の様々な困難に耐えるために、どのようにして我々は過去に積み重ねた経験を生かせるかをねらいとしたこの講演の主題を表すのに不適当ではないのです。この語のみなもとはたいへん古いところにさかのぼるのです。というのは、政治の改善のために一再ならず騒擾をあえてしたケントの農民の構想につらなるからであります。われわれに一番よく知られているのは、一三八一年のワット・タイラーを指揮者とする一揆ですが、これは当時のカトリック教会と国家に対して抱かれていた広汎な不満が、激しい形で現れたものでありました……彼らが目標としていたのは、それが何であれ、かれら自身の私的な不都合をただすことだけでなく、国民全体のコモンウィールでありました。[32]

一三八一年のケントの農民一揆にコモンウィールの起源をたどるというカニンガムの指摘[33]が、大塚に与えた影響は大きいものがあった。大塚はカニンガムの見解には、なにほどかの曖昧さがあることは認めながらも、大塚［一九四七a］の冒頭で前述の文を紹介して、ここに「近代化の歴史的起点」を見ている。ほかにも、一三八一年の出来事は大塚の様々な著作において登場する[34]。この騒擾勃発の直前におけるイングランド東部（サフォークやエセックス）の村落の職業を調べた結果、そこには農民だけでなく、手工業者も存在することを検出し、局地的市場圏の発想につながったことはよく知られてる[35]。東京大学での最終講義では、この事件を弾圧したのが、封建勢力と結んだ前期的商人であったと指摘している[36]。

ただし、カニンガムと大塚とでは思想史的立場はかなり異なる。カニンガムは国家主導の経済政策を主張し、ジョゼフ・チェンバレンの帝国特恵関税政策の支持者でもあった。同書には「自由貿易の幻想」(Free Trade Illusions) という論稿が末尾に付されているが、ここにはドイツに対抗するイギリス帝国の擁護者としての立場が表明されている。カニンガムはルソーの一般意思、ヘーゲルの人倫としての国家論を評価し、ロックの社会契約論を批判しているなど、これらの点でも大塚とは相違がある。

(2) ジョオン・サースク（一九二二-二〇一二）の新企業論

サースクはロンドン大学において、かのリチャード・ヘンリ・トーニーの高弟として、農業史に関する博士論文を完成させたのち、地方史研究の拠点であるレスター大学を経て、一九六五年から八三年までオックスフォード大学における経済史のリーダー (reader) の地位にあった。彼女は何度か来日経験もあることから、わが国の研究者にはつとに知られた存在であった。サースクは一九七五年、オックスフォード大学冬学期において、栄誉あるフォード講義の講師として招かれた。そこで行った一連の講演をもとに刊行したのが、Thirsk [1978]/サースク、三好訳(一九八四)であった。その冒頭で、彼女はコモンウィールについて、以下のような興味深い指摘をしている。

一五三〇年代、四〇年代の説教、パンフレットには「貪欲」と「コモンウィール」の二語が繰り返しあらわれる。この二語は正反対の意味をもち、この時代の渇きと温もりをはっきりと照し出す。……「コモンウィール」は古い社会に代わる新しい社会を模索する人々の願望を端的に示す言葉であった。……しかし、一六世紀末に近づくと、コモンウィールというこの抽象的理念への関心はもっと具体的な関心に変り、一七世紀になると新しい時代を特徴づける要の言葉は、「企業」と「企業家」という二語となった。(37)

サースクによれば、コモンウィールは「実現不可能な夢」であり、これにかわって一七世紀に登場した企業 (project) が雇用を増進させ、現金を散布させることで、実質的にコモンウィールを大幅に増大させた点を高く評価している。その際、「企業計画についてきわめて示唆に富む草稿」として彼女が称えたのが(一六世紀の資料であるが)、トマス・スミスの「コモンウィール論」であった[38]。

サースクの著作に先行すること実に四〇年近く前の戦時期の日本で、コモンウィールに着目し始めていたのが、大塚久雄であった。サースクの言う「貪欲」(covetousness)は、「賤民資本主義」(ヴェーバー)を支える精神であり、大塚はヴェーバーの影響を受けつつ、さらに『資本論』に学び、これを前期的資本として独自な概念に再構成した。貪欲とコモンウィールを対比するサースクに対して、大塚も前期的資本による富とコモンウィール(民富)を対比するという極めて類似した認識を示していたのである。

ただし、大塚[一九四二]では貪欲一般を批判しているのではなく、前近代社会の「古い」貪欲と近代社会の「新しい」貪欲の違いを峻別し、後者を資本主義の精神の職業倫理、しかもその堕落的変容であると認識していたことは留意されねばならない[39]。しかし、それ以上に、サースクと大塚との違いは、コモンウィールの捉え方にあった。サースクは絶対王制が主導するプロジェクトがコモンウィールを実質的に増大させた点を評価しているのに対して、そうした絶対王制内の改良的政策が生み出すコモンウィールをキングズ・コモンウィールととらえ、むしろそれに対抗する下からのコモンウィールの役割を重視したのが大塚であった[40]。

(3) ポール・スラック(一九四三-)の福祉国家史

スラックはサースクと同じくオックスフォード大学の教授の地位にかつてあり、初期近世を中心とするイギリス社会経済史に関する著作を多数著している。スラックも一九九四年から翌年にかけて、前述のフォード講義に招かれ講演した。その成果が、Slack［1998］である。そこでの主題は、近世イングランドにおける公共善（pubic good）のための公的活動の実態を明らかにすることであった。

スラックによれば、ラテン語の「公共善」（bonum publicum）に対応する語句として、最初に英語で広く流布したタームがコモンウィールであり、一七世紀末までに確立したもう一つの語句が、公的福祉（public welfare）であったという(41)。スラックの前掲書の副題には public welfare が使用されており、第一章は、The Common Weal、第四章は The Public Good、第七章（最終章）が Civil Societies とそれぞれ題されている。公的福祉政策の起源を探るスラックにとって、コモンウィールは研究の出発点であり、市民社会はゴールであった。彼は一八世紀前半のイギリスを市民社会と規定し、そこから二世紀半さかのぼった一五世紀を社会福祉の起点の時代ととらえることで、既に市民社会に極めて類似した社会がこの時期に存在していたと論じている(42)。

大塚［一九四七a］もコモンウィールの思想的系譜を論じるなかで、フランクリンの公共善（public good）と何がしかの共通性があるのではないかと指摘していたことは既述した。さらに、大塚はコモンウィール思想の系譜をイギリスに求め、一五世紀の大法官、フォーテスキューにまで遡及していたが、スラックもトマス・スミスやモア、さらにフォーテスキューの good publique ないし、the good universal profit の概念に注目するなど、両者にはコモンウィールの思想的系譜に関する理解についてもかなりの類似性がある。[43]

Slack［1998］のタイトルは*From Reformation to Improvement*『宗教改革から改良へ』である。スラックはイギリスの公的福祉制度の確立におけるプロテスタンティズム、とりわけピューリタニズムの影響を重視し、様々な都市におけるプロテスタント首長や聖職者による改革――病院の設立、貧困怠惰問題への対処、礼儀作法の教授、生活態度の改善など――を「聖なる都市」(godly cities)における「聖なる改革」(godly reform)として描いている。ここにも、コモンウィールをエトス形成を含む市民社会論との関係で論じた大塚との類似性が何がしか感じられる。

ただし、そのような改革が主として行われたのは、一五世紀に衰退していた都市においてであった。一方、大塚は衰退する都市の裏側で、下から成長する民富を一五世紀の農村に見ており、為政者による都市の改革を重視するスラックとの違いがある。さらに、コモンウィールを福祉の起源としてとらえるスラックが、その対象として下層の民衆に注目したのに対して、大塚は中産的生産者層を民富の担い手と考え、上向的意味でコモンウィールを論じた点にも大きな違いがあった。[44]

(4)　ロリソンの民衆史研究

デイヴィッド・ロリソンは、オーストラリアを拠点にしている近世・近代イギリス史の研究者で、現在は教職から離れ、シドニー大学で名誉研究員の任にあるようである。彼の問題関心は、コモンウェルス（英連邦）のメンバーであるオーストラリアという視点から発生し、その原点を歴史のなかに探ることで研究が開始された[45]。

さて、Rollison［2010］の最大の特徴は、カニンガム以降イギリス思想史において忘れられていたかに見える一三八一年の農民一揆に再び光を当て（ただし、彼自身はカニンガムには言及していない）、これをコモンウィールの起点ととらえたこと、さらに同年から一六四九年までをイングランドにおけるコモンウィールの時代（the age of the commonweal）と長期的視点で論じていることにある[46]。同書は政治史、憲政史、経済史、思想史など幅広い学際的視点に立った総合的民衆史研究として注目される。

ロリソンによれば、コモンウェルスの思想は既存の政治への対抗から形成されたものであり、彼はイギリス史のなかに非日常的伝統（uncommon tradition）を見ている。権力に服従しない国、それがイギリス史の特徴というわけである。こうした解釈は、イギリスにおける近代化の歴史的起点を一三八一年の一揆に求め、ジャック・ケイドの乱を経て、さらに封建制の最終的解体局面における市民革命の意義を重視し、これをキングズ・コモンウィールに対する民衆のコモンウィールの勝利とみなした大塚の視点と極めて近いものがある。

しかもロリソンは慧眼にも、そうした抵抗を示したのは、イギリスのなかでも特定の地域に集中していること、具体的には産業（農村工業）地帯である点に注目している。彼は東部のエセックスに関するプース（Poos）の先行研究[47]に依拠し、一三八一年の農民一揆から、ロラード運動を経て、市民革命にいたるまで当該地域が急進主義の地盤であったこと、ここは最もピューリタンが多く、議会派の最も多い選挙区であったことに注目している。その社会経済構造は流動的で、土地保有の階層分化と職業の特化が進み、小さな市場のネットワークが発達していることなどを重視し、大塚の局地的市場圏論、農村工業論、ピューリタン革命史像と酷似した理解を示している。しかも、当該箇所の注には、コスミンスキー、アンウィン、トーニー、ヒルトンなど大塚自身がよく使った二次文献があげられている[48]。

ロリソンの貢献は、以上の点に尽きるものではない。そもそも何故初期近代のイギリス史を研究するのか、その理由は近代の根源と意味を研究することであると、彼は明言している[49]。これこそ、大塚の比較経済史研究の根底にある問題である。今や日本人の多くが過去のものとして葬り去った問題の立て方が明快に述べられている。

4　大塚におけるコモンウィール論の意義と問題点

以上、イギリス思想史・社会史におけるコモンウィール論を紹介し、それとの比較で大塚の立論の特徴を検討したが、大塚の議論の特質はそれに尽きるものではない。

大塚の比較経済史は、発生史的方法と比較史的方法をとることにより、縦横に広がる巨視的歴史像を構築したことが、その特徴の一つとしてあげられる。また、そこで用いられている概念の多くは社会科学的認識からのみ生まれたのでなく、基督者としての大塚の信仰や生活体験との接点に立つものが多い。ここでは前節までの議論をふまえ、上記の視点から、改めて大塚のコモンウィール論の意義を述べたい。

大塚のコモンウィール論は、発生史と比較史の両軸から、深くかつ広く構成されている。この点が、先に検討したイギリスの思想史・歴史研究者と比較した大きな違いである（ロリソンの研究は長期的視点からの分析として注目されるが、市民革命以後の動向を論じていない）。既に確認したように、一四世紀末において、コモンウィールは近代化の歴史的起点と位置付けられ、一五世紀以降は、絶対王制の成立や資本主義発達史の文脈で論じられた。民衆のコモンウィールによる市民革命を経て、一八世紀の国民経済論へとつながっていく。一方、コモンウィールは、小ブルジョアを担い手としながら、さらに基底としての民族へ遡及することで共同体論へと下降していく。このように、大塚はコモンウィールを通して、歴史を長く深い軸で見ることができた。

コモンウィールは、比較史の座標軸としても有効である。ナショナリズム論では、フランスやドイツのように国民主義的ナショナリズムがそれぞれ国家主義的ナショナリズムや、ファシズムに転化することを論じている点は既にのべた。大塚の視野には、イタリアも入っていた。『著作集』第六巻「国民経済」を編集し終えた際、大塚は自らの問題意識の変遷や収録論文の位置づけを語った「後記」において、次のように述べている。

『国民経済――その歴史的考察』では、イギリス型とオランダ型との対比が中心となっているのに対して、それにつづく五編の論文では、むしろオランダ型を中間項として、いっそう対照の激しいイギリス型とイタリア型が前面に押しだされている。そして私の意図からいえば、イギリスにおけるコモンウィール（民富）の形成との対比において、イタリア都市諸国家のむしろ惨めな歴史的結末の社会科学的意味を、読者の皆さんが十分に読み取ってくださることを切に願っているといってよい(50)。

こうしたイタリアの事情を鮮明に論じているのが、大塚・星野［一九五八］である。ここでは、チオンピの一揆が挫折したフィレンツェにおいて、小市民・下層民の不満をあおったメディチ家が台頭する背景が強調されている(51)。ワット・タイラーの一揆とほぼ同じくして起こったこの一揆の結末は、イギリスと対照的であった。イタリアの場合は下層民の絶望的一揆であり、ワット・タイラーの一揆に見たようなコモンウィールへの展望には欠けていたのである(52)。

大塚の日本認識については縷々のべたが、幕末における農村工業の発達に局地的市場圏の存在を想定したり、戦後の改革でイギリス的な国内市場型の経済発展の方向が一時期出てきたことを評価するなど、大塚はイギリス・オランダの比較史のなかで日本の可能性を求め続けた(53)。

大塚の国民経済論は産業構造論的視角から構築されただけでなく、その根底に無教会基督者としての精神的基盤があったことも忘れてはならない。それを示しているのが、内田義彦と長幸夫を聞き手にしたインタビュー、大塚［一九六九b］である。ここで、大塚は「国民経済」という発想に、内村鑑三の影響が影を落としていること、内村の理想は経済史的に翻訳すれば、コモンウィールないしコモンウェルスと呼ばれたものであると指摘している。大塚ならではの思想が現れている(54)。

こうした点を高く評価したうえで、最後に大塚のコモンウィール論、特に民富論について感じる問題を二点指摘したい。第一に、大塚は富の形態を私的な領域に限定していること、第二に、しばしば指摘されているように、大塚のコモンウィールでは働けば働くほど豊かになるというように、上向的意味が強調される傍ら、その陰で生じる格差や貧困には目を向けていない点である。

第一の点に関して言うと、伝統的共同体からの個人の自立にとって、私的富の増大がその重要な基盤となることを考えれば、これは当然の認識ではある。しかし、新しい共同体における富のあり方を論じる場合には、私的富と並んで、公的富も重要な意味を持つ。民富とは私的領域に限定されるものではなく、公私両面にまたがる概念として再構成すべきではないだろうか。「資本主義と市民社会」という大塚の問題の立て方からすれば、市場経済の論理――前述したように、かつて大塚［一九四二］はこれを『新しい』貪欲」と呼んだ――に支配されない公的領域の存在こそ、民主主義や人間の連帯、生活の質の向上にとって重要な意味を持つ(55)。古い貪欲だけを批判するのでなく、新しい貪欲の暴走に対しても歯止めをかけ、豊かさの概念を再構築することが、新たな共同体の構築にとって必要ではないか。

実は戦前戦時期の大塚の著作には、こうした点を考える要素が伏在していた。大塚［一九三八］

では、ヒュー・ラティマーの著作『エドワード六世の御前における説教』の一節を引用しているが、このなかに「コモンウェルス」なる語句が早くも見られる。それは民富のような上向的意味ではなく、第一次エンクロージャーで犠牲になった農民の惨状を訴える文脈で言及されており、大塚はここではコモンウェルスを〈民富〉ではなく、〈公の富〉と訳している。(56)

新しい貪欲について大塚は、生産力的性格とともに、近代イギリス的人間類型のもう一つの性格としてこれを批判的にとらえていた。ジョナサン・スウィフトの『ガリバー旅行記』に現れたヤフーこそ、ダニエル・デフォーのロビンソン・クルーソーの対極にあるこうした人間像であった。(57) 新しい共同体の構築のためには、ますます苛烈となる新しい貪欲を克服しなければならないであろう。

おわりに

大塚久雄の比較経済史研究については、多方面から様々な批判がなされてきた。なかでも、それが西欧中心史観、近代イギリス美化論であるという点は、執拗に当初から繰り返しなされてきた。さらに実証による細部にわたる研究の進展などにより、大塚史学はもはや過去のものであるとする風潮が確立されて久しい。

確かに、大塚の視点では見えてこない歴史的事象が多々あることは否めない。しかし、大塚史学の視点をとることによって初めて見えてくる、あるいはより理解できる歴史の局面もあるのではないだろうか。その一つが、コモンウィールであると筆者は考える。様々な制約や限界にもかかわらず、戦時下の日本において、大塚がコモンウィールに先駆的に着意した意義は大きい。コモンウィールによって大塚は、イギリス（広くは西欧）社会の資本主義とその市民社会的性格、禁欲的基盤、さらには豊かさの源泉を直感的に捉えることができたのではないか。

大塚はコモンウィールの意義について、主として封建制から資本主義への移行という枠組みで論じたが、実際はそれにとどまらず、当時の日本の現実を見据え、民主主義の政治経済的、人間的基盤を意味するものとして内容を膨らませ再構成することで、普遍的な問題として論じた。私たちも現代社会との対話を通してコモンウィール概念を再構成し、その今日的意味と可能性を考えることが大塚史学の継承の一つの課題になると筆者は考える。

かつてサースクは、コモンウィールの言説を「実現不可能な夢」とみなし、それに代わって台頭した企業の果たす役割の大きさを示した。だが、企業活動や金融市場がグローバル化した今日では、その恩恵はごく少数の者にしかもたらさず、富の偏在は民主主義の危機となって顕在化している。巨大企業の富に代わる小生産者の富、生活者の富、それがコモンウィールである。

大塚久雄没後二〇年を経た今日、富は少数の強者に独占され、社会は分断され、憎しみと暴力、偏狭な民族主義がますます噴出している。市民社会抜きの「疑似近代的」ないし「超近代的」資本主義や経済成長至上主義を批判し、真の豊かさとは何かを考える上でも、コモンウィールは重要な示唆を与える。それは「古語」でも「実現不可能な夢」でもなく、未来を望見する可能性を持った思想であると、筆者は考える。

補論　現代社会におけるコモンウィール

コモンウィールは単なる理想の表明にとどまらず、現代社会においていくつかの実践的活動に活かされている。イギリスやアメリカでは、今日でも様々な組織、福祉施設、教育機関、宗教系の雑誌などにコモンウィールという名称がつけられている。その内容は多岐にわたり、一つに括ることは到底できないが、グローバル資本主義に対抗し、もう一つの社会と人間生活の回復をめざし、公共善を重視するという点で、そこには何がしかの共通性があるように思われる。

ここではその例として、スコットランド・グラスゴーに拠点を置く、行動的シンクタンク「コモンウィール」Common Weal を紹介したい(58)。この組織は、スコットランド独立の是非が問われた住民投票のさなかの二〇一四年一〇月に生まれたNPOで、活力ある地域社会と文化的な生活、広汎な民主的参加、高い質の生活、協同にもとづく労働などによって、スコットランドにおける社会経済的平等と環境の持続性をめざし、二〇二一年までに当該地域の独立を目標としている団体である。

その経済綱領は多様な内容を含んでいるが、「均衡のとれた創造的国民経済」(a balanced creative national economy) の形成を目標の一つに掲げていることは、大塚との類似性を感じる。そこでは、侵略的な低賃金型の多国籍企業に対抗するため、良いビジネスの支援や正しい経済の推進、国民的産業戦略の必要性、新産業・創造的産業を支援する全国的な投資銀行の設立を訴えるなど、公共善に基づいた国民経済形成への強い志向がみられる。イギリスの辺境スコットランドこそは、大塚史学の可能性を考える一つの新たな舞台なのかもしれない。

注

＊　大塚の著作については、初出の年代を示し、さらに収録著作集の巻数と頁数を記載した。

（1）この二つは中世末からほぼ同義語として、ただし、コモンウィールの方がやや早くから使用されていた。伊東［二〇〇四］における「コモンウェルス・コモンウィール」の項目をみよ。

（2）この可能性という言葉には、①コモンウィールに、現代のグローバル資本主義社会の暴走に対抗する可能性があるという意味が込められているが、それだけでなく②大塚の学問を活かす可能性があるという意味も込められている。付言すれば、可能性は大塚の学問と人格を理解するキーワードでもあると、筆者は認識している。あの苦難の生涯にあっても、大塚は以下のように人間と学問の可能性を信じた。「可能性への信頼がなければ、およそ学問をする意味はないではないか。学問の姿勢としても、同時に人間の生き方としても。」大塚［一九六七］『著作集』九、三九二頁。

（3）「新しい共同体」という用語法を奇異に感じる人もいるかもしれないが、大塚自身、伝統的共同体の解体後に生まれる新たな社会を「新しい共同体」と規定している。この表現が明示的に著作で使われたのは、大塚［一九八一］『著作集』一三が最初であろうが、そうした考えはそれより以前から確立されていた。この点については、関口［二〇〇二］三三二頁以下、梅津［二〇〇一］を見よ。梅津はコモンウィールを「民富（の形成）」として論じているが、本稿では「民富」以外の意味にも注目し、大塚のコモンウィール論の射程の深さと広さ、それに問題点をも示した。

（4）『オックスフォード英語辞典』によれば、この語句は common と weal の二語からなり、general goods（一般善）、public welfare（公的福祉）、prosperity（繁栄）などを意味するとされている。

（5）齋藤［二〇〇七］を参照されたい。

（6）大塚の比較経済史研究のもう一つ重要なテーマとして、イギリスとオランダの比較史がある。この点については、齋藤［二〇一二］、［二〇一五］を参照されたい。

（7）さしあたって、Ferguson［1965］Chap. XIII; Elton［1970］; Slack［1998］などが参考になる。

（8）大塚の著作以降、コモンウィールという語句が我が国で知られるようになったのは、*A Discourse of the Commonweal of this realm of England* が出口勇蔵の監修のもと、当時京都大学院生であった松村幸一ら五名により、「イングランド王国の繁栄についての一試論」の題で訳されたことが大きい。その際、「繁栄」にはコモンウィールのルビがふられた。出口監修［一九五七］とその解説を参照せよ。思想史でコモンウィールに着目した研究としては、加藤［一九六六］が先駆であり、近年では深貝［二〇〇九］がある。深貝の政治経済学・経済史学会（二〇一五年一〇月、福島大学）における報告、「栄光と秩序から奢侈と交易へ——コモンウィールからトレードへ向けた近代初頭イングランドの言説空間」は、この問題に関する同時代文献の詳細な分析として、筆者は注目した。西洋史の分野では、今井［一九六八］がイギリス史におけるコモンウェルス概念の意義に着目しており、近年では岩井［二〇一四］が、この概念の変遷についてさらに詳細に論じている。長谷川［二〇〇一］はイギリス史におけるアソシエーションの起源、さらに同［二〇一四］では福祉国家の起源のなかにそれぞれこの概念を位置づけている。その際、大塚が中産的生産者層の物質的・精神的繁栄を示す社会関係に着目していたのに対して、長谷川は精神的・物質的貧困との関連を重視している。長谷川［二〇一四］二二‐三頁。大塚門下のなかでは、田中［一九六八］が、トマス・スミスのコモンウィール論を分析している。因みに、前述の伊東［二〇〇四］において、「コモンウェルス・コモンウィール」の項目を執筆したのが、田中豊治であった。なお、本稿執筆中、同氏の訃報に接した。謹んでご冥福をお祈りする。

（9）以上の点は、赤羽裕［一九六九］八頁によるところが大きい。

（10）戦後の大塚の著作では、もっぱらコモンウィールが使用されているのに対して、戦時期にはコモンウェルスの方が多く使われている。ただし、大塚［一九四四c］では「全体」の意味で一度だけ使われているが、同［一九四四b］では清教徒革命期の共和制の意味で数回使われるなど、その内容や力点については一義的ではない。

(11) ただし、初出の時点ではこの副題は付されていない。同稿は当初、弘文堂書房『世界史講座』七「ヨーロッパ世界史」(二)に掲載された。その冒頭には『新約聖書』ルカ伝からの引用があり、末尾は「六月一六日B二九の来襲の報を耳にしつつ稿了」と結ばれている。疎開先の与瀬での緊迫した状況のもと、同稿を書き終えたことがうかがえる。戦時下における同稿の意義について筆者は、上野［一九七七］四七 - 八頁から多くを学んだ。戦後になると、冒頭と末尾のこれらの記述は削除されて、大塚［一九四七b］の後篇「近代資本主義の系譜」の第一論稿として再録された。その際、「その社会的系譜と歴史的性格」という副題が付されている。さらに同稿が大塚［一九四八］に収録された際には、加筆訂正され、副題は「その社会的系譜と精神史的性格」と変更された。

(12) 大塚［一九四四b］『著作集』八、四四一頁。大塚はこの文章の「コモンウェルス」の箇所に注をつけ、清教徒革命中のダンバーの戦い（一六五〇年九月三日）に議会軍が勝利した後、クロムウェルが長期議会の議長ウィリアム・レンソールに宛てた書簡の一部（本稿の冒頭に紹介したのがそれである）を引用し、これを「コモンウェルス」の中産層的性格（すなわち市民社会的性格）を示すものとして紹介している。大塚［一九四四b］四四二頁、注(11)。この文章は、大塚［一九四七a］でも繰り返し引用されている。本来この一文は、ヴェーバーが『プロテスタンティズムの倫理と資本主義の精神』で、クロムウェルの反独占的性格を持つものとして引用したものである。ヴェーバー・大塚訳［一九八八］八三頁。なお最近、石坂［二〇一六］一一〇頁、注(32)はこの書簡について再吟味し、「職業の濫用」(abuse of professions)が反独占を意味するという解釈に疑義を呈している。

(13) 大塚［一九四六a］『著作集』八、一八四頁。

(14) 大塚［一九四六b］『著作集』八、一八九頁以下。

(15) 大塚［一九四七a］『著作集』六、四三 - 四頁。

(16) これは一五八一年に印刷され、その後一八世紀から一九世紀にかけて何度か復刻されている。この手稿には五種類あり、その一つランバルド手稿（Lambarde MS）がウィリアム・カニンガム（本文後述）の尽力もあって、故エリザベス・ラモンド（Elizabeth Lammond）の名で復刻された。ただし、著者はジョン・ヘイルズと推定され、またこの手稿は一五八一年の原本とは幾つかの点でことなる。その後、一九六九年にメアリー・デュワー（Mary Dewar）が原本に最も近いとされるイェルバートン手稿（Yelverton MS）を復刻し、著者はトマス・スミスと確定されるにいたった。以上の経緯については、Dewar [1969] v を見よ。

(17) この論文は、帝国大学新聞社出版部発行の『季刊大学』創刊号（表1-1参照）における特集「日本産業復興の方途と課題」の巻頭を飾った。当時まだ四〇歳であった少壮の助教授大塚久雄に寄せられた期待がわかるであろう。なお、本文で引用した印象深いという一文は、前掲誌、一〇頁を見よ。

(18) ただし、大塚は「共同体内分業」という理論的概念にもう少し幅をもたせて、これを「局地内的分業」と言い換えている。しかも、さらに共同体より広い地域をその圏内に巻き込むものとして、「局地的市場圏」概念を提唱している。大塚［一九五一］『著作集』五、一六頁。

(19) 大塚［一九五一］『著作集』五、二〇頁。

(20) 大塚［一九五六a］七七頁。このエッセイは、著作集には収録されていない。

(21) 大塚の国民経済論に関する問題関心や理論的特徴についての先行研究としては、天木［一九八三-四］、楠井［二〇〇八］、道重［二〇一四］などがある。

(22) 大塚［一九六二］『著作集』六、八六頁。大塚［一九四七a］で紹介された絶対王制期の言説の多くは、キングズ・コモンウィールとしての性格を持ったものであろう。キングズ・コモンウィールの研究例としては、ヘンリー八世の家臣であったトマス・クロムウェルを論じたElton [1970] をあげたい。

(23) 大塚［一九六二］『著作集』六、八六頁。なお、大塚の「ネーション」論については本書第四章も参照されたい。

(24) 大塚［一九六二］『著作集』六、八七頁。

(25) 大塚［一九六二］『著作集』六、九一-二頁。

(26) 同稿は、『世界』（岩波書店）一九六四年八月号に掲載された。当該号は特集として「占領時代——戦後史の出発を顧みる」を掲げ、大塚の論稿を最初に掲げている。この問題に関する同稿の意義と、当時の岩波文化に占めた大塚の重要性が感じられる。

(27) 以上については、大塚［一九六四］『著作集』六、三〇九‐一四頁。この点は、「話が横道にそれるが」という前置きのもと、大塚［一九六二］『著作集』六、八八‐九頁、注(9)でも既に指摘されている。その際、大塚はウイッグズとトーリーのナショナリズムを対比し、前者を「国民」主義的、後者を「国家」主義的だともいえようと指摘しているが、トーリー党の政策をこのように解釈する点には疑問を感じる。

(28) 大塚［一九六四］『著作集』六、三一〇‐一一頁。

(29) ここで大塚は特に低開発国の近代化を念頭に、「民族」と「国民」の関係を改めて問題にしている。

(30) 大塚［一九八四］『著作集』一一、一一頁。

(31) カニンガムの評伝としては、Semmel［1960］／センメル、野口・野口訳（一九八二）、第一〇章『ウィリアム・カニンガム——国民経済学者』がある。

(32) Cunningham［1917］p. 1.

(33) イギリスでは Cunningham［1917］に先行して、社会主義者のウィリアム・モリスが一八八五年に *Commonweal* という月刊誌を刊行しており、そこに「ジョン・ボールの夢」という題の論稿を一八八六年から八七年にかけて連載していたことも指摘したい。周知のようにジョン・ボールこそは、「アダムが耕し、イブが紡いだ時、だれが領主だったのか」と説教し、一三八一年の一揆に影響を与えた牧師である。

(34) 早くも大塚［一九三八］『著作集』二、四二九頁では、この農民一揆が地代の金納化を推し進める役割を果たしたことを指摘している。さらに、［一九四四ａ］『著作集』二、一八八頁では、この一揆の性格について、「貧窮の極の絶望的な反抗ではなくして、むしろ生活に余裕を得はじめた農民（そのうちにひろく芽生えつつある小工業者たちをも含めて）が一挙に、あらゆる束縛から離脱せんとしたもの」という説を紹介している。

(35) 大塚［一九六八ｂ］『著作集』五、七四‐八〇頁。

(36) 大塚［一九六八ａ］『著作集』九、三一〇‐一頁

(37) Thirsk［1978］p. 1. サースク、三好訳（一九八四）三頁。

(38) Thirsk［1978］p. 1, 13. サースク、三好訳（一九八四）四、一八頁。

(39) 大塚［一九四二］『著作集』八、三一〇頁。
(40) Thirsk［1978］については、大塚の方法と対比した評価を含む詳細な書評が出ている。梅津［一九八一］、道重［一九八一］を見よ
(41) Slack［1998］p. 1.
(42) Slack［1998］p. 151.
(43) Slack［1998］p. 6.
(44) 大塚とスラックの著書について検討した長谷川［二〇〇一］六七頁注（七）は、これを二つの「市場経済」論の相違とし、その背後にコモンウィールの史実認識と概念構成の違いを見ている。
(45) Rollison［2010］x-xi.
(46) Rollison［2010］p. 1.
(47) Poos［1991］.
(48) Rollison［2010］pp. 301-5.
(49) Rollison［2010］p. 6.
(50) 大塚［一九六九a］四五〇頁。
(51) 大塚・星野［一九五八］『著作集』六、二五二頁以下を見よ。
(52) 本章注（34）の指摘を見よ。
(53) 齋藤［二〇一五］を見よ。
(54) 大塚［一九六九b］『著作集』一一、一三五-六、一五三頁を見よ。ここで内村の理想の例として大塚が指摘しているのは、山形県小国村（現、小国町）への伝道事業である。かの地には、一九三四年に内村の弟子である鈴木弼美により基督教独立学校（現、基督教独立学園）が建てられた。辺鄙な地から神の国を新しく始めようとする内村の思想に、大塚はクロムウェルやウイリアム・ウセリンクスの理想に近いものを見出したのである。
(55) この点に関しては、宇沢［二〇〇〇］の社会的共通資本概念の提唱に注目したい。Sachs［2009］は地球環

境問題の観点から、common wealth（共通の富）の必要性を主張している。

(56) 大塚［一九三八］『著作集』二、四五二頁。この箇所は、大塚［一九四四ａ］『著作集』二、二三八頁では「庶民の富」と訳し換えられていることにも注意せよ。

(57) 大塚［一九四四ｃ］『著作集』八、三〇二頁。

(58) 以下の説明は、http://www.allofusfirst.org および http://www.allofusfirst.org/vision による。

主要参考文献

赤羽裕［一九六九］『アジア』と『ヨーロッパ』」『著作集』七、「月報」。

天木志保美［一九八三 - 一九八四］「共同体から「国民経済」へ——大塚近代化論の再検討（一）（二）」『評論・社会科学』二三、二四。

石坂昭雄［二〇一六］「ルーヨ・ブレンターノにおける『ピューリタニズム＝資本主義問題』——商業の発展・宗教改革と経済倫理・イギリス産業革命」『経済学研究』北海道大学、六六 - 二。

伊東光晴編［二〇〇四］『岩波現代経済学事典』岩波書店。

今井宏［一九六八］「コモンウェルスについて」『イギリス史研究』二。

岩井淳［二〇一四］「コモンウェルス概念の史的変遷」山本正・細川道久編著『コモンウェルスとは何か』（ミネルヴァ書房）所収。

上野正治［一九七七］「戦時経済統制と『経済倫理』」『茨城キリスト教短期大学紀要』一七。

宇沢弘文［二〇〇〇］『社会的共通資本』岩波書店。

梅津順一［一九八一］「「消費社会」としての初期資本主義——サースク教授の近著に関説して」『社会科学ジャーナル』国際基督教大学社会科学研究所、二〇 - 一。

——［二〇〇一］「大塚久雄と新しい共同体」『聖学院大学総合研究所紀要』二三別冊（『大塚久雄における「歴史と現代」』特集号）。

大塚久雄［一九三八］『欧洲経済史序説』『著作集』二。

――［一九四二］「経済倫理の実践的構造――マックス・ヴェーバーの問題提起に関連して」『著作集』八。

――［一九四四a］『近代欧洲経済史序説』『著作集』二。

――［一九四四b］「資本主義と市民社会――その社会的系譜と精神史的性格」『著作集』八。

――［一九四四c］「最高度〝自発性〟の発揚――経済倫理としての生産責任について」『著作集』八。

――［一九四四d］「諷刺小説と経済――近代イギリス的人間類型」『著作集』八。

――［一九四六a］「自由と独立」『著作集』八。

――［一九四六b］「自由主義に先立つもの――近代的人間類型の創出」『著作集』八。

――［一九四七a］「近代化の歴史的起点――いわゆる民富の形成について」『著作集』六。

――［一九四七b］『近代資本主義の系譜』『著作集』三。

――［一九四八］『宗教改革と近代社会』『著作集』八。

――［一九五一］「資本主義社会の形成」『著作集』五。

――［一九五六a］「経済的繁栄とはどういうものか」『著作集』未収録。

――［一九五六b］「『共同体』をどう問題とするか」『著作集』七。

――［一九六一］「政治的独立と国民経済の形成」『著作集』六。

――［一九六四］「現代とナショナリズムの両面性」『著作集』六。

――［一九六五］『国民経済――その歴史的考察』『著作集』六。

――［一九六七］「私はいかにして研究対象を捉えたか」『著作集』九。

――［一九六八a］「最終講義――イギリス経済史における一五世紀」『著作集』九。

――［一九六八b］「近代化の歴史的起点――とくに市場構造の観点からする序論」『著作集』五。

――［一九六九a］「後記」『著作集』六。

――［一九六九b］「国民経済の精神的基盤」『著作集』一一。

――［一九八一］「隣人とは誰か――『内と外の区別』をめぐって」『著作集』一三。

――［一九八四］「経済学とその文化的限界」『著作集』一一。

大塚久雄・星野秀利［一九五八］「イタリア・ルネサンスの社会的基盤」『著作集』六。

加藤一夫［一九六六］『テューダー前期の社会経済思想』未来社。

楠井敏朗［二〇〇八］『大塚久雄論』日本経済評論社。

齋藤英里［二〇〇七］「大塚久雄の歴史観――コモンウィールを中心に」『武蔵野大学現代社会学部紀要』八。

――［二〇一二］「大塚久雄の『イギリス経済史研究』――その問題の立て方と歴史像の形成」『武蔵野大学政治経済研究所年報』六。

――［二〇一五］「大塚久雄の比較経済史研究――英蘭比較のなかの日本」『日本経済思想史研究』一五。

関口尚志［二〇〇一］「バブルを拒んだ経営者の魂――大塚久雄の『歴史と現在』」『聖学院大学総合研究所紀要』二三別冊（『大塚久雄における「歴史と現代」』特集号）。

田中豊治［一九六八］「『コモンウェルス国家』の一形態――産業分析の一視角」高橋幸八郎・古島敏雄編『近代化の経済的基礎』岩波書店所収。

長谷川貴彦［二〇〇二］「アソシエーションの社会的起源」『西洋史論集』北海道大学、四。

――［二〇一四］『イギリス福祉国家の歴史的源流――近世・近代転換期の中間団体』東京大学出版会。

深貝保則［二〇〇九］「ウェルフェア、社会的正義、および有機的ヴィジョン――ブリテン福祉国家の成立前後における概念の多元的諸相」小野塚知二編著『自由と公共性――介入的自由主義とその思想的起点』日本経済評論社、所収。

道重一郎［一九八二］「イギリス絶対王政の経済政策と経済発展――J・サースク『経済政策と新企画』（一九七八年）を中心に」『立教経済学研究』三五‐二。

――［二〇一四］「戦後歴史学のなかでの大塚久雄『国民経済論』――局地的市場圏から国民経済へ」『経済論集』東洋大学、四〇‐一。

Cunningham W. [1917] *The Common Weal: six lectures on political* philosophy, Cambridge.

Dewar, M. [1969] *A Discourse of the Commonweal of This Realm of England Attributed to Sir Thomas Smith*, Charlottesville.

Elton, G. R. [1970] *Reform and Renewal: Thomas Cromwell and the Common Weal*, Cambridge.
Ferguson, A. B. [1965] *The Articulate Citizen and the English Renaissance*, Duke UP.
Lammond, E. ed. [1893] *A Discourse of the Common Weal of this Realm of England attributed to W. S.*, Cambridge.（「イングランド王国の繁栄についての一試論」出口勇蔵監修［一九五七］『近世ヒューマニズムの一思想――イギリス絶対主義の一政策体系』有斐閣）所収。
Poos, L. R. [1991] *A Rural Society after the Black Death: Essex 1350-1525*, Cambridge.
Rollison, D. [2010] *A Commonwealth of the People: Popular Politics and England's Long Social Revolution, 1066-1649*, Cambridge.
Sachs, J. D. [2009] *Common Wealth: Economics for a Crowded Planet*, Penguin.（ジェフリー・サックス、野中邦子訳［二〇〇九］『地球全体を幸福にする経済学――過密化する世界とグローバル・ゴール』早川書房）。
Senmmel, B. [1960] *Imperialism and Social Reform: English Social-Imperial Thought 1895-1914*.（バーナード・センメル、野口武彦・野口照子訳［一九八二］『社会帝国主義史――イギリスの経験 1895-1914』みすず書房）。
Slack, P. [1998] *From Reformation to Improvement: Public Welfare in Early Modern England*, Oxford.
Thirsk, J. [1978] *Economic Policy and Projects: The Development of a Consumer Society in Early Modern England*, Oxford.（ジョオン・サースク、三好洋子訳［一九八四］『消費社会の誕生――近世イギリスの新企業』東京大学出版会）。
Weber, M. [1920] Die protestantishe Ethic und der《Geist》des Kapitalismus, *Gesammelte Aufsätze zur Religionssoziologie*, Bd.1（マックス・ヴェーバー、大塚久雄訳［一九八八］『プロテスタンティズムの倫理と資本主義の精神』岩波書店）。

第二章　近代資本主義とアソシエーション——永遠の希望と永遠の絶望

小野塚知二

1　はじめに——近代の人間的基盤

本章では、近代資本主義社会におけるアソシエーションについて大塚久雄が何を考えていたかを跡付けながら、アソシエーションの可能性と困難性——見果てぬ夢としか思われないほどの絶望的な困難性——の由来を検討することにする。

大塚久雄は「アソシエーション」（やその一つの訳語としての「協同性」）という言葉を多用してはいないが、最初の単著『株式会社発生史論』（一九三八年）の主題である株式会社とは、その定款を“Articles of association”と表現するように、アソシエーションの一形態にほかならない。伝統的な共同体（community, Gemeinde）が成員にとっては生まれついたときに既に定まった共同性／団体（定・掟・矩）であるのに対して、アソシエーションとは、自由な諸個人が単独ではよくなしえぬことを多くの同志たちと契約的に遂行する、出入り自由な共同事業／団体である。また、近代資本主義を生み出す舞台であった局地的市場圏に「民富」が形成されると大塚がいうときの「民富（commonweal, commonwealth）」とは、単に物的ないし貨幣的な形態で民衆の間に蓄積された富を意味するのみならず、民衆が市場で自由闊達な経済活動を展開することのできる社会状態や人間関係をも意味していた。このように考えるなら、大塚の仕事のかなりの部分はアソシエーションをめぐる研究であったということができるし、殊に、アソシエーションを可能にする主体的条件を究明しようとする営みであったということもできよう。

大塚久雄が描いた近代資本主義を切り拓く担い手は、神の前にただ一人で立てるほどの独立独行の「雄々しく逞しい」人であったと考えられ、それはしばしば、資本主義社会とその人間的基盤をめぐる通俗的な解釈と親和的に解釈されてきた。すなわち、市場では、人と人の間には何の関係もなく、誰もが価格のみを指標に自己利益を最大化しようと、個別にかつ独立に行動する「経済人(homo œconomicus)」であり、彼らの判断と行動の集計を市場が調節・統合する。こうして、おのれの経済活動のあり方を決定する経済人こそが近代資本主義の担い手であり、彼ら独立独行の人物たちの行いは市場の自動調節機能を通じてのみ結び合わされているのだという資本主義観・人間観である。そこで、市場の調節機能の結果として、何らかの共同性は成立するが、それは人々が意図的・目的意識的に形成しようとした関係ではないという、あたかも「組織化されない複雑性（disorganized complexity）」であるかのような社会観こそが、この通俗的な解釈を特徴付けている。

だが、実は、純粋に投機的な市場での売り抜けのように、高度に個人的かつ利己的（selfish）な行動も、自分しかみえていない（self regardingな）者には不可能であって、売り抜けにも他者理解（「誰かがいまこの瞬間に売りに転ずるかもしれない」というother regardingな心の働き）が前提として作用しているから、市場に参入する人々の間に相互関係がないわけではない。部品・要素の間に相互関係の成立しない「組織化されない複雑性」ではなく、「組織化された複雑性（organized complexity）」こそが市場（また民富［commonweal］）の本質である。

資本主義とその人間的基盤の本質が「組織化された複雑性」なのだとすると、大塚の提示した近代的人間類型も、通俗的に解釈されてきたのより、はるかに協同的な人として解釈しなおさなければならないであろう。

また、経済学――英語圏の主流派の経済学――は独占とか談合のような特殊な場合以外は、独立した個人と市場のみを想定してきたが、経済学の出発点においてA・スミスは「共感（sympathy）」を市場の成立する前提としたし、また、現実の市場の中には無数の暗黙の独占があると見ていた。実際に観察される市場も、ばらばらの諸個人が競争しているというよりは、何らかの独占・団結・談合のある方が――たとえば、英連邦（The Commonwealth, なかんずく英連邦特恵関税制度［British Commonwealth Preference Tariff System］）でも欧州統合でも――常態と考えて差し支えないだろう。

独占・団結・談合の存在まで射程に入れて資本主義とその人間的基盤を考えなおすとなると、出入り自由な協同性（association）という綺麗事だけでは済まない可能性も考慮しなければならないだろう。以下では、大塚が近代資本主義社会におけるアソシエーションの担い手についてどのように考えていたのかを振り返ることから、考察を進めることにしよう。

2　近代的人間と共同性・協同性

(1)　独りで立つ近代人

大塚が想定した近代人とは、何よりも独りで立つ者である。それは絶対者との対峙という信仰における独立の局面と、世俗的・経済的な活動における独立の局面とに、とりあえずは分けることができる。現在のわれわれは、そこからいかなる問いを引き出すことができるであろうか。

①絶対者との個人的対峙と社会性

大塚が強調した近代資本主義の担い手の信仰上の特徴は、プロテスタンティズムの倫理である。その発想は、いうまでもなく、ヴェーバーに由来しているが、他方で、内村鑑三に導かれた無教会派の信仰経験も作用しているであろう。そこで想定されている信仰者とは、生まれつきどこかの教会に属している信者ではなく、信仰に予定的に介在するそうした社会性（教会組織）をいったんは排除したうえで、福音書と霊的体験のみを手掛かりとして絶対者と独りで対峙する個人主義的な性格の強い信仰のあり方である。その信仰は各自が絶対者と直接的に対峙することを求める。それは、位階制的に編成された聖職者に媒介されて、神の恩恵に浴することではない。むろん、そうした各自の信仰の結果として、同様の信仰を有する者たちが同志的な社会性（信団［Sekte, Gruppe］）を形成するということはありうる。教会に縛られない信仰をよしとするにしても、そうした同志たちは無教会派という派閥（sect）を形成するだろう。個人主義的ではあるが、新しい共同性（協同性）をはなから否定しているわけではない。むしろ、アソシエーションの根幹には、殊にその草創期には、同志的に共有されたこうした価値観と、同志的な相互信用と、同志的な結束力が作用していたとみるべきであろう。

福音主義（Evangelicalism）は、一方では福音書のみを媒介に神（絶対的他者）の前に独りで立つことを求める個人主義的な性格と親和的だが、他方では、一八世紀末から二〇世紀にかけて、下層階級や原住民を「善導・教化」しようとする介入的でお節介な性格を帯びていたことも近年では示唆されている。(1)

②世俗的な独立独行

大塚は近代的人間類型のわかりやすい例示として、しばしばデフォーの『ロビンソン・クルーソー』(2)に描かれた無人島におけるロビンソンの生きざまを挙げた。たとえば、『社会科学の方法』（一九六六年）や『社会科学における人間』（一九七七年）で大塚は、喜界ケ島に流された俊寛僧都が「都恋しや」と嘆き悲しむ姿と対比させて、無人島でも帳簿をつけながら、一人たくましく生きるロビンソンの自立した姿を際立たせた。そこでは、元来は「一攫千金」を狙う冒険的商人として「南海」に身を投じたロビンソンが、無人島で悔い改めて、堅実かつ合理的な中産的勤勉の美徳を、実際的な生活態度の中で発揮するところに近代人の本質が見出されるのである。

ここで、独立・自尊・自律の近代的人間類型という大塚の提起に対して少なくとも二つのことを問う必要がある。

第一は、「近代人」という問題をわれわれはすでに卒業しているのか否かである。西欧にはかつてあって、日本には真の近代人が定着しなかったことに近代日本の悲劇の原因を見ようとした大塚や丸山眞男の議論は、一九六四年の東海道新幹線開通と東京オリンピック、一九六八‐六九年の大学紛争、そして一九七〇年の大阪万博など――元来は一九四〇年に実施予定であった事業(万博とオリンピック)と、四〇年に計画された事業(新幹線)の約四半世紀遅れでの達成――を経験した者には、すでに卒業した過去の課題へと変じてしまっていた可能性があるからである。一世を風靡した大塚や丸山のある種の欠如理論は、欠如していたものが充足されたと考えられるなら急速に魅力も活力も失う。大塚や丸山にじかに学問の道を拓かれた研究者たちは一九七〇‐八〇年代には、まだ大学の第一線で活躍していたが、その時代にあって、すでに若者にとっては彼らの教養は過去のものになりつつあったのではなかったか(3)。

しかし、以下のようなさまざまな現状を、一九九〇年代以降の経済・社会の閉塞状況の中で新たに生み出された傾向であるとのみ割り切るのでなく、もう少し長い日本の近現代の中に刻印された特徴と考えるのならば、「近代人」はいまも大きな問題といわざるをえない(4)。すなわち、i「人権(派)」という語がいまや揶揄や軽蔑の響きを帯びて、「理想を振りかざすだけで、非現実的、反権力的で反秩序的な人々」という意味で使われる現状、ii「自由民主」を名乗る与党の憲法改正草案に、自由と権利は「濫用してはならず、自由及び権利には責任及び義務が伴うことを自覚し、常に公益及び公の秩序に反してはならない」と明記される現状、iii企業の中で孤立して働かされ、協調も団結も欠いた中で人間が擂《す》り潰されている現状、さらに、iv強者・権力者に擦り寄り、その意向を忖度しようと努めながら、他方では直近の弱者にことさらに苛酷に当たる状況である。

近代人がいまも大きな問題であり続けているとしても、そのことは、近代人以外の問題がないということや、近代人がいまも達成すべき課題として可能であることを、自動的には意味しない。近代人はいまも問題ではあるが、いまや人間＝社会の状況は、近代人を超えたところに解くべき問題――たとえば後述するように、「共生」や「連帯」、「自立支援」のような問題――を抱えているかもしれない。あるいは、環境問題・資源問題・人口問題――環境倫理学者が「地球全体主義」を挑発的に展望するような問題群――や、過労死［に起因する自殺］や「社畜」・「ブラック企業」という問題――仕事（かつてそれが「隣人愛の実践」や「召名」であったとしても）そのもののために仕事を行う価値合理的な職業倫理と、「利潤追求」＝営利を超えたところで追求される組織の効率性原理とが、いかなる制御装置も外れて暴走している事態――に直面するいまのわれわれにはもはや近代人は選択可能な課題ではないのかもしれない。近代人とそれ以後の課題の二段階論で行くのか、それとも近代人はもはや不可能な課題として放棄せざるをえないのか、近代人という問題は、卒業できたにせよ、卒業できなかったにせよ、われわれにとって悩みは深い。

第二に、しかし、『ロビンソン・クルーソー』から描き出される近代人の像は、何重もの意味で相当に奇妙で、異常である。われわれが目指してきた人間像はいったい何だったのだろうか。ⅰロビンソンは当初独りではあるが、難破船から引き揚げたさまざまなもの（木材、大工道具、食料、衣類、武器・弾薬等々）を利用しえた。つまり、ロビンソンは無人島において裸一貫から始めたのではなく、資本（過去の労働の蓄積物・文明の成果物）を所有している状態で無人島での生活を始めている。しかもロビンソンはとうてい一人では食べきれないほどの食糧を備蓄し、堅固な砦を築き、柵を何重にもめぐらし、大量の武器を身の回りに配置する。こうした過剰蓄積・過剰防衛・過剰武装を行うロビンソンはもはや近代社会を切り拓いた健全な自立者を超えて、〈病的現代人〉の原形として、その姿をわれわれの前に現しているようにすら見える。(5) ⅱ俊寛との対比で独立独行の人として描かれたロビンソンは、しかし、他者を必要としていた。なぜ、のちに「フライデイ」と名付けられることになる人物はあの物語に登場しなければならないのだろうか。しかも、ロビンソンはこの人物をわざわざ「敵」から救い出す。この人物を無視することも、見殺しにすることもできずに、救い出すという行為は、ロビンソンが他者を必要としていたということを意味している。これは単純明解な独立独行の物語ではない。ⅲしかも、この他者との関係は水平的ではない。ロビンソンは、この人物の名を尋ね確かめることもせず、金曜日だったから「フライデイ」とお手軽に命名し、おのれを「ご主人さま（master）」と呼ばせ、フライデイを従僕（servant）とする。ロビンソンは他者を必要とはするが、その他者との関係は主従関係となる。この物語が想定する人間関係の源基は、自立した者たちの自由で水平的な契約関係ではなく、垂直的な主従関係なのである。以上、見てきたように、信仰においても、実生活においても、大塚の描こうとした近代人は独立していながら、他者の存在を抜きには考えられないし、他者との関係は協同的で水平的なものばかりとはいえない。

(2) 社会的な近代人の協同性

近代人が市場で孤立して、己の欲望のみにしたがって行動する存在ではない以上、われわれは社会的（social or associational）な近代人を何らかの仕方で想定しなければならない。本章に与えられた課題はそれを「アソシエーション」という語を通じて考察することである。「アソシエーション（協同性もしくは社会性）」とは、予め定まった掟や矩（身分制・共同体）に担保された共同性ではなく、おのれの欲望をよりよく（効率的に）満たすのに独りではなしえぬことをするために、目的ごとに契約的に（しかも、変更可能な契約として）形成される共同性で、そこへの参入と退出も、また、非加入も個人の自由に委ねられる。こうした自由で契約的な共同性をここでは、協同性（association）と呼んでおこう。

①フランクリン自伝のジャントー・クラブ

大塚が、近代人に関して、ロビンソンとともにしばしば言及したのが『フランクリン自伝』である。そこで、B・フランクリンは自己修養（勤勉・探究心・合理主義）のための手段としての集団

（「ジャントー・クラブ」）を形成することの利点を述べている。それは、端的にいうなら、独りではなしえぬ（つい怠惰や甘えに陥ってしまうのを相互に監視し、規制する）ことをするための協同性である。自己修養の主体も、目的も、おのれ独りに存しているはずであるが、そこにも他者との契約的な共同性が必要とされたのである。しかも、そこに描かれた自己修養とは、人格が完成したか否かの有無何れかの二項的な修養（静的な「近代人」の達成）ではなく、完成への動態の中の「近代人」である。近代人とはひとたび達成ないし卒業したら、それで終わりというものではなく、無限にそこに近付く動態的な過程なのである。こうした動態的な自己修養（「人格の完成」）像はスマイルズの『自助論』において、フランクリンより百年遅れて、世俗的禁欲主義の再版としてイギリスをはじめ世界のさまざまな言語で読まれるようになった。日本でも、中村正直訳をはじめ原著の海賊版なども含めるなら、イギリスをはるかに上回る部数が刊行されたという。

②株式会社と生産協同組合

フランクリンの百年後の、産業革命も完了した後のイギリスにおいて、世俗的禁欲主義の再版が流行した背景には、株式会社の合法化や生産協同組合（productive co-operation）への期待が作用していた。株式会社と協同組合は当時のイギリスでも現在の諸国でも別の法の下に定義される異なる協同性のあり方だが、当初の発想の中には、少額出資を促進して、社会の多数の者を出資者とすることにより、労資（当時の語では‘Capital and Labour’）の対立を緩和する効果が期待されていた。株式会社は必ずしも大資産家を出資者に動員するだけの制度ではなかったのである。民間の私企業において、労働者にも株式の一部を分与して、賃金の代わりに配当を支払うなら、労資対立は消滅するという労働者持株制の実現手段として、広く薄く資金を集める少額出資制と、少額出資者のリスクを軽減する有限責任制の株式会社は、一九世紀中葉に再編され合法化されたのである(6)。これとまったく同様の発想で、労働者自身が出資金を持ち寄って生産協同組合を結成するなら、それは株主＝資本家のいない株式会社と同じことで、やはり労資対立を止揚するものと期待された。ここでは資本主義的な株式会社も、社会主義的な生産協同組合もどちらも、資本主義社会の矛盾の止揚の手段として構想されているのである(7)。

③社会主義者の夢想した協同性

一九世紀中葉とは労働者の資本家化によって労資対立を緩和しようとする時代であって、サン＝シモン、オーウェン、フーリエ、プルードン、マルクスなどの社会主義者たちも、同様の路線上に、生産・流通などの経済活動（これも、独りではなしえぬこと）のための人間関係をアソシエーションとしてデザインした。では、その人間関係は労資対立の消滅とまではいかずとも、それを軽減できるものとして設計されたのであろうか。社会主義者の夢想したアソシエーションは、関係のための関係（ただの仲好しクラブ）ではなく、生産や流通という目的の手段としての人間関係である。ただし、彼らは、近代産業社会が効率性追求の弊害や労指関係・労支関係を免れないことを自覚していないか、隠蔽している。サン＝シモンは資本家支配を肯定したし、マルクスの理想は指揮者がいても楽員全員がいそいそと音楽をできる関係であったが、いかにしてそれが可能かにマルクスは論及していない[9]。しかし、実際の西洋近代音楽はM・ヴェーバーも注目したように、合理化・組織化、そして指揮者による楽員支配の歴史を示している。「生産協同組合は内部的に、すなわち構造的かつ心理的に」資本主義的形態に屈して、生産協同組合としての本質を喪失するのである[10]。

④労使関係における団体

労働者と指揮者双方の利害はいうまでもなく、労働市場でも労働現場でも一般的には一致しない。その不一致は、自由な諸個人が独りではなしえぬことを可能にするという目的のために何らかの協同性を発揮しようとする際に、姿を現す指揮命令＝服従実行の関係に起因する。それは生産手段の所有関係によって運命付けられたことではない。資本主義社会の私的企業では、生産手段の所有者が指揮命令権を掌握するか、指揮命令する職能の任免権を掌握するから、労指関係は労資関係として発現するが、資本が共有されている協同組合も、公的に所有されている公企業も、労指関係は免れない。アソシエーションの成員がいかに自由な諸個人であっても、共有された目的のために単一の意志にしたがって協働する以上、個人の自由と共同性の間には必然的に緊張関係が発生せざるをえないからである。独りではなしえぬことをなそうとする、そうした協同性は仲好しクラブの緩い人間関係のままであることはできない。いや、「仲よく楽しく」も独りではなしえぬことだから、それを達成しようとするなら、居酒屋の常連の集まりにも原初的な労指関係は発生するとすらいえよう。その本質は、自由な諸個人が共通の目的のために協働するということのうちに潜んだ緊張関係なのである[11]。

したがって、スミスが素朴に観察したように、労働者と指揮者の利害は一致しないから、双方に何らかの独占と、そのための恒常的な集合性（trades societies, trade unions）が発生する。すなわち、ギルドが解体・形骸化したのちの近代の経営者団体と労働組合である。L・ブレンターノが労働組合を「現代のギルド」と喝破することによって、初期社会主義者たちが無視・隠蔽した労指関係は可視化されたのであった。[12] かつて、ギルドを成り立たせていた秩序の崩壊によって苦しんだ雇い職人（＝熟練工）が、ギルドと同じ目的・動機（成員の自立と秩序の維持）から結成したのが労働組合（Arbeitergilden, 労働者ギルド）であるが、それは当然のこととして、労働供給を独占し、また調節することで成員の自立と秩序を維持する機能を有した。労働組合は一九世紀の自由経済（freedom in trade）の時代には、「職業・営業・貿易の自由」（free trade）を侵害する「職業制限（restriction of trade）」のゆえに長く、経営者や経済学者から指弾されてきたのだが、経営者たちも経営者団体を結成して、個々の企業の労使関係上の個別的で機会主義的な行動を規制する機能を発達させることで個別的経営権の侵害者として立ち現れて、近現代イギリスを特徴付ける団体的労使関係（collective industrial relations）を形成することとなった。[13]

　しかも労使関係の団体性は、一方に一つの、他方に別の団体が存在して対峙するというような単純な一対一の性格ではない。イギリスで労働組合が法認（一八七一年労働組合法と刑法修正法によって刑事免責を付与）される以前の一八五〇～六〇年代に、当時出現したばかりの「新型（New Model）」労働組合の指導者たちは、のちに「ジャンタ」と呼ばれることとなったアソシエーションを形成した。B・フランクリンの作ったジャントーが同人的なクラブであったのに比すならば、このジャンタは臨時革命評議会とでもいうべき暫定的な性格の緩い組織であった。ジャンタは、当時の新型組合運動にとって障碍となっていた主従法、刑法、コモン・ロー上の共謀罪法理、友愛組合法の基金保護適用除外などを改めるために、議会外の世論を形成して法改正を求める合法的な運動を展開した。むろん、当時のイギリス労働組合界にはこうしたものわかりのよい大きな共済団体的労働組合のアソシエーションだけでなく、より戦闘的な小組合の一群もあり、マンチェスタ労働組合評議会を旗頭とするそれらの勢力が一八六八年の労働組合会議（現在にいたるTUCの源流）開催の主体となる。後者はより戦闘的な臨時革命評議会であって、前者との間に反目関係が発生したが、一八七一年労働組合法や一八七五年共謀罪および財産保護法が制定されるころまでには共同歩調をとって、イギリス労働組合界のナショナルセンターの役割を果たすようになっていた。こうして、アソシエーションのアソシエーションが結成された。そのことは、一つのアソシエーションがその内部の成員個人をいかに統制しうるかという問題だけでなく、上位のアソシエーションによる下位のアソシエーションの統制（殊に戦後所得政策におけるTUCによる傘下労組の統制と労組による成員統制）という重層的な問題をも生み出すことになる。[14] アソシエーションとは成員個人が独りではなしえぬことを可能にするために結成されるものだから、多少の不自由を感じたからといって簡単に辞めることができない（「退出（exit）」の自由の形骸化）だけでなく、アソシエーションのアソシエーションも、単一の組合では不可能なことを可能にすることが目指されていたから、

ＴＵＣの統制が窮屈だからといって軽々に退出と再加入を繰り返すわけにはいかない。アソシエーションは成員の自由意思に基づく、任意的な共同性であって、出入りも自由であるが、そこには、やはり、株式会社などの法人企業の内部に作用したのと類似した統制と服従の関係が発生せざるをえなかったのである。

3　現代と協同性

近代のアソシエーションが、すでに、必ずしも綺麗事ではすまなかったのは前節で見たとおりである。では、現代のそれはいかなる特徴と問題を示したであろうか。

(1)　誘導され、強制される協同性

近代から現代への転換期（一九世紀末～二〇世紀初頭）には、ヨーロッパ諸地域のみならず、北米でも日本でも、ナショナリズムは大衆的な基盤を獲得した。それは、強く健全な国民・市民でなければ弱肉強食の世界で生き残れないという社会ダーウィニズムの色を強く帯びたナショナリズムであり、強く健全な国民になる方向性を誰か指導者が鮮明に指し示す（「君の本当の幸福はわたしが知っている」という）お節介と強制された自発性で特徴付けられ、国家・企業・組織の目的に忠実であった成員に対しては福利厚生で報いる社会であった。

①国民運動と「弱く劣った」人間観

フランクリンのジャントーが、ふしだらな大衆を下に見る、いささか「超人（Übermensch）」めいた団体だとするなら、一九世紀末以降のさまざまな国民運動・市民運動[15]は社会の末端まで、文字通り「末人（letzter Mensch）」まで組織した。そこで予定されている人間観は、ロビンソンやフランクリンのように「強く、逞しく、失敗しても自力で立ち上がれる」人ではなく、己の幸福の何たるかも判然とは自覚できない「弱く、劣った」人間である。こうした弱く劣った人々を運動に動員するには、「鞭」＝強制力のみでは所詮無理で、彼らが「幸福」へと進む方向性を指導者が明晰に指し示したうえで、その方向に沿って進むなら何らかの（たとえば合唱運動やサイクリング運動が提供したような）悦楽や（体力・知力・人格の向上などの）利得（すなわち、「餌」）が必要であったし、国民全員が強く健全な者でなければ国際社会に生き残れないというナショナリズムの「大義」も必要であった。

「弱く劣った」人間観が社会ダーウィニズムに適合的なのは一見、奇妙に思われるが、弱く劣った個人でも、集団に組織され、適切に指導されるなら、強く健全な国民・市民へと成長することができるという見通しが、指導者による幸福への誘導（＝余計なお節介）を正当化した。こうした人間観への転換と、末端までの大衆の組織化こそが、強制加入の社会保険を中軸とする福祉国家や総力戦体制の前提となり、また、福祉国家の諸制度の形成や総力戦体制の構築がこうした人間観の転換を担保する役割も果たした。その過程では、幸福へと誘導される「弱く劣った」人間にすらなれないとの烙印を捺された人々は、社会と国家の「重荷」でしかないから、さまざまな仕方で排除され、また極端な場合には強制的な不妊・断種など優生学的な処置の対象にすらなった。福祉国家と総力戦体制とは、末人まで「救済」し、動員する社会であるが、それは同時に、末人の価値すら付与されない人々（"Untermensch"）を炙り出す装置でもあり、そうした人々は隣組や企業社会などミクロな組織化の対象にもならなかった。

②「社会連帯」＝自助の強制

現代的な福祉国家を、それ以前の福祉（生活・生存保障）のあり方と分かつのは、失業・疾病・老齢などの困窮時の給付が、慈善的な選別も救貧法的な劣等処遇もともなわずに、強制加入の社会保険の下での被保険者の権利となったことである。権利としての給付自体は、近代に多く形成された自助的共済団体（労働組合、友愛組合、労働者疾病金庫等々）がすでに実現していた。しかし、それらの任意的な自助団体における受給権は、加入して、組合費（保険料）を払い続けていること（組合員としての義務の履行）が条件で発生する。それゆえ、自助団体に加入しようとしない者や、組合費を払い続けない者には受給資格は認められず、自助団体の機能から零れ落ちる人々は無視できないほどに発生して（結局は救貧法や慈善の対象に逆戻りして）しまうであろう(16)。

近代の自助団体のこうした不完全性から脱却しようとするのが、強制加入の社会保険である。しかし、強制加入である以上、三者拠出のうち国家拠出と経営者拠出をいかに正当化するかという問題だけでなく、労働者たちも加入を強制されて、所得の一部から保険料を支払うことを強制されるという、近代市民社会の原則（私的所得処分の自由）に抵触することを正当化しなければならない。これらの正当化には、社会ダーウィニズムの言説や、社会主義の脅威だけでなく、諸種の介入的自由主義思想が用いられた。イギリスでは新自由主義（New Liberalism）がそれに当たるが、フランスではレオン・ブルジョワが「社会連帯（solidarité sociale）」の語で強制性を正当化した。これは、人がおよそ社会を構成して生きている以上、相互扶助が社会生活の原理であり義務でもあるとする古来の思想の現代版だが、そこでは、強制加入の社会保険に加入することは、自己の成長と存在の源を社会に負っているすべての人にとって、権利であると同時に義務でもあるという（社会と個人間の信約［Covenant］関係の）理屈が強制加入を基礎付けた。契約によって権利と引き替えに義務も発生するという相互補完的な権利＝義務関係ではなく、およそこの社会に生きている以上、社会連帯に参加する権利＝義務があるという超近代的な発想が、この「社会連帯」を特徴付けている。それは、出入り自由で、非加入の自由も承認された近代のアソシエーションの原理を決定的に変更しており、むしろ、前近代社会の共同体に再接近しているようにも見える。近代市民社会において当然のこととして認められている個人的自由を損なうとして、破毀院で違憲判決が出されたゆえんである。(17)

③介入的自由主義

現代のアソシエーションは、この「社会連帯」の例に端的に表れているように、近代的な自由な諸個人の自由意思に基づく、出入り自由で非加入も自由なアソシエーションを大きく越える存在と化している。こうしたアソシエーションの現代的な特徴は、強制加入の社会保険で特徴付けられる福祉国家や、「国民社会主義の民族共同体（Volksgenossenschaft des Nationalsozialismus）」を標榜する総力戦体制（ここでも現代社会はもはや「アソシエーション」よりは、むしろ「共同体」に近い）だけでなく、その他いろいろな局面にも姿を現している。

たとえば、現代企業の労務管理・企業内福利であり、大衆消費社会であり、また、一九六〇年代末に世界で同時多発的に展開した学生運動である。それらはいずれも、人々の幸福のありかは指導者が予め知っていて、さまざまな介入・誘導・お節介を通じて人々をその方向に誘導する。二〇世紀的な労務管理・企業内福祉は労働者の行為の管理（客観主義的管理）だけでなく、労働者集団の意思や感性、さらに労働者個人の「やる気」といった内面にまで踏み込んで、主観主義的な管理の特徴を表している(18)。大衆消費社会は大衆の自主的な選択を必ずしも必要とはしない。ヘンリー・フォードがしばしば主張していたように、黒のT型は廉価で良質なのだから、消費者がそれを購入するのは合理的であり、それ以外の選択肢を用意する必要などないのであった。一九六〇年代末の学生運動は、高度経済成長を経てシステム化しつつあった社会に対する若者の怨嗟の声（主体性の回復要求）を捉えて活性化したのだが、運動の理論的主柱となった諸種の左翼言説は、やはり、「君の幸せはわたしが知っている」お節介な性格の教義であって、短期的な盛り上がりの後は急速に退潮せざるをえなかった(19)。

こうして二〇世紀のアソシエーションは近代のそれよりもさらに窮屈なものになったが、その末路は悲惨な面すら呈した。

(2) 協同性の末路

①自主管理社会主義

ユーゴスラヴィアの自主管理社会主義は、ナチス・ドイツに対するパルチザン闘争の中で組織された人民解放委員会に起源を有する。それは、地理的に限定された解放区の、限定された諸資源を用いて、闘争と生活を成立させようとする高い理想と士気に支えられていた。闘争の指導者チトーは、その理想を端的に「友愛と団結」と表現したが、戦後の経済復興の過程で自主管理社会主義の手法を採用する際にも、この理想が語られた。自主管理社会主義とは要するに、プルードン的・無政府的な生産者主権の経済・政治体制であって、現場の労働者に根ざした経済的アソシエーションを、協議を通じて重層的に上に積み上げて、工場組織・企業組織を構成しようとする原理である。労働者自主管理である以上、ソ連型の国家による統制計画経済は採用できないから、各級の協議によって最終的な全体計画に到達することが理想であるが[20]、下から積み上げて連邦レヴェルの全体計画ができあがるまでには膨大な手間と時間を要するに違いない。実際には連邦が共和国間の経済格差を是正するために再分配を行うほかは、市場による調整に委ねざるをえない。「諸アソシエーションの連帯」は市場に補完されなければ現実的には成立しがたかったのである。とはいえ、自主管理組織は利潤の最大化という資本主義的な経済鉄則ではなく、関与する労働者たちの所得の最大化という労働者天国を鉄則としたから、市場による調整は、ご都合主義的に採用されたにすぎない。

しかも、他の連邦制国家と同様に、ユーゴスラヴィアでも経済的主権は連邦を構成する各民族共和国や自治州に属していた。各共和国は国内の自主管理企業を支えるために、銀行が企業に融資することを求めた。ユーゴスラヴィアの自主管理社会主義にとって幸運だったのは、ソ連圏との緊張関係の中で西側諸国からの外資導入を期待できたことであった。こうした形で自主管理企業への融資がなされていた一九六〇〜七〇年代は経済成長率も高く、「自国においてみずから管理している国民は、他国民の同じ権利を尊重するかぎり、国際関係においても平等、相互尊重、独立の政策、すなわち非同盟政策をとるほかはない」という「自主管理と非同盟」（カルデリ）[21]の理想は現実に機能しているように見えたし、また、国際的にもその理想は注目されていた。第二次世界大戦後の「アソシエーション」の希望をユーゴスラヴィアが体現していたのである。

しかし、企業が立地する基礎自治体（opština, 市町村）と共和国の政治権力は、自主管理企業に対する際限のない融資を銀行に要求したから、それは膨大な不良債権として蓄積されることになった。一九八〇年にはついに債務不履行に陥り、ＩＭＦ融資にすがることとなるが、その過程での緊縮財政と金融収縮によって、多くの企業が倒産し、大量の失業者が発生し、成長率もマイナスに転じた。「生産者のアソシエーション」であるユーゴスラヴィアでは社会保障機能（失業保険、健康保険、年金等）が企業単位でなされていたから、大量倒産・大量失業はただちに生活の破綻へと行き着かざるをえない。マルクスの「自由な人々のアソシエーション」を実現したかに見えた自主管理社会主義は、不良債権という市場経済的なリスクに対してはまったく脆弱だったのである。

自主管理社会主義のユーゴスラヴィア連邦は、一九八九年の二六〇〇%に達するハイパーインフレーションを経て、北西部の相対的に豊かなスロヴェニアやクロアチアが連邦から独立する動きを見せることで、一九九〇年代の血に塗れた紛争に突入して、瓦解する。アソシエーションの理想は、民族という個別的価値を至高とするナショナリズム[22]によって一挙に陰惨な暴力的内紛という末路へと転じたのであった。しかも、相争ったクロアチア、セルビア、ボシュニャクなどの諸民族は、音声言語的には共通で、外見上の区別も不可能、かろうじて宗教的な相違や暗い過去が背後に作用していないわけではないが、殺し合わなければならないような相違や対立がどこにあったのか、外部から観察するなら了解不能なほどの民族の実態であった。そこでは、民族という個別的価値すらがほとんど幻想にすぎなかったのだが、それはアソシエーションに基づく「友愛と団結」の理想を軽々と破壊してしまったのである。

②自主管理企業

自主管理はユーゴスラヴィアやプラハの春、ポーランドの独立自主管理労働組合「連帯」など社会主義の専売特許ではない。資本主義社会においてもさまざまな自主管理が試みられてきた。ここで、詳説する余裕も能力もないが、あるカメラ企業の倒産後の労働者自主管理再建闘争の事例を克明に検討した井上雅雄の研究は示唆に富む。自主管理労組は、労働者の徹底した民主主義的意思決定を尊重したが、民主主義だけでは資本主義経済の中で生き残ることはできない。生き残りに必要なのは生産の効率性であって、それゆえ、自主管理という理想を長く維持しようとするなら、自主管理企業は、自由・平等・民主主義でありながらも、労指関係を免れることができなかったのである。[23]ユーゴスラヴィア社会主義の労働者自主管理において、効率性が追求され、それゆえに労指関係を免れなかったのかどうか寡聞にして知らない――基礎組織・工場組織・企業組織によって専門経営者が選任され、利潤最大化という目的を設定されないのならば、それは労働者にとって労指関係を免れた一時的な天国だった可能性がある――が、資本主義社会における労働者自主管理は闘争期・自主管理への移行期の熱狂を過ぎるなら、一時的にすら天国ではありえなかったのである。

③「労働組合の専制」

労働組合は、弱者の自助の集団的な手段として一九世紀中葉には正当化されはしたものの、初期の団結禁止法下を脱した後も、共謀や職業侵害などさまざまな違法性を問われ、また、当の労働者個人の自由を抑圧する悪しき専制として指弾された。独りではなしえぬことを集団で可能にするのがアソシエーションであり、それは出入り自由、非加入も自由だから成員（および潜在的に加入資格を有する者）の自由を脅かすことはないはずだと主唱者たちからは期待されてきたのだが、労働組合が組合内外の労働者個人の――労働組合成員だけでなく組合外の個人も含めて――自由を抑圧するとの非難は一九世紀中葉の経営者の言説においても、その後もおりにふれて執拗に繰り返され、ついに一九七〇年代末以降のサッチャリズムの（また、諸国のネオ・リベラリズムの）労働法改革・労組攻撃において、この非難は最高潮に達した。一九世紀にはそうした非難とは別に、労働組合の有効性・有用性を認め、労働組合を擁護する世論も強かったが、それが第二次世界大戦後の福祉国家体制の中に完全に定着して、大きな特権を占めるようになった後に、自立・自律した個人の名に基づいて非難されると、労働組合は有効には抵抗できなかった。少なくとも世論の多くはサッチャーの「改革」を容認した(24)。アソシエーションとは、それが担う秩序や集団性・組織性のゆえに正当化されたのではなく、それが自由な諸個人の自由意思に基づくがゆえに正当化されたのであって、個人に基礎付けられたアソシエーションは、個人の自由の名による批判には本質的な脆弱性を露呈している。

4　むすびにかえて——近現代の忘れもの

(1)　永遠の希望

なぜ、自立・自律した諸個人の、出入り自由な協同性は、強制や抑圧の装置となるのか。「自由なアソシエーション」は(株式会社を——それが自由なアソシエーションであるか否かは別にして——除くなら)、近代と現代を通じて一度も安定的には、実現されたことのない夢である。しかし、この実現されざる夢は、いまもさまざまな言葉(「共生」、「連帯」、「ネットワーク」等々)に言い換えられて、語られ、夢見られ続けている。ほぼ二世紀に亘って見果てぬ夢としての協同性への期待・幻想がかくも永く継続・反復しているのは、反省の不在以外に、いかなる理由が作用しているのか。アソシエーションが永遠の希望であるからには何らかの理由があるはずである。それは、おそらくは、結果としての共同性でもなく、予定された是非もない共同性でもない、第三の共同性への期待と幻想であろう。資本主義・市場経済を「組織化されない複雑性」・結果としての共同性とみなし、自覚的な共同性を無視する見方には、人間らしさの不在を感ずる。ユーゴスラヴィア自主管理においても強調された「人と人の関係」を意識的に追求しようとするなら、資本主義・市場経済はあまりにも非人間的で非人格的と感じられたであろう。他方で、予め定まった是非もない伝統的・身分制的共同性に戻ろうとしても（「共産主義」の本義）、個人の（欲望の）解放を経験した者にとっては、そうした予定された共同性はあまりにも不自由で息苦しい。こうした両面の不満を背景にして、第三の共同性としてのアソシエーション（自由でかつ人間らしい関係）は期待されたのであろう。

アソシエーションとは、両方の共同性の厭なところを避けて、良いとこ取りをする発想であったと言ってよい。しかし、両方の共同性の厭なところをいかに回避・解消しうるのかは、初期社会主義者から現在にいたるまで明らかにされてはいない。あるのは、良いとこ取りのスローガンばかりである。

(2)　永遠の絶望

しかし、アソシエーションは試みられては失敗する歴史を積み重ねてきた。アソシエーションは、近現代に限定していうなら、「永遠の希望」の光であったと同時に、「永遠の絶望」の種でもあった。なぜ、人間らしく、かつ自由な共同性への期待は裏切られ続けてきたのか。それは問わずには済まないが、大方を納得させうる答を筆者が用意できているわけではない。以下、思い付きを何点か示すことにする。

(3) 近現代が見落としてきた何か

近現代の二世紀に及ぶ「アソシエーションの夢」は、何か大切なことを見落としたために失敗し続けてきた可能性がある。この失敗に絶望するあまり、絶望することも忘れ去ってしまった究極の末人に陥らないためには、アソシエーションの条件を探ろうとしてきた大塚久雄の仕事を改めて発展的に継承する必要があるし、また、それは可能でもある。その一つの仕方は、近現代の落とし物探しではないだろうか。

①「抑圧・支配・競争・闘争」という反理想の作用

「自由・平等・友愛・平和」の理想に対して「抑圧・支配・競争・闘争」という反理想(ディストピア)が作用していたのではないか。そうした反理想を唱導する者たちがいたのではないだろうか。この理想と反理想のいずれかが人の本質であり、いずれが社会によって構成されたものであるかは措くが、理想が万人に共有されていると素朴に信ずるに足る根拠はなさそうである。

②想像の共同体としてのネイションの根強さ

ネイションとアソシエーションは確かに居心地が悪い。では、ネイションが根強いというときに、そこで真に強いのは、固有名詞で呼ばれる「国民」か、特定の「国民国家」か、それともやはり固有名詞の付いた「愛郷心（patriotism）」なのかは、一義的に判然とはしない。だが、それらの個別的価値に依るのは、より広く他者との共生や連帯を志向するには不向きなことであり、その限りでは、「ネイション」はアソシエーションを拡延普及しようとするには合理的ではない発想である。アソシエーションがネイションを超えても、実生活のうえで困ることは何もないが、独りではなしえぬことを可能にするアソシエーションをネイションが超えてしまうと、アソシエーションは必然的にネイションの従属的な価値となってしまい、アソシエーションの価値は蔑ろにされてしまうであろう。

③自他二分法的な「個人」の名によるアソシエーション批判

アソシエーションを、自分と他者とは截然と分離されているという意味での「個人」の名で非難することは、ある矛盾をはらんでいる。それは、個人が協同する自由に対して、協同しない自由や、協同によって発生するかもしれない抑圧・誘導・介入に対抗する自由の方を優先させることによって、協同する自由の価値を貶めているからである。人々をこうした非協同の方向に誘導するお節介は、たとえば、終末期医療において、当該個人のやり残した最後の物語を完遂させようとすることに全精力を傾けさせようとするケアによって、患者と家族や友人・仲間たちとの絆の大切な局面を損なってしまうことに似ている。

④効率性の呪縛＝労指関係の必然性

これはありふれた指摘だが、やはり見落とすべきことではない。「よりよい結果」を求める目的合理性や「飽くなき欲望」は、社会を効率的な手段の牢獄と化す危険性がある（ヴェーバーの「近代」問題）。仲好しクラブですら「効率」化する――「空気の読めない」話し方や食べ方・飲み方をする者が居酒屋の常連仲間から排除される――危険性もある。それほどに効率性と、効率性が要請する労指関係・労支関係とは、近現代の人間関係と社会の隅々にまで強く根を張っている。

しかも、それは、組織の規模と、組織を構成する者の人間観によって左右される。近代の産業社会とは、効率的・合理的にモノを産み出さなければならないが、そこに参画する人々は自由・平等であり、自由意思にしたがって集団的な共同作業に従事するというたてまえの成立している社会である。当然、そこにはM・ヴェーバーが想定したような明晰で合理的な管理組織が作用していたと考えたくなるのだが、それにもかかわらず、その共同作業を統括する明瞭な機能、すなわち労指関係を欠いたままの期間が産業革命後もかなり長く続いた。

では、そうした労指関係不在の状況は、なぜ、長く続き得たのか。マルクスの、オーケストラの指揮者の喩えに依拠して、それを集団の規模の問題として解釈することは可能だろうか。確かに少人数のアンサンブルやバンドには役割としての指揮者・管理者は不要であり、大人数のオーケストラやバンドには指揮者が必要である。楽隊に関する音楽史研究では、およそ三〇人という人数が指揮者の要不要を分ける規模とされている。しかし、この説の本質は、規模にあるのではなく、集団の成員それぞれがおのれの役割を果たしながら、他の相手と合わせることができるか否かにある。人数が多くても膨大な練習時間を積み重ね、協議し、納得するための労を惜しまなければ、さらに、仮に、演奏中でも楽員間に充分な意思疎通が可能ならば、百人のオーケストラが指揮者なしで演奏することは原理的には不可能ではない。ヴェーバーに即していうなら、その背後では何らかの経営規律は共有されていなければならないが、必ず官僚制的な組織と支配がなければ、集団の効率的な運営ができないというわけではない。随時協議・納得に要する時間や労力と楽員間の意思疎通の困難性は、おそらくは人数の階乗に比例するから、少人数のアンサンブルやバンドなら指揮者なしで、また練習や演奏中の意思疎通にもそれほど多大の労力を費やさなくても、演奏が可能なのである。

したがって、問題は本質的には、規模にではなく、練習（すなわち随時協議と納得形成による役割と関係の自覚）と作業進捗のどちらが先に進むかという遅速関係と、作業中の意思疎通の可能性（あるいは作業を一旦中断して協議・納得のうえ問題を解決できる可能性）とにある。むろん、音楽演奏では中断は許されないから、大人数の場合、指揮者がいる方がはるかに効率的なのだが、練習に充分な時間をかけ、各人が集団全体の使命とおのれの役割を充分に理解し、作業中の意思疎通も確保しうるなら、特定の指揮・命令機能は不要であろう。少人数のアンサンブル的な集団の調整・規律が可能な状況なら、近代産業社会であっても、労指関係が固定的な役割として発現する必然性はない。規模は大きくても、全員が、他の成員の状況や行為を随時に観察し、それに合わせておのれの行為を随時に調整し、さらに必要な場合は適切な声を発し、提案し、また譲ることができるといった有能で、かつ士気の高い者ばかりなら、みなが自由でいて、高い効率を発揮することも可能だろう。こうした「超人」めいたアソシエーションは、草創期には可能かもしれないが、組織が拡大し、定着し、凡人によって構成されるようになったら、労指関係に頼らなければ、効率性は担保できず、それゆえ、「自由なアソシエーション」は画餅へと形骸化する可能性が生み出されるのである。

(4)「永遠の絶望」からの卒業

反理想と闘うすべをここでは提示できない——それは本来的に価値判断や信条の問題であって、思想闘争によるほかはない——が、それ以外の問題は合理的な仕方で、絶対的に解決・回避不能というわけではないだろう。ネイションは自然な生成物ではなく、アソシエーションと同じく人工的なものだから、その序列は人が決めることができる。自他二分法的な近代の「個人」をわれわれがどこまで引き摺っていかなければならないかも、変更し、操作することが可能なことだろう。超人だけのアソシエーションは不可能としても、凡人たちのアソシエーションでも規模さえ大きくなければ、労指関係の窮屈さを緩和する可能性は充分に確保しうる。問題は「大規模化=効率化」という観念から解放されて、自由と効率性の最適な水準の組織を設計し直せばよいのかもしれない。

近代人という大塚久雄の示した課題は、ことによると、卒業できないのかもしれないが、アソシエーションが永遠の絶望であるという事態からは卒業できる可能性を保持したい。

注

（1）南西太平洋での武器＝労働交易を規制しようとするイギリスの福音主義諸派の思想と運動については、Takeuchi［2009］を、また、産業革命期のイギリスで下層階級を善導・組織化しようとする福音主義諸派の思想と運動については長谷川［二〇一四］を参照されたい。

（2）［Daniel Defoe］*The Life and Strange Surprizing Adventures of Robinson Crusoe, of York, Mariner: Who lived Eight and Twenty Years, all alone in an un-inhabited Island on the Coast of America, near the Mouth of the Great River of Oroonoque; Having been cast on Shore by Shipwreck, wherein all the Men perished but himself. With An Account how he was at last as strangely deliver'd by Pyrates. Written by Himself*, London, W. Taylor, 1719. なお、原題にも示されているとおり、ロビンソンが漂着したのは、デフォーの設定では南米オリノコ河口に多数ある島のうちの一つの無人島である。しばしば、誤解されているように、絶海の孤島というわけではなく、近隣の島や大陸から原住民が訪れることのある場所であり、フライデイとの遭遇もそうした地理的な環境において可能となった。

（3）これは多分に筆者自身の学生時代の経験に基づく見解なので、さまざまなご教示・ご批判を請いたい。

（4）「近代人」を、日本（や韓国、北朝鮮、中国など）にとってはまだ達成できていない課題と考えるのか、西欧においてすら一度も完全には達成されたことのない課題と考えるのかは大きな論点であろう。筆者は、古典的自由主義が前提にした「強くたくましく、失敗しても立ち上がることのできる人間」観を大方の人間に適用するのが無理であることが判明し、諸種の介入的自由主義へ転換した一九世紀末〜二〇世紀前半においてすでに西欧諸社会にあっても、「近代人」は未達成ないしは不完全達成の課題として認識されていたと考えている。西欧の現在の社会政策の課題が「社会的に排除された（socially excluded）」人々の自立支援（社会への再包摂）にあること、ポピュリズムの政治手法により合理的ではない決定がなされる「ポスト真実」の世論および政治状況などがその最大の証左である。なお、「ポスト真実」は決してここ数年の特徴ではなく、それは、プロパガンダの時代としての二〇世紀全体を特徴付けている。小野塚［二〇〇九］、小野塚［二〇一一］、および小野塚［二〇一四b］、殊に終章を参照されたい。ただし、日本・東アジアには、「近代人」という課題の達成状況については、言論の自由や普遍的正義よりは権力者への擦り寄りと忖度を優先させ、それゆえ諸種の贈収賄慣行がはびこるなど、欧米諸社会とは異なる特有の問題がある可能性は否定できない。

（5） ロビンソンのこうした特色については岩尾［一九九四］を参照されたい。また、土地制度史学会（政治経済学・経済史学会の前身）の一九九七年春季総合研究会では、「経済史における人間像──大塚史学の方法をめぐって」と題して、筆者の問題提起（小野塚［一九九七］）のあと、小田中直樹「社会思想としての比較経済史学派の人間像」、岩尾龍太郎「大塚久雄のロビンソン解釈の問題点」、藤井隆至「近代日本の社会認識における人間像──大塚久雄と柳田国男」、深貝保則「商業精神論の系譜、経済人像の系譜──経済学における人間像」の四報告がなされた。大塚の直接の薫陶を受けた研究者の出席も多かったため、大塚の人間類型論の可能性と問題性について、問題提起者・報告者以外に、田中豊治、毛利健三、権上康男、秋元英一、小林純、土井日出夫、伊藤正直、柳澤治、住谷一彦、大石嘉一郎、島崎美代子、小林賢齊、菊池荘蔵の諸氏によって活発な討論がなされた（河合康夫［一九九七］参照）。

（6） Smiles［1861］pp. 158–63.

（7） 株式会社と生産協同組合の同型性については、椎名［一九八五］第Ⅰ章「一九世紀末イギリスの団体主義を参照されたい。また、生産協同組合が社会主義的な（資本主義的な人間関係の「外に出ようとする」）性格については、小野塚［一九八九］と小林［二〇一七］を参照されたい。

（8） 近現代社会において自由な諸個人が協同で何事かをする場合に、効率性（よりよい結果）を求めるのなら、そこには必ず機能的な指揮命令・服従実行と支配・従属関係が発生する。つまり、労働者と指揮者ないし支配者の関係（「労指関係・労支関係」）こそが、近代（個人が共同体・身分制から解放されて自由な社会）における生産関係の本質と考えることができる。「労資関係」とは資本制におけるその現象形態であり、「労使関係（industrial relations, Arbeitgeber-Arbeitnehmer Verhältnis）」とは産業社会における労指関係の通俗的ないしは社会的・属人的な表現・理解である。小野塚［一九八九b］三頁と注（5）（九‐一〇頁）、および大津［二〇一四a］を参照されたい。

（9）サン＝シモン主義者のペレール兄弟がクレディ・モビリエを設立する際に目指したのはアソシアシオンの理想であったが、クレディ・モビリエは実際には大投資銀行になっている（鈴木［二〇一六］一一頁参照）。マルクスの組織に関する理想については、小野塚［一九九八］一五‐六、二五‐六頁、および小野塚［二〇一四a］一〇‐五頁を参照されたい。

（10）椎名［一九八五］二八頁。

（11）労指関係は人が共同する組織や集団には必ず作用しているはずだが、それは、常に緊張関係をはらんだ何らかの困った問題として発現するわけではない。共同性に関与する諸個人の自由意思を、他の単一の自由意思によって統括する場合に労指関係という問題は発現するのであり、それは端的には労務管理として現象する。諸個人の自由意思が共同体的・身分制的な制約下にある前近代社会では、労指関係は問題として露呈しないし、近代産業社会でも、作業組織の共同性が、指揮者のいないアンサンブルのように、成員の自由な協調性によって担保される場合（「職業の世界のまったき自律性が、日々の作業だけでなく、訓練、養成、入職、退職などその職業・営業に関するすべてを統御している状態」、すなわち同志的な価値観・相互信用・結束力が担保された人間関係で）は労指関係は困った問題としては発現しない。小野塚［二〇一四a］第一節第（3）項、および本章第四節（3）を参照されたい。

（12）Brentano [1871] pp. 88–93（訳書一〇九‐一一五頁）を参照されたい。

（13）経営者団体（使用者団体）の機能と団体的労指関係については小野塚［二〇〇一］第Ⅱ部を参照されたい。

（14）小野塚［一九九九］三四九‐五四頁を参照されたい。

（15）国民運動・市民運動の誘導・強制・介入的な性格については、たとえば、スウェーデンの経験を解き明かした石原［一九九六］と、小野塚の書評（東京大学『経済学論集』第六三巻第四号、一九九八年一月、一一四‐九頁）を、またチェコの国民国家形成に際して体操運動が果たした役割に注目した福田［二〇〇六］を参照されたい。

(16) 自助団体から零れ落ちてしまう可能性に対して、社会保険が生み出される以前の近代の自助団体自体がいかに対処しようとしたかについては、小野塚［二〇一二］を参照されたい。
(17) フランスの「社会連帯」(殊に19世紀末以降の退職年金法案・一九一〇年法）に採用された「強制原則」とそれへの反撃については、田端［一九八五］一三六‐四一頁を参照されたい。
(18) こうした主観主義的な労務管理は、小野塚［二〇一四a］の第Ⅲ相、第Ⅳ相に相当する。
(19) 一九六〇年代の学生運動の介入的自由主義の「君の幸せはわたしが知っている」というお節介な性質については小野塚［二〇〇九］九‐二九頁を参照されたい。
(20) 佐原［二〇〇八］九〇頁。
(21) Kaldelj［1972］。
(22) 本書第二部の石井寛治「大塚史学から継承すべき課題」を参照されたい。
(23) 自主管理企業が労指関係を免れないがゆえに破綻する事例研究として井上［一九九一］、殊に終章を参照されたい。
(24) 「労働組合の専制」をめぐる一九世紀中葉の経営者の言説については小野塚［二〇〇一］第三‐四章を、サッチャリズムによる労組攻撃の論理については小野塚［一九九九］三八七‐九頁および梅川［二〇〇一］五三七‐四〇頁を参照されたい。

参考文献

石原俊時［一九九六］『市民社会と労働者文化――スウェーデン福祉国家の社会的起源』木鐸社。

井上雅雄［一九九一］『日本の労働者自主管理』東京大学出版会。

岩尾龍太郎［一九九四］『ロビンソンの砦』青土社。

梅川正美［二〇〇一］『戦後体制の崩壊（サッチャーと英国政治2）』成文堂。

大津真作［二〇一四］「ランゲと近代社会批判――永遠の奴隷制と野蛮」田中秀夫編『野蛮と啓蒙：経済思想史からの接近』京都大学学術出版会。

小野塚知二［一九八九ａ］「『集団的自助』の論理――19世紀イギリス労働者上層の文化」『歴史評論』通巻第四六五号、一月、六三‐八三頁。

――［一九八九ｂ］「労使関係におけるルール――19世紀後半イギリス機械産業労使関係の集団化と制度化」（上）『社会科学研究』第四一巻第三号、一一月、一‐一〇二頁。

――［一九九七］「経済史における人間像――大塚史学の方法をめぐって――問題提起」土地制度史学会一九九七年春季総合研究会、六月二八日、東京大学、http://www.onozukat.e.u-tokyo.ac.jp/1997spring_onozuka.pdf
――［一九九八］「生協における管理と民主主義」協同組合総合研究所（ＣＲＩ）研究報告書第二一集『労働運動をめぐる論点の現代的総括』八月、一‐二九頁。

――［一九九九］「労使関係政策――ヴォランタリズムとその変容」毛利健三編『現代イギリス社会政策史一九四五‐一九九〇』ミネルヴァ書房、三三三‐九三頁。

――［二〇〇一］『クラフト的規制の起源――一九世紀イギリス機械産業』有斐閣。

――編著［二〇〇九］『自由と公共性――介入的自由主義とその思想的起点』日本経済評論社。

――［二〇一一］「日本の社会政策の目的合理性と人間観――政策思想史の視点から」『社会政策』第三巻第一号、六月、二八‐四〇頁。

――［二〇一二］「共済団体の慈善機能――一九世紀後半イギリス労働組合の『慈善基金』に注目して」東京大学『経済学論集』第七八巻第一号、一六‐四〇頁。

――［二〇一四ａ］「序章　労務管理の生成とはいかなるできごとであったか」榎一江・小野塚知二編著『労務管理の生成と終焉』（法政大学大原社会問題研究所叢書）日本経済評論社。

――編著［二〇一四ｂ］『第一次世界大戦開戦原因の再検討――国際分業と民衆心理』岩波書店。

河合康夫［一九九七］「一九九七年度春季総合研究会報告」『土地制度史学』一五七、一〇月、七六‐七頁。

小林純［二〇一七］「アソシエーションは永遠の絶望なのか――小野塚知二氏の問題提起を受けとめるために」福島大学経済学会『商学論集』第八五巻第四号、三月。

佐原徹哉［二〇〇八］『ボスニア内戦――グローバリゼーションとカオスの民族化』有志舎。

椎名重明編［一九八五］『団体主義（コレクティヴィズム）――その組織と原理』東京大学出版会。

鈴木良隆［二〇一六］「日本における株式会社制度の導入と「信用」の根拠――結社の原理をめぐって」東北大学経済学会研究年報『経済学』第七六巻。http://www.econ.tohoku.ac.jp/gakukai/articles/No8-20161212.pdf#search='日本における株式会社制度の導入と「信用」の根拠'。

長谷川貴彦［二〇一四］『イギリス福祉国家の歴史的源流――近世・近代転換期の中間団体』東京大学出版会。

田端博邦［一九八五］「フランスにおける社会保障制度の成立過程」東京大学社会科学研究所編『福祉国家２　福祉国家の展開(1)』東京大学出版会。

福田宏［二〇〇六］『身体の国民化――多極化するチェコ社会と体操運動』北海道大学出版会。

Brentano, Lujo［1871］*Die Arbeitergilden der Gegenwart, Erster Band: Zur Geschichte der Englischen Gewerkvereine*, Verlag von Duncker und Humblot, 1871（島崎晴哉・西岡幸泰訳［一九八五］『現代労働組合論（上）』日本労働協会）。

Kardelj, Edvard［1972］*Protivrecnosti društvene svojine u savremenoj socijalistickoj praksi; Istorijski koreni nesvrstavanja*, Radnicka štampa（山崎洋・山崎那美子訳［一九七八］『自主管理社会主義と非同盟――ユーゴスラヴィアの挑戦』大月書店）。

Smiles, Samuel［1859］*Self-Help: with illustrations of character, conduct, and perseverance*, John Murray.

――――［1861］*Workmen's Earnings, Strikes and Savings*, John Murray.

Takeuchi, Mahito［2009］*Imperfect Machinery?: Missions, Imperial Authority, and the Pacific Labour Trade, c. 1875-1901*, VDM Verlag Dr. Müller.

第三章　国民経済と経済統合

小林　純

1　本章の課題——基本命題からの視角*

(1)　基本命題

大塚史学のアルファにしてオメガの命題を、筆者は「経済的に向上しつつある自由な勤労民衆によって担われた、社会的に健全な『生産力』こそ現実的な富であり、富裕であり、経済的繁栄の実体である」（一二五頁）という表現に見る。大塚久雄は、経済史研究において提起した英国の発展図式上の諸概念、つまりコモンウィールや局地的・地域的市場圏、そして「国民経済」の構成に、この基本命題に発する論理系を貫穿させていた。大塚はこの基本命題を、産業資本の形成と発展（『著作集』二～五）および「国民経済」の形成・再編（『著作集』六）という視点から論じた。弘文堂『国民経済』の発行は一九六五年、日本の大東亜共栄圏の夢の崩壊につづく、戦後再編・再建の後の高度成長まっただ中である。彼は一方で途上国開発の方向を見つつ、日本の産業構造の将来を展望し、そこに基本命題からの逸脱の危険を感じたからこそ、この時点で『国民経済』の上梓を思い立ったのであろう。ただ、同時代人には自明の、昭和四〇年にこの書が出されたということの意味は忘れられているのであり、すでに歴史的探索の対象となった。そこで、この作業を敢行した恒木健太郎の成果の結論部分を借りて、上記「基本命題からの逸脱」の中身を確認しておこう。

恒木は、大塚が「貿易主義」の中山伊知郎らと「(国内)開発主義」の有沢広巳・都留重人らとの両面批判を行なっていたことを指摘する。そして「大塚のなかでは『国内市場』を支えるべき主体の『自国内』での再生産とその生活水準の向上が重要であったために、貿易主義と開発主義は『社会的な自存性』という問題を無視した議論として批判されたのであった」、「大塚は、日本が形式上は『民主主義』を保ちつつ復興してきたようにみえて、その実『オランダ型』の道をすすみつつあると認識していたのである」とした(1)。日本の国会が日米安全保障条約を批准したのは一九六〇年六月、『国民経済』収録の論稿「政治的独立と国民経済の形成」は同年一一月、同「民主主義と経済構造」は六一年六月の公表であった。

この時代的緊張感を中村勝己の講談社文庫版『国民経済』解題で補強しておく。戦後再建から高度成長へと移ってきたこの時期、日本の展望は、資源小国としては輸入原料を加工し輸出して外貨を稼ぎ、それで生活必需品を購入せざるを得ない、という「貿易立国」論一色となる。それは国是として全国の小学生の頭にまで叩き込まれた——筆者の体験ではそうである。中村は、この「『貿易立国』論が台頭しはじめ、そうした経済発展を支える『安全保障』の問題が政治をゆるがすにいたった。政治的民主主義は均衡のとれた産業＝貿易構造と不可分の関係に立ち、この問題の解決こそ六〇年代の課題であるというのが本書に収められた論考の基本的主張であるといってよいであろう」[2]、としている。時流に抗するこの社会科学者は、あくまで自己の研究成果を準拠点に置いて発言していた。

(2)「国民経済」と本章の課題

大塚は一七世紀半ば～一八世紀半ばのイギリス経済を素材に「国民経済」を語っているが、素材にここでも触れてこの概念の中身に少し立ち入る。大塚は、市民革命を経て以降のイギリスでみられた事態から得た教訓を一般化して、まず、資本主義経済の成長が「国民経済」と呼ぶにふさわしい産業構造を土台とするときにもっとも順調でありえた、とする。つぎに、資本主義、国民主義、民主主義の三者が同じ根から出た三つの幹であり、形成期には三者が絡み合いつつ成長した、と見ている（一九〇－一一頁）。ここから、国民経済とはまずは産業構造に関わる概念であり、しかも経済領域をはみ出る契機を内包したものであることが分かる。

三つの幹を一瞥しておく。国民主義（nationalism）については、産業構造の自生的な均衡発展が経済の国民的自立の基盤であるとされ、民主主義（democracy）は経済的に向上しつつある自由な勤労民衆の利害を考慮するものとなり、こうして急速な富の蓄積の進展、広い民富の形成から急速な資本主義（capitalism）の展開がみられることとなる。ここにはさきの基本命題が貫いている。ただし大塚は英国経済の一八世紀前半を「国民経済」形成と「資本主義」発展との二つの次元の幸福な重なりの過程として描いた。すなわち、「資本主義の発達に伴なって進行する階級分化は国民経済の内部に、かつてその羽ばたきの時代にみずから克服していったものとはまったく別種の利害の分裂を生みだすばかりでなく、ますます増大させる」（一九二頁）という表現に見られるように、議論に含まれる二つの契機がそれぞれに固有な展開モーメントを含むことは明確に自覚されていた。恒木、中村両氏の捉えたのは、国民経済を「産業構造」視角で論じる意義を自覚し、一九六〇年の日本の経済展望に照らして産業構造から「民主主義形成期の問題」を描くことで安保条約批准にまつわる問題状況に向き合った大塚の姿であった。

本章で筆者は産業構造論としての国民経済という面を意識的に取り上げることで、大塚史学の特性を深く理解したいと考える。その作業を、歴史的次元と今日的次元の二つに分けて試みる。本章の課題と素材を示そう。まず次節で歴史的に。大塚の「国民経済」論は、主に英国一八世紀前半の経済史を素材として構成されており、いわば世界最初の産業革命へと導いた歴史過程の分析である[3]。この時期は「重商主義期」と呼ばれて、その経済政策はアダム・スミスの『国富論』で批判の対象とされた。そこでまず、わが国の経済学史では重商主義理解と『国富論』解釈における小林昇と内田義彦の議論が、大塚の「国民経済」論を前提にすることで理解が容易になるという事情を見る。つぎに、重商主義概念を深める素材として大塚のシュモラー批判を取り上げる。続いて索出的概念としての「国民経済」の効用、つまり問題発見的な有効性を、戦前日本の例で確認する。さらに節を改めて今日的な問題を、経済統合の実例である欧州連合を素材として考えてみたい。基本命題がそこでどう貫徹しうるか、という関心からである。併せて「別種の利害の分裂」（大塚）の現代的表現としての「マネー資本主義」と呼ばれる現象に触れ、それが基本命題とどう関係するかを考えてみたい。

2　歴史的次元

(1)　重商主義論――『国富論』の読み方

アダム・スミスが『国富論（諸国民の富）』第四編で重商主義批判を展開したことは知られているが、文献探索の深まりもあり、その多義的使用のゆえにか、この「重商主義」なる語の使用に疑念を呈する議論も出されてきた（二七頁）[4]。大塚はこの語を自らの「国民経済」概念と不可分のものとして用いていた。

経済の自然成長性、産業諸部門の不均等な発達を促すことによって、たしかに産業構造を歪め、均衡を失わせ、その結果外国貿易を必然化するのであるが、この関連を総体としてみるならば、「国民経済」は外国貿易を含めたより大きな規模において、産業構造の均衡を回復する結果になっている。……この場合、「国民経済」はすでに「国民」的規模をこえて国外の経済をもその産業構造の中に捲きこんでおり、またそうすることによって、はじめて独立な、ある自給自足への傾向をもつ産業構造として存立しうるものとなっているのである。十八世紀のイギリス「国民経済」がまさしくこれであり、重商主義がこうした「国民経済」の膨張をささえる政策体系であったこと、またあの旧植民地制を含むいわゆる重商主義帝国がその政治的骨格をなしていたことは、おそらく説明するまでもないであろう。（二四七‐八頁）

このように大塚は、産業構造が自給的経済圏として国民規模に、さらには植民地にまで拡大して帝国形成へと向かう様子を描く。この膨張を支える政策体系としての重商主義という理解である。英国工業の市場としての北米植民地は、産業資本の強蓄積実現に欠かせぬ存在となっていたが、英国の経済的自給という観点からしても素材補塡として不可欠だったというのではなかろう。『国富論』は重商主義を批判したのだが、その批判の論理をどう理解するかがここで一つの問題となる。ことはアダム・スミスと重商主義の関係に関わっている。

ここでわが国のスミス研究を主導した内田義彦の『経済学史講義』（未來社、一九六一年）の説明をのぞいてみる。スミスは『国富論』第Ⅲ編で、第Ⅱ編の資本の自然的投下順序論を歴史過程にあてはめ、ヨーロッパ経済の歴史が自然的順序を歪め、農業投資から始まる自然的進行を妨げてきたこと、それにもかかわらず発展がなされたことを説いた。そして第Ⅳ編で、転倒した構造を強化する重商主義政策を批判する。富の順調な増進のために必要なのは、所有の安全を確実にする法的条件を整えることであり、それ以外に政府のなすべき仕事は事物の自然な進行を妨げないことである。だが政府が現にやっているのは植民地帝国としての貿易活動の保護、つまりは独占である。それが何をもたらしているか。スミスの資本投下順序論は、この政策により欧州・近東地域よりも遠い植民地との貿易へと資本が誘導されて資本回転率が低められること、アメリカ産タバコ葉の主要加工地が英蘭独諸国であるためタバコ葉輸送は迂回貿易であり、帰り荷にドイツ産麻製品が積まれるなど一部は中継貿易となっていること等を指摘して、国内の雇用への貢献が少なく英国経済に好ましくないことを教える。さらに独占となっている植民地貿易の利潤率が高くなり、英国産業全体に高利潤率ブームがおこっていた。この高利潤率の帰結として、商品価格が上昇して競争力低下を招き、地中海や北海の非独占（自由）貿易市場で英国が敗北している、そのため、植民地政策を強化せよという運動および「賃銀を下げよ」の圧力強化という帰結をもたらした。こうした説明の文脈中で、内田はスミスが植民地貿易と独占を区別していることに注意を喚起する。

……「自然にして自由なる状態における植民地貿易」は、ヨーロッパに対して厖大な追加的市場をあたえ、資本と生産的労働の量の追加的な運用とそれによる生産力の発展を意味するであろう。だが、植民地貿易の独占の効果はそうではない。独占の効果をそのものとしてみれば、資本と市場の追加をではなく、直接には、資本投下の順序の攪乱を、長い眼では、それによる資本および生産的労働の量の縮小を意味する。[5]

内田はスミスの立論をこの立場で一貫させて理解する、いわく「もう一度くりかえせば、イギリスの繁栄は植民地貿易の『独占のおかげ』ではなく、『独占にもかかわらず』そうなったのである」[6]と。だがこの立場を一貫させることによって、スミスの重商主義批判に含まれる謎も消えてしまう。彼は批判対象を絶対王政下の東インド会社の重役トマス・マンに象徴させておきながら、現実に展開されている名誉革命以降の市民的政府の重商主義的政策体系を批判していた。ここでのスミスは、先の大塚の引用で言われていた「旧植民地制を含むいわゆる重商主義帝国」そのものの批判者ではなく、その政策の「独占」の面のみを批判した、と受け止めてあげようというのが内田の立場のように見える。

重商主義を「初期のブルジョア国家がその権力を用いて組織的に行なった原始蓄積（本源的蓄積）のための政策体系」[7]と規定する小林昇は、学史家の目で、上記大塚の引用部の中身をうまく説明してくれた。

一八世紀の一〇年代頃には右の〔本国から植民地への〕輸出額のうちの半分が毛織物であり、ついでは鉄製品や靴や帽子などが重要であって、植民地からの輸入による経済的自立という国民主義的目的とも相合しつつ、旧植民地制度を支えたものだった……。そうでないとしたら、この制度は、どれほど貿易差額をイギリスのために増加させ、その貨幣的富を増大させたとしても、すでに知ったような東インド貿易のばあいと同様に、産業資本のきびしい攻撃を受けたであろう。ところが、事実は逆に、産業資本はむしろ旧植民地制度の存在によって、東インド会社という前期的資本の活動――この方面への貨幣資本の流出――を許すことができたのであった。そうしてさらに、イギリスの全経済機構から見れば、旧植民地制度の全体もまた、産業資本が国内およびほとんど全世界にわたって確保できた広大な市場を背景として、その意義をもつことができたのである(8)。

もし重商主義政策をこのように捉えるなら、その批判者スミスの像にはおのずと内田の場合とは異なるニュアンスが含まれることになろう。もちろん小林はそれを意識しており、同稿には「『国富論』は、イギリスの産業資本にとってすでに桎梏と化した固有の重商主義に対する批判に急なあまり、その歴史的意義の理解に欠けるところがあった(9)」という文言が見られる。

以上、日本の経済学史研究史上に名高い内田・小林論争の筆者なりのサワリの紹介である。ここでその中身に立ち入るつもりはない。筆者が示したかったのは、『国富論』における事物の自然的コースと第Ⅲ編歴史編の論理が大塚「国民経済」論と同型であること、一八世紀前半のイギリス経済の理解にさいして「国民経済」論が準拠枠組みとなりうること、そして大塚が旧植民地帝国についてそれが国民的規模を超える「膨張」であるとしていたこと、である。市民革命後の重商主義政策の評価は、経済学史・思想史と経済史の両領域で問題となってきた。小林の議論は、あたりまえだが、原始蓄積なる語を導入することで明らかになることが、あらかじめ想定されている。国民経済論や世界システム論とは、モノの見方なのであって、それぞれ、何を明らかにしようとするのかという具体的課題に沿ってその権能を競うことになる。小林は「スミスの学問体系の今日における意義は、いかなる意味でかそれが生き返りうるという点にはないはず[10]」だと言い切った。歴史研究におけるこの方法意識に学びたく思う。次に、この同じ「重商主義」に関わって、明らかにすべき課題のために構成される概念の利用についてこだわった事例を扱ってみたい。

(2) シュモラー重商主義論への批判

大塚は重商主義概念の解釈史に触れ、ドイツのフリードリヒ・リストによる転義がさらにシュモラーによって進められたという。そして「本来アダム・スミスでは絶対王制解体後の、したがって国内的には経済的自由主義を内包していた『重商主義』概念をもって、いまや絶対王制下の、したがって国内的には経済的自由主義を圧殺する経済政策を意味せしめるという、まったく意外な転倒が生じ」て、ここに出来上がった「商人資本の政策」説がイギリスにまで輸入された（二七頁）、としている。[11]

この転義の意味するところを、産業構造の視点からの「国民経済」論の利用という関心から執拗に追跡したのが水沼知一であった。利用の面は後回しとし、大塚を継いだ水沼のシュモラー批判は以下のように展開される。シュモラーの「再解釈」には二側面が含まれる。一つめとして、「国民経済」概念は、イギリス重商主義において問題とされたような国家の組織や政策の形態から区別された経済社会の骨格をなす「産業構造」の問題に引照されることは回避され、それに代ってすぐれて国家組織＝官僚制とそれによって遂行される経済政策に引照されるという形で問題にされ把握されて、その内容を変化させられたこと、である。いま一つの側面は、こうした手続を通して、今度は初期ブルジョワ国家と絶対主義国家との組織と政策面での同一視が行われていること、である。こうして絶対主義国家の場合にも初期ブルジョワ国家の場合にも無差別の「重商主義」と「国民経済」が語られうることとなる。

シュモラーによって「再解釈」された「国民経済」概念は、こうしてイギリス重商主義期における問題の所在の正確な認識を不可能とし、それを誤った形で把握せしめることになったにとどまらない。シュモラーの「生きた現実、ブランデンブルク＝プロイセン社会における、『産業構造』のもつ問題を照らし出す、あるいはそうした現実に突き刺さってくる批判概念としてではなく、逆に自国の現実をイギリス重商主義期の社会になぞらえることによって、自国のかかえる現実の問題についての誤ったイメージの形成を通して問題の所在を隠蔽し棚上げすることによって絶対主義国家の支配を正当化し維持する道具としての役割を果たすものとなった」のである、と。[12] そしてこの論法については、マックス・ヴェーバーのシュモラー批判の論理を下敷きにして、「『市民社会』の政治的未成熟を理由に、自ら官僚であるにもかかわらず本来『市民社会』の課題であり権利であるはずの政治的決定に容喙しこれを実質的に支配しながら、そのことについての責任は自らが行政官僚であるが故に周到に回避しうることを以ってその最大の特徴とする官僚の政治支配の構造と手口は、「国民経済」の問題を「市民社会」あるいはその骨格としての「産業構造」の問題から「国家形成」の次元にすりかえ、そのうえで、かかる「国家形成」の経済的側面として「国民経済」の存在をその背後に推断するという」シュモラーの「再解釈」の手口であり、かれの社会科学観の現れでもある、と批判した。(13)

この水沼のこだわりはどこから来るのか。いささか「敵は本能寺」の感もあるが、彼は、太平洋戦争に突入した、いや戦争を引き起こした戦前の日本が抱えていた諸矛盾を、大塚の「国民経済」概念の利用によって可能な限り明確にしようとしたのではないか。第二帝政期ドイツと戦前日本との重ね合わせ方などには問題も残ろうが、社会科学的「概念」の効用をできるだけ鋭利に示すために、これほどの準備が必要なことを示したのである。それが、大塚のテキスト読み込みで水沼の学んだことであったろうことは想像に難くない。

(3) モノカルチュア型国民経済

水沼が示したシュモラー的科学観は一定の政治観と表裏関係にあった。それは現代の「政治主導」の無責任さに現れているものと同型ではないか。政治的判断だったはずのものを、行政官僚制の技術的判断によって合理化・正当化し、それを社会的合意だとして、これにより政治的責任を霧消させる「手口」は、官憲国家の「お上（かみ）」のそれであり、戦争責任を問うことを拒む「大日本帝国」からいまの安倍晋三内閣にまで引き継がれているかのごとくである。この手法は対外的には使えない。共謀罪法案に関わる日本国首相宛ての「国連特別報告者の書簡」に対しては、解答不能であるから、質問者の資格への疑念と怒りの表明に終わった。外から見ると特質が浮き彫りにされることがある。

国民経済は対外関係からその類型を打刻される。大塚が一八世紀イギリスに範をみた勝義の「国民経済」の他に、本書冒頭では恒木の文言に「オランダ型」が登場していた。それは中継貿易に軸芯をおく経済である。そして水沼はもう一つの型である「モノカルチュア型」に着目した。単一栽培経済とも表されるこの型は、戦前日本経済の基軸をなした「絹綿二部門」の絹、つまり生糸産業の位置づけによって打ち出される。戦前日本の経済分析のなかで、E・レーデラー[14]は、「日本の輸出の中で、周期的な価格変動に対してかくも敏感に反応を示す特定の商品の輸出に決定的な重要性がかけられていることは、日本を殆んどモノカルチュア国たらしめている」[15]と書いていた。水沼は、大塚「国民経済」論の目でレーデラーのこの洞察を読み抜き、経済史分析に生かそうと試みた。思えば、第一次世界大戦によるにわか景気にわいた時点で、日本経済のありかたを批判する言説は多数あったとしても、それがモノカルチュア経済であり、脆弱な産業構造だという認識は本当にあったろうか。

問題は絹業・蚕糸業の日本経済中の量的比重ではない。その構造的特質こそが日本をモノカルチュア国としていた。英国国民経済の毛織物との比較を念頭に、水沼は日本の生糸輸出の特質を描くことから問題の所在に接近する。

ある意味では「国民的産業」ともいうべき生産部門の生産物の殆んど全部が輸出されるということはすでに、そのことだけでも通例の先進国の工業生産物輸出にみられるような国内市場を超過する余剰の輸出とは異なる姿を示すだけでなく、その輸出が特定の国に集中し、さらにそれに加えて、その相手国の側では、我が国以外の他の地域からいつでも輸入できるが、また他の代替生産物を以ってその消費需要に応じうるといった事情にあること、この場合の輸出にみられる相手国への依存は、すでにのべた第一の輸入における相手国への依存とはまた違った意味で、わが国の生産力配置＝組み立てという意味での「産業構造」自体の致命的問題点をも集中して示していると言ってよい。(16)

具体的な中身をのぞいておく。まず、日本の生糸輸出が「ほとんど国内市場基盤をもたない半製品的原料品の輸出であること（輸出の対国内生産比約八〇～九〇％）」、そして製糸業が農家の家計補充として不可欠なものであるという「国内の産業構造においてもつ位置・役割の側面」を併せて考えてみる。すると「アメリカにおける生糸市場とそれを支えてきた『繁栄』の『恐慌』による崩壊のもつ意味は」、日本の輸出、貿易収支、ひいては「国際収支の上に重大な問題を投ずるにとどまらず、わが国の産業構造そのものの上にも問題を生まずにはいない」ということが分かる。[17]
さらに当時、生糸の代替品としてのレーヨンが登場した。米国市場における生糸需要の価格弾力性は高まったであろう。また輸出競合国である中国で生糸が自国「国民経済」中にいかなる位置＝関連を有するかを検討すれば、米国市場での日本産生糸の位置もより正確に把握できるであろう。こうした実証作業を片付けた後に、ようやく、日本経済が対抗すべき米国経済との関係の中で製糸業モノカルチュアという「型」を与えられたことが説得的に示されることとなる。水沼はこの論理段階に至ってようやく、ヴェーバーの理念型論そのままに、型の析出が歴史的因果分析の糸口として利用可能なことを、いささかの自負を込めて、「先進型の『国民的産業』が当該産業構造の中でもっている位置＝連関の、『後進型』のそれとは異なる特質が、後進型の「基軸産業」の拡大・発展をレアルに制約する重要な因果項の一つとなっている」[18]と語ることができた。
水沼はレーデラーと並べてフリーダ・アトリーを評価した。彼女の『日本の粘土の足』（初版一九三七年）はレーデラーと同時期に同様の問題提起をおこなっていた。アトリーは自著冒頭付近で、日本の最重要の輸出品が農民の労働の産物たる生糸であり、それが「最大の競争相手であるアメリカ合衆国に売られている。アメリカ合衆国からの生糸の代金を得なければ、日本はその主要産業のために綿花を購入することもできないだろう。それのみならず、日本の全社会＝経済構造が倒壊するだろう」[19]とした。生糸市場の繁栄を支えていた経済に起こった恐慌は、日本経済のモノカルチュア型としての脆弱性を突いて日本社会の倒壊をもたらしていた。アトリーは、ある農林省職員の調査報告でこれを描く。「主要養蚕地である長野県のある村では六一四人もの娘が村を去った。このうち二七九人が女中奉公に出て、残りの三三五人は売春婦になった。秋田県の三五〇戸からなるある村では、一九三四年に五〇人の娘が売春婦になっており、岩手県では娘たちはたったの五〇円で売られていた[20]」。

レーデラーは生糸を「周期的な価格変動に対して敏感に反応を示す商品」としたが、これについては、アトリーが「日本の現在のアメリカ合衆国向け生糸輸出量は一九二九年と同量なのであるが、円価においてさえ、価額では三分の一を得ているにすぎない[21]」と記したことが象徴的に示している。英国人アトリーは日本の米国市場への輸出のあり方に加え、日本の貿易が英国の利権と関わること、とくに日本の資源調達が構造的に隘路となっていたことを問題としたが、この論点の方がよく知られている。彼女の分析結果は大要以下のようだ。綿花・羊毛から石油・非鉄金属まで日本は輸入に頼っていた。そしてこうした「日本工業のまさに糧ともいうべき重要な原料は、アメリカ合衆国が日本の生糸を必要とする限りにおいて、そして大英帝国が、繊維製品やあまり重要でない製品をインド・マレー・アフリカなどに日本が供給するのを黙認している限りにおいてのみ輸入しうるだけ」である。かくして日本が理解すべきは、「イギリスは、中国人の利害に関することでは日本の自由裁量に任せてはいるが、これは自国の権益には適用されない[22]」というのが厳然たる事実だ、ということである。

アトリーの訳書の訳者解題では、この研究が名和統一の「三環節論」に継がれたことに触れられている。名和の「三環節論」とは、貿易構造の分析により「日本の商品貿易を対欧米貿易＝第一環節、対大英帝国圏貿易＝第二環節、対植民地・中国貿易＝第三環節に分け、日本が植民地侵略を強化すればするほど全体として第一・第二環節への依存を深めざるをえないという構造的ジレンマを析出し、日本の経済構造の脆弱性を指摘した」(『ブリタニカ国際大百科』)ものである。日本では発行後まもなく禁書とされたアトリーの書だが、一部で読み継がれていき、名和がこれに依拠して三環節論を発表するに至ったことが知られている。両者の関係にふれた論稿でも「アトレーの中国大陸への日本の侵略が、原料独占という帝国主義的衝動に規定されているという。……アトレーの分析の基本的性格は、三〇年代日本帝国主義論であり、日本のアウタルキー経済をめざした中国侵略を対象に、そのネックとして自然資源の貧困、英米に対する貿易依存を説いたのである」[23]、と日本経済が「粘土の足」たる所以を表現している。

水沼は、自らの引証したレーデラーの日本経済論について戦後に大内兵衛が語ったことにも触れている。大内は、「日本のマルクス主義者の着眼も、論陣も、それらをレーデラーのそれに比すれば、どうも局部的であり、公式的にすぎた。日本の農業、その土地制度、その封建性に着目している点はレーデラーと同じことでたいへんいいが、そこから日本の経済構造の一番大切な点である賃金論、外国貿易論までそれが発展していないのは、レーデラーに比してまずい。このため日本のマルクシズムは、満州問題、世界戦争に対する日本の位置をレーデラーほどには正しく説得的に示しえなかった」[24]と振り返っている。

年譜によれば「いわゆる前期的資本なる範疇について」発表は一九三五年、『欧州経済史序説』上梓が一九三八年一二月である。大塚史学の基本命題は、こうした戦前の著作を彩る小生産者的発展の議論からも読み取ることができる。ここで強調したいのは、この議論の延長上に「国民経済」概念の産業構造論的構図が無理なく描かれる、ということである。さきに、「国民経済」形成と「資本主義」発展という二つの契機がそれぞれに固有な展開モーメントを含む、と記した。大内言うところの「未熟」なマルクシズムはレーデラーの優れた成果に学ぶことができなかったが、それは二つの契機の後者、つまり資本主義論に立った階級関係に依る説明を自己の党派性とする狭量さのゆえではなかったか。小生産者的発展の道の議論は「国民経済」へのはるかな展望を内包するものだが、党派的なマルクス主義派から戦中戦後にわたって、とくに戦後は「生産力」論だと批判を浴び、戦中には『序説』が体制側・翼賛派から危険な書物とされることもあった[25]。経験科学上の理論は体制批判の武器となりえたし、権力はそれを隠し潰そうとする。権力の判断によって事実の報道すら「平和を乱す」として妨げられた[26]。マルクス主義文献では言わずもがなだが、学問は党派性を備えるものである。戦中以来、左右両派から批判されてきた大塚が、自らの経済史研究に備わる党派性を自覚したのは当然であろう。

戦中の学問の党派性に関して、筆者は杉山光信の以下の要約が適切だと考える。杉山は、左翼研究者が戦中に準国策的調査機関で行った作業の底には次のような認識があって、これが精神的支柱をなしたであろう、と記す。「欧米の帝国主義の植民地支配は『本国の利益のためにのみ存在するという外部的関係』のゆえに、モノカルチュア化などの『跛行的生産』をもたらしている。これにたいし日本は『本国と植民地との経済関係に国内関係にも準ずべき密接不可分の協同関係』をもたらすものとされている……。……この対置のもとには、かつて欧米帝国主義により植民地ないし半植民地とされ、モノカルチュア化された経済をつくりかえ自給的なものにする、そして技術的向上を支援するという考え方が含まれて」いたのだ、と。その象徴的な思想表現が「東亜共同体・協同主義社会」(三木清)に求められるのであろうが、実際の政策主体の追求する大東亜共栄圏構想とは当然ズレがあり、その部分は排除される。ただ、その重なりとズレの微妙な関係が、時局の要請に応える発言を求められた帝国官員たる帝国大学教授の生存余地の規定要素をなしたであろうと想像する。学問の党派性を発揮する場は限られた。この場における大塚を「小生産者的発展」と「前期的資本」の二点で見るだけでも、大塚評価の議論ができそうだが、そこで肝心の基本命題を放念しないことが必要である。繰り返しとなるが、この基本命題に依った大塚の党派性は、戦後の一九六〇年代の「国民経済」論まで、またそれ以降にも、一貫していた。[27] [28]

3 国民経済から経済統合へ

(1) 経済空間の拡張

これまで「国民経済」の類型として一八世紀前半のイギリスに見られた本来的な型の他に「オラ

ンダ型」と「モノカルチュア型」に触れた。だがそのイギリス経済も、前節で見たように、すでに国内の資本強蓄積の進行に見合う形で、国民的産業たる毛織物の販路を権力的に整備する旧植民地帝国の体制を構築していた。三つの幹が国民的利害に沿って育つのは国内の話だけであり、植民地側には通じない理屈である。こうして「国民経済」なるものは自らのうちにその産業構造を崩壊させる契機を内包していたことが明らかとなる。さきに「国民経済」形成と「資本主義」発展の二つの次元に触れたが、ここで資本の無限増殖欲が自立して自己のゆりかごを破砕しはじめる局面となった。換言すれば、経済を構成するヒト・モノ・カネの三要素はそれぞれの市場性（Marktgängigkeit）[29]を異にするが、カネのそれが別して高度なため、そのことが空間制約を持たずに資本増殖となって現れたのである。資本主義の語の登場はまだ先のことだが、後年その語で意味される内容[30]がここにある。

したがって資本主義が民主主義・国民主義と齟齬をきたす局面、いわば国民経済の型の崩壊の危機は、イギリス帝国（旧植民地体制）に内包されていた。一九六〇年代に「南北問題」が言われ出し、東西の開発援助合戦も盛んとなったころに、大塚はこう述べていた。

自国の国民経済内部のアンバランスを、外国貿易を通じて、よその国に転嫁する、つまり、よその国をひきずりこんで大きく自国のためにバランスをつくり上げるという行き方もあり、それを革新系の人々の用語ではインペリアリズムというのでしょうが、そうすると、大きな国としてはバランスがとれるかもしれませんが、引きずり込まれた国のバランスは無残にもこわれてしまいます。国際分業はえてしてこういう結果をよびおこすものです。／そういう意味で、国民経済のバランスをお互いに自国の責任においてとっていくことが大切で、後進諸国にもバランスのとれた経済をまずつくることができるようにする、そのための援助をするということにしなければ、ほんとうの援助にならないと思うのです[31]。

大塚は一国内アンバランスを、他国を巻き込むことで解決するやり方が先進国・後発国関係の中で行われることを想定している。ここから、彼が後発諸国の人びとにも基本命題が妥当するような方策こそ望ましいと説いていた、と読むことは容易である。その後の開発政策論議のなかで、この論点は、大塚史学が輸入代替工業化を支持したけれども成功例はなく、輸出指向の開発主義に敗北した、というストーリー[32]となった。上の引用には登場してないが、六〇年代には、もう一つの国民経済の拡張実験も始まっていた。先進・後発関係ではない「国民経済」の拡張とも見える欧州経済共同体（ＥＥＣ）の経済統合である。植民地では否定された民主主義・国民主義の幹は、ここでは育つのか、いや育ったのか――今日でならそう問うべきであろう。もちろんＥＥＣが世界政治の強い力学の場で成立したことは確かであるが、少なからず自国の責任で国民経済のバランスをとってきた西欧先進諸国間の企図であることは経済論としても興味深い出来事である。

このＥＥＣこそ、局地的市場圏から地域的市場圏へと進んだ「経済統合」が国民経済を作り上げていった論理の現実態であると見たのが赤羽裕であった。その論理は、中産層の両極分解という階級関係の形成を内包するものであり、資本主義形成過程を説明するものでもある。赤羽は、植民地化された地域の経済が本国の帝国経済によって編成替えされる場合には、本国での国民経済形成の論理、つまり資本および労働力の移転が完全に自由化され、平等化されることはなく、支配国と植民地の間にそれに対する大きな政治的・経済的障壁があるから、支配国と植民地との間にある生産力格差が固定化されたまま相互の生産物の交換が行われ、それが必然的に不等価交換にならざるをえない、と説く。「植民地が植民地である限り、支配国から流入してきた資本は特別の待遇をうけ、労働者の賃銀は劣悪な水準におかれ、また支配国の諸産業と競合する産業は条件いかんにかかわらず圧殺され、生産力格差は永遠に固定化され(33)」てしまう。この事情が、第二次大戦後に政治的独立を果たした後も、南北問題として顕在化した旧植民地経済の停滞の原因であった。

赤羽はアンドレ・マルシャルの書(赤羽・水上共訳『統合ヨーロッパへの道――EECの経済学』岩波書店、一九六九年)を翻訳紹介したが、彼はマルシャルの説く「複合均衡発展」論を大塚の「小生産者的発展・中産層分解」の道の論理に引き付ける形で、国民経済から経済統合への道筋を論理化していた。そしてマルシャルの「国民経済内部の複合均衡発展は、保護主義によって促進される」という主張をテコに経済統合の論理を展開した。まず保護主義は、未開発資源の開発をもたらし、販路=市場を開拓・拡大し、国際経済的にマイナスとなっている商品や労働力の移転を阻止する。こうして各国経済内部に複合均衡発展を作り出し、各国間経済不均衡を減少させ、対立・抗争を弱める。各国間不均等が減少し、各国の国民的余剰が増えるにしたがって保護主義の有効性は減少する。ここで、国民体の枠を越えた、同心円的協同関係の形成、「国民経済」の統合が問題となる[34]。各国の複合均衡発展の程度がほぼ同じになっているから、常識的には「競合・反発」関係に見えるが、ここでこそ真に公平・対等な「経済統合」が可能となる。従来よりも多角的でより複合的な諸産業間の関連が形成され、より広い範囲で自由競争が実現される――というのである。

大塚の示した「国民経済」の論理と比べると「マルシャルの理論にあっては、『複合均衡発展』が産業構造あるいは社会的分業圏の問題であること、そして同心円的協同関係が一つの自立的再生産圏であることの把握が弱いように思われる[35]」と赤羽は記す。そうしたことはあるが、それにしても筆者は、一九七〇年にこの論稿を発表した赤羽（同年没）が知りえなかったその後のＥＵの実態を見聞するにつけ、赤羽とともに、大塚「国民経済」論の深い洞察に驚嘆する。赤羽は、市場圏の拡大過程で育まれた諸個人の連帯意識が国民規模に広がり、また言語や習慣、文化、政治制度などの「国民（体）」形成要因の共通性に枠づけされて生まれた「この国民的連帯感こそが、『国民（体）』形成の物質的基礎である『国民経済』と並んで『国民（体）』形成の最も重要な精神的基礎となる[36]」とした。筆者は、現実の過程が赤羽の見通した方向へと確実に進み、そしていま、この統合の精神的基礎とされる連帯感情が問われている、と感じている。大塚・赤羽の見なかった共通通貨導入による問題については次節で触れるが、資本および労働力の移動が完全に自由だとされても、カネとは異なるヒトの市場性が一〇〇％とはなりえない。労働市場の統合が課題として長引くことは想定されていただろう。

(2) 経済の統治とその主体

国によって賃銀水準が異なっても労働者が移動しにくいなら、企業の方が特定の作業工程を低賃銀国に移してコスト削減をはかる策があるではないか。この策は、いくつかの条件の下で実行に移され、経済のグローバル化によって大規模に展開した。その代表例がメキシコのマキラドーラである。国境付近に住んでアメリカへ出稼ぎしていた人々が職を得られなくなった。そこで彼らに「雇用機会を確保するために一九六六年に創られた仕組み[37]」(保税加工)だ。国境管理を、とくに人の移動と税について特例的に扱うことを決め、家電・自動車などの製造企業が米墨国境ぞいに双方対になった工場を置き、最終組み立てライン部分のみをメキシコ側にまかせる。だから製品は全量輸出となる。ただし統計上の輸出増加は、メキシコ国内での社会的分業のネットワークとは切れているから産業的波及効果をもたない[38]。

上田彗は二〇〇一年までのデータ分析から言えることとして、「……第一に、『マキラドーラ貿易』が、メキシコ貿易の約四~五割を占め、米国との貿易額はその八~九割を占める。したがって、メキシコには、多国籍企業の分工場としての輸出加工生産システムに過度に偏重し依存する貿易構造が成立しているということである」、「第二に、マキラドーラ貿易は原材料輸入と製品輸出の加工貿易であるから、メキシコの国内経済循環を基盤とした内発的貿易は、統計上の貿易総額の約6割に過ぎないといえよう」、「第三に、メキシコ国内の内生的経済循環と乖離したマキラドーラ貿易関係を通じて、メキシコでは、米国経済の循環的市況に連動し左右される経済関係がビルトインされている、ということである[39]」、と記した。また一般にマキラドーラ制廃止と受け止められる二〇〇〇年のNAFTAの税制改変による影響については、「マキラドーラは、当初の集積地域であるメキシコ国境から、より相対的に賃金が低く、旧来からの工業地域が広がるメキシコ内陸部に普及し、メキシコ国内市場への販売も徐々に認められるようになった。マキラドーラの新しい形態（第二世代）への発展がみられる」が、自国資源や地の利を活かした多彩な産業クラスターの形成、非マキラドーラ貿易の拡大と地域の自生的発展との連結といった難題は残っている、とした[40]。

その規模感を、新たな形態の一端をなす自動車産業で得ておこう。NAFTA以降のグローバル化による競争の激化がメキシコへの投資を大きくしたことにより、米国依存の緩和やクラスター形成の可能性が出てきた。自動車生産台数（大型バス・トラックを除く）は二〇〇三年一五四万台から二〇一三年二九三万台と、過去一〇年間で九〇・四％増加し、二〇一四年ではタイを上回って世界八位、さらに二〇一四年にマツダ、二〇一六年にアウディと起亜（現代）も操業を開始し、二〇一六年統計では三六〇万台弱（バス・トラック含む）で第七位を占めた。二〇一九年操業予定のBMWは、もしトランプ大統領がメキシコからの輸入車両に課税するなら、サン・ルイス・ポトシの拠点工場生産分をメキシコと通商協定を結ぶ米以外の四四カ国に輸出することを考える、としている[41]。

ここには、グローバル化に対応する巨大企業の世界展開方針を誘導する形で自国経済発展に繋げようとするメキシコの開発戦略が鮮明に浮かび上がる。メキシコは各国と協定を結んで税制優遇をテコに工場誘致を図ってきた。それは自国経済の発展を促進しようとする政策の実践であり、ナショナル・インタレストの追求である。経済は、政府が民間企業の利益追及を誘導することで望ましい展開を遂げ、また一国経済としての秩序を保つことができる、そう考えるからこその政策立案・遂行であろう。だが想定通りにはいかない。上田の示した「非マキラドーラ貿易の拡大と地域の自生的発展との連結」は、先に示したマルシャルの「複合均衡発展」に重なる内容なのだが、それが政府の望みどおりに進まぬからこその難題である。多国籍に事業展開する巨大企業は、その身体を複数の法空間に伸ばしており、各部位で従うべき法律を与件として自己一体化策を探り、実践する。つまりグローバル化は企業の利益追求努力に拍車をかけ、低コスト実現のために企業組織の国境を超えた分節化をもたらし、この企業内分業よって一定地域内の社会的分業関係を変容させるのである。各国は自国内でこそ主権を有し、自己決定・自己統治（自治）を行使できるものの、その行使は税率引き下げ競争に象徴される国家間競争により、自分の首を締めるようなことまで余儀なくされる。経済活動をどんな結果に導くかという経済の統治は、メガ・コンペティションの時代にあっては一国内で完結し得ない難問となっている。

こうなると、前項で見た「国民経済」論の延長上に語りうる「経済統合」の語で観念されるのとはかなり異なった現象をみていることになる。市場の流動性を高めることを経済統合の促進契機とするという見方、敷衍して「市場メカニズムによる」統合の立場からすれば、これを統合の初期段階と解釈することもできるだろう。ただ、筆者には、この事例はNAFTAとEEC・EUの異質性を顕著に示すものと映る。節を改めてEUの実相にそくして別の角度から考えてみる。

4　今日的次元――EU統合の問題点

(1)　課題としての地域政策――地域・国家・EU

EECの共同市場形成は、一国では不可能な規模の経済性の追求を可能にした。域内企業の競争力が高まることによって、広域市場における競争は激化する。競争であれは優勝劣敗、敗者が出るのは必定である。経済的繁栄の地域差も大きくなり、農工間生産性格差が従来以上に大きく表面化する懸念もでてくる。では、この地域差の拡大は必然であるにしても、地域間格差を許容しうる範囲内にとどめるための施策として、一定の地域的保護が必要ではないだろうか。保護には、産業保護育成や雇用の促進のための出費が必要である。地域格差なら日本にもあり、調整金などと呼ばれる施策がなされている。一国内なら保護の種類や程度は、意思形成過程を介して決定される。

だが一国であっても、先進国の悩みとして開放経済のトリレンマが指摘されている。すなわち、①自由な資本移動、②固定相場制、③主権的（自由な）金融政策の三つは同時に並び立たない(42)、というものである。これがEUともなれば、多数の主権国家の連合体として難度が一国の比ではなくなる。前に遠藤乾が指摘していたことだが、実際にブレグジットでは自己決定権が一つの争点をなした。彼は「一九八七年の単一欧州議定書の発効と前後して、欧州理事会で特定多数決による立法が可能となり、加盟国政府が単一市場関連分野の決定において拒否権を失った……。これは、自国政府を拘束するというナショナルな民主制の根幹を揺るがし、従来の民主的回路で制御できない決定領域が広がることを意味した(43)」と記していた。

一国内で格差を許容しうる範囲を決定できるとしても、国家連合ではどうか。じつはＥＥＣでは格差に対する構造調整は想定されていなかった。辻吾一の研究では、一九五七年のローマ条約で統一的な地域政策が明示されなかった原因が四つ挙げられている。すなわち、①市場への信頼の厚さ――後進地域の開発は一種のトリクルダウン効果として、共同体全体の経済発展の結果として生じると考えられた。つまりは「競争および特化の市場メカニズムに従って、共同体諸地域間の空間的均衡が創出され、厚生面の利益が再分配されることが、自由市場統合により実現されると期待された。こうして市場機能への厚い信頼は、少なくとも共同体においては、明確化された地域政策の確立・実施を妨げる役割を演じたのであった」、②共同体レベルの地域格差問題の軽微さ。③地域政策の主たる責任の国家への帰属、④当時のマクロ経済の良好な実績(44)、である。だが当然のことながら、市場拡大に伴う競争激化が地域間格差をもたらすだろうという危惧は当初よりあった。それは「一九六〇年代初めのイタリア南部で現実のものとなった。欧州共同市場の創設を定めたローマ条約の初期の影響は、イタリアの南部と北部とをつなぐ交通体系の完成と一体となって、南部の伝統的な軽工業、特に食品、繊維、衣料の諸工業の崩壊を招いた」[45]とのことである。これを教訓として、通貨統合・共通通貨導入に際しては、地域政策の余地を当初より認めて、EUと各国政府との関係をあらかじめ調整する必要が認められた。

リカードゥの比較生産費説以来の交易理論が、結果として地域間格差固定の、国境をまたぐ場合には自由貿易帝国主義の正当化イデオロギーとして機能してきた。これに対抗すべく出されたのが、理論としては「複合均衡発展」論（マルシャル）であり、そして格差是正策を支える同胞間の公平感情であった[46]。ただ、同胞意識と記してはみたが、これが「国民」意識に根ざし、そこから発するもの、というこれまでの常識が揺らいできていることが問題となる。第一に、市場機能信頼派からは、保護は非効率なものを人為的に維持する思考であり、非合理的だと非難される。第二に、同胞感情は国や故郷への帰属意識に発するとしても、国・地方公共団体が是正のための政策の主体たることが制約されてきた。第三に、肝心の同胞意識の解体現象が進行している。第一のものは、シュトレークの言う市場的公平性に殉じる、つまり「市場参加者の個人的実践を市場が相対価格による表現を通じてどのように評価したかを基準にして、生産の成果を分配するという原則」[47]に従って生きる人間の生成である。この人は、市場社会の住人として広域のEU（あるいはグローバルな世界）に自己のアイデンティティを帰属させて国への帰属意識を薄め、EUの政策が市場的公平性を志向することを望むであろう。第二のものは、さきにブレグジットの要因として挙げた事態の進行である。規定では自国の年金基金運用を自国内に限ることも許されない[48]など、EU法の適用をめぐるE

U裁判所の判例が具体的な場面の制約条件を示し始めた。EUの地域政策に関わる構造基金改正や地域委員会設立[49]は、その重要性に鑑みれば当該局面の議論の象徴的な舞台となっている。第三のものは、貧富格差の固定・拡大からくる国民の分極化のことである。アメリカの内幕を描いた『ヒルビリー・エレジー』は日本でも話題になっているが、その一節に、「ノーベル賞を受賞した経済学者たちは、中西部工業地帯の衰退や、白人労働者階層の働き手の減少を心配する。製造業の拠点が海外に移り、大学を卒業していない若者が中流層の仕事に就くことは難しい、というのが経済学者たちの主張だ[50]」、とあった。見捨てられたことを分かっている社会層が見捨てた層と同じ国民としての帰属感情をもつのは難しい。

こうした近年の状況や難民増加や国債・財政問題の深刻化から、ではEUは解体に向かうのかといえば、それも違うだろう。地域政策では補完原理の実効的な運用の工夫や、従来の国を飛ばして「EU＝地域」での政策立案・実施という枠組みも出てきた。遠藤の見方によると「問題は、過去では連帯していたEUが、いまは劣化したのかどうかにある。事実からいえば、EU諸国間の連帯は、国民国家内に比べれば今も昔も希薄なのであり、ユーロ危機の最中に、条約で予定されていなかった他国債務の削減や欧州中央銀行による国債購入などをつうじた実質的な財政支援のかたちで、ある程度強化されてきてもいる[51]」とのこと。これが良識ある見方だと感じている。

(2) マネー資本主義

企業のグローバル化が体現するごとく、資本にとっては国境や地域の制約はコスト計算の中で処理できることがらとなり、きちんと利益を上げることだけが肝要となる。大塚の挙げた三つの幹は根から自立したかに見える。われわれはマネー資本主義と呼ばれる状況を相手にせねばならない。大塚の基本命題は、その内容からして生産資本循環視点P――Pで考えられていたのではないか、と想定したい(52)。そして命題中の「健全な『生産力』」が健全ではなくなった。生産力ではなくカネの量で計測する生産性が重視され、しかもカネの量のみ重視のマネー資本主義となればG……G′(G＋g)視点がすべてである。P――Pは社会的再生産の理屈を含むが、G……G＋gにはそれがない。賃銀は労働力＝世代再生産のコストだったが、いまはg獲得のコストと観念される。グローバル化と相まってG……G＋gは一国のP――Pを危うくする事態を引き起こすから国の各種社会政策の対応が必要だが、新自由主義はそれを悪とみなし、各国で社会の崩壊現象を招く。実物市場ならぬマネー市場の肥大化は格差拡大で実需につながらない。格差を正面から扱ったピケティ『二一世紀の資本』の議論は「いま」を考えるときには無視できない。

ちなみにピケティの研究の中でアメリカ史に注目すると、そこには大塚理論の洞察と重なる部分が浮かび上がる。金融市場自由化の圧力の一因ともなった年金基金＝ストック形成は一九六〇年代の経済成長の果実であり、日米の違いはあれ、ストックが形成された。政策は格差拡大を抑えてきたが、七〇年代以降の政策転換によって格差が拡大した。そして格差問題は民主主義を歪める。アメリカの事例で考えてみる。「国民経済」形成期を順調に経てきたアメリカは一九世紀を通じて内需拡大に支えられ急速に発展した。米資本主義は世界の覇権を握り、基軸通貨はポンドからドルに代わる。国民主義はアメリカ体制派〜一九世紀末保護主義〜世界恐慌期の孤立主義に表現された。民主主義はニューディールの実現と高率累進課税[53]による格差拡大阻止政策を支えた。だが一九七〇年代以降に大きく変化し、ここで言うマネー資本主義の様相を呈した[54]。格差拡大は強化した。

ピケティは「ではどうするか」の問いには、税制改革、富裕税導入、タックスヘイヴンの国際的除去、等を提起したが、ここでは彼の立場表明を確認するにとどめる。彼は「格差や資本主義の糾弾それ自体を自己目的化する」気はない、格差が「共同の利益に基づくもの」であればかまわない、とする。だが同時に彼は「社会を組織する最高の方法や、公正な社会秩序実現のために最も適切な制度や政策をめぐる論争に、微力ながらも貢献したいと思っている。さらに私は、正義が有効かつ効率よく法治の下で実現されるのを見たい。その法治は万人に適用され、民主的な論争に基づく普遍的に理解された規則から導かれたものであってほしい[55]」と言う。筆者は彼が説いたことの筋を、①グズネッツの資本主義発展の実証（＝格差小↓拡大↓縮小）が人類史上の例外期を対象としていたこと、②その時期ののち、また格差が拡大してきたこと、③格差縮小が人為的出来事の故に生じたこと、④したがって、現在の格差が弊害をもたらすレベルにあるなら、人為で矯正することが可能である、と受け取ってみた。

ピケティは「r＞g」という。ｒは資本の利潤率であり、参考図に示すように実物経済とは直結し

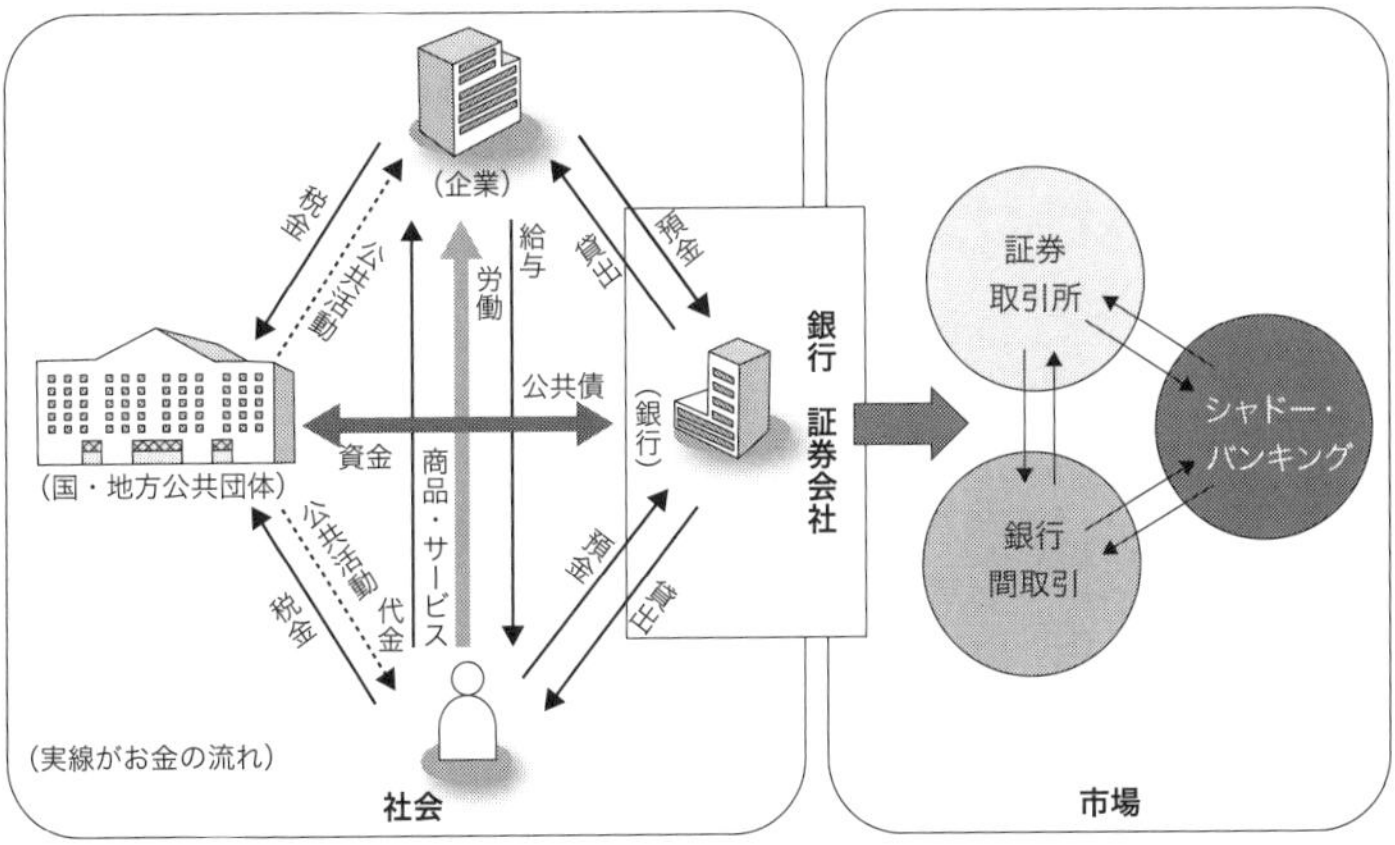

参考図:「社会」と「市場」(広岡［2013］156頁より)

ないマネー市場に固有の事情でその水準が決まる。gがP――P視点で考えられる成長率、つまり「社会的に健全な『生産力』」の実現とみなせば、rはそれと一旦切れた理屈で動いている。いわば「経済的繁栄の実体」をなさない「カネの世界[56]」だが、その量的肥大化が、社会の健全な再生産を脅かす動きを見せている。

一定水準のrを実現した資本は、利子分の貨幣請求権を行使してカネを得ると、それは財市場の購買力となるから、結果として労働分配率の相対的低下を意味する。さらに、カネを生むべきカネは、つねに「社会」から「市場」へと流れ込む。これがあるだけでも、株券の流通市場の理屈からしてゼロサム・ゲームになるはずの市場が容易にカジノと化す。入場者としては(裏社会は別として)、個人の巨大資産、保険・年金等各種基金や企業の内部留保金、業界が育成をあおる小投機家などがおり、日本政府も年金運用で参入した。市場では実体的裏付けのある債券の他に、ギリシア危機で注目を浴びたCDSのような金融派生商品も開発・販売される。ここではrがgより大きくなることに注目したい。つまりは、図の「社会」での労働分配率の低下とセットとなる。現れ方は各国で異なろうが、どこでも必ず「経済的に向上できない不自由な勤労民衆」の一定の層が生み出される。EUではギリシア国民を債務奴隷化する取り決めがなされた。金融のグローバル化と技術進歩は無時間的純粋経済理論の想定に近似し、株の超高速取引（HFT）では一秒間に千回を超える売買がおこなわれているが、実態把握や規制は未だ検討中とのことだ。このマネー資本主義と格差拡大への歯止めとしてピケティは一連の税制改革を提起したが、方向性や政策は人が決めるのであり、公共的意思決定に依存する。となれば、EUの運営方針における主導権争いは意思決定回路の入力、つまり民主制のあり方に規定されるから、話は元に戻る。

そこで、問われるべきEUの運営方針をめぐり、ユーロ導入に起因する諸問題への対応の中で議論が活発化した。EU委員会・国際通貨基金・欧州中央銀行のいわゆるトロイカ体制が新自由主義的思考でギリシア危機に対応したと批判する論者の中には、「ヨーロッパの金融資本主義は、共通通貨の導入によって確立されたのである。そして、それを支えているのが、金融取引に熱中している巨大銀行と巨大企業なのである。欧州通貨同盟の金融資本主義化により中心国と周辺国のあいだは分断され、その結果、周辺国が危機の矢面に立たされることになった」(57)と捉えるものもある。共通通貨によって経済統合は一段と強化されたが、その分、財政統合の欠如からくる問題が表面化せざるを得ない。こうして運営の路線闘争は金融・財政の次元でも激しさを増している。

欧州委員会委員長を務めたジャック・ドロールはフランス社会党の政治家である。彼の路線は遠藤の研究では以下のように評される。大蔵大臣時代にドロールは「グローバル化時代に一国がもつ政策資源の限界を認識したからこそ、財政赤字、通貨下落、高インフレをもたらす一国社会民主主義路線に別れを告げ、ヨーロッパ統合の枠を使って政策資源と操作余地を獲得しようとした……。それにより、世界市場が時折もたらす集中豪雨的な投機に対してヨーロッパの傘をさし、その傘下で労使協調といった社会連帯を追求しなおす路線だったといえよう」(58)、と。社会連帯のEUから新自由主義的グローバル化のEUへの転退と見られて若者や中道左派は離脱に向かい始めたが、現実には多様な社会運動(59)があり、その成否も運営の舵取りには大きな要素となる。住民の意思形成への参加、民主主義が問われている。

5 おわりに

大塚の「国民経済」概念の延長上に「経済統合」を置いて論じてきた。この概念が現実認識における索出的な意義をもつと考えたからであるが、決して全能だなどとは思わない。それでも筆者は本稿冒頭に示した「基本命題」にはいまも共感する。いささか抽象的なだけに内容が薄いから容易に寄りかかれるものだ、との批判はあろう。そのことを念頭に置きつつ、ここで総括的に二つのことを述べたい。

第一に、グローバル化やマネー資本主義という現状にあって、大塚が経済史研究の中で導出した産業構造の視点は有効性をどこまで持つだろうか。高度な輸送技術の発展が、かつての素材補填関係の空間的制約を大きく取り払ったいま、地域内産業バランスを肯定的に捉えるメリットがあるのか、という問いである。これには複合均衡発展論で答えたい。地域・国家間分業はそれを有利とする企業によって促進されよう。だが産業波及効果をいまだ実現できていないメキシコのマキラドーラのような形では、戦前日本の「モノカルチュア型」のように、外部の景気変動に左右されるままである。自立・自律した経済とはならない。この事情は、当該地域の公共的意思決定を特定の利害関心に依存させることになる。そうした地域を複数含む国家では、利害の抗争圧力を高めるだろうから、住民統治を課題とする国家権能の不安定化の要因となる。

そして産業の中に農業はカウントされているだろうか。工業発展のテンポとは異なる自然サイクルを条件とする農業をも考慮した産業構造論は、当然ながら流通主義の立場で進められる経済統合に難題を持ち出す。EU各国は自国の社会的再生産（P――P）のための統治手段を一部手放し、どうしても金融利害（G……G′）重視への傾斜を強いられる。たとえEU全体での資源利用が効率的になったとしても、予算の最大項目が農業分野での所得再分配用だという現実は部門間・地域間格差解消をもたらしてはいない。しかも財政は統一されていない。この財政では、ギリシア国民からすれば、明らかにG……G′がP――Pと齟齬をきたすと考えられる方向性が統合維持のためにトロイカから押し付けられた、と映る。一国運営・EU運営の方向性や運営技術の中身が問われているのは確かである。だが、統治を十全に果たす意思形成が必要なときに住民の利害関心が特定方向しか見ないとすれば、問われ、議論される内容はバイアスがかかったままで、一面的となることだろう。上位団体での意思形成の葛藤も強まるだろう。これは産業構造的視点、構造主義的統合論からの見方である。現在、マネー資本主義・過剰資本の運動自体がEUのあり方を強く規定しており、「政治の縮減[60]」とすら言われる状況がある。構造主義的視点から問われるべきことを問わない流通主義的視点による運営が「常識」と化したがゆえの事態と見える。

農業の延長上に環境と気候変動の問題に触れておく。大塚「国民経済」論にこの明示的指摘はない。経済活動が環境＝生きる場の条件を変えてきたことへの問題意識と危機感は新しいものではないが、環境が地球環境と捉えられ、気候変動にまで大きくなったのは比較的最近であろう。R・カーソン『沈黙の春』出版は一九六二年だ。だから大塚には直接関わらないとしてもよかろう。それでも、将来社会のシステムとして循環型・定常型等の提言がなされるのを目にすれば、そこに、地域的近接性と産業構造論を要素に含む「国民経済」論が基本命題に即して接合される可能性を夢想したくなる、とだけは記しておきたい。

第二に、国民感情ということについて。国際連帯を伝統にもつマルクス派は、理論面では貨幣・信用理論への傾斜で党派性を強め、政策面では市民社会論の豊富化による連帯経路の拡張で党派性を薄めている、と見える。どちらも思考枠組みのなかでは国境の意義の軽減化をはかるものである。

つまりは、それだけ国家権力の現実規定力の大きさを前提せざるを得ない、ということだ。国境内の住民たる国民としては、いま述べた夢想にあたっても帰属する集団（国家、国民、共同体）のあり方を自己決定する仕組みを手放したくはない。

帰属集団の階層化という現実をふまえ、人間と自然の物的代謝関係という規定的次元から経済学／富のレベル／ガバナンスの関係を考察した八木紀一郎は、それを「政治経済学の三層構造とガバナンス」の関係として図式化し、こう述べている。

最も下部において市民の生活の安全・存続を保証する自然環境（自然資本）および人工的環境（社会共通資本）が整備され、その上で市民の経済的活動が継続的に成り立っている。この生活安全を保証するのは地域から国民国家、さらにグローバルな市民社会にいたるまでの公共的（集団的）なガバナンスである。その上に、自給自足的な生業的から商業的なビジネスにまで及ぶ経済活動を通じた社会的再生産の次元が存在する。それは市民の経済的再生産のための労働力と生産手段の再生産を含んでいる。競争と営利を特質とする市場経済はその上のレベルに位置し、下位のレベルを一部包摂しながらダイナミックに発展する。これら3層が調和しているとき、それはコモンウィール（共同の富）が形成されている状態で、その政治的な表現が共和国（コモンウェルス）である。経済学はポリティカル・エコノミーというのがその伝統的な名称であるが、それが近代的な科学として成立したのは、各国の繁栄の基礎が国民の経済活動によるコモンウィールにあることが認識されたことであった。[61]

八木はまた、関東大震災後に被災者の生存権を論じた福田徳三の「営生の機会」について、「重要なことは人びとがその労働に対して正当な代価を得ることができ、それによって経済生活の再生産が可能になるようにすること」[62]だ、と説明してくれた。だが、その基礎となる政治＝共通意思形成とさらにその「共通意思」の基礎の「共属感」形成が大きな課題として残る。労働の代価を誰が「正当」と感じ、判断するかが問題になるからである。世界のどこでも生きてゆけるエリートや浮遊する知識人でなく「経済的になかなか向上しえない勤労民衆」の共属感情の喚起にかかってくる。国民主義[63]を克服する理念がＥＣ・ＥＵにはあるだろう。通貨統合は通貨投機の可能性を削ぐメリットがあった（が国債投機となった）。経済統合の可能性は、アソシエイションならぬコミュニティ（共同体）の共属感が「利己心発揮を公共性維持につなげる」しくみとその成熟に裏打ちされることでしか与えられないように思われる。

今日では、大塚の頭にあったはずの参照枠である「マルクスの生産資本循環視点」も「ヴェーバーの近代の合理的な経営資本主義論」もプレゼンスが低下した。[64]大塚の想定した段階とは異なった時代と見えるいま、コモンウィールを可能とする条件として、Ｇ……Ｇ′運動の実態解明や制御、およびその制御権限を含めた公共的意思決定の象徴たる国家、を扱うことは、大塚とはまた異なった「マルクスとヴェーバー」論の時代なのであろう。

時代は違っても、基本命題に共感する筆者が忘れてならないと思うことがある。大塚久雄はマルクスやヴェーバーに学びながら、経済史研究において自前の概念装置で勝負した、ということである。丸山眞男がこう話していた。大塚史学は輸入学問ではない、これは時代的に大変なことだったのだ、と。「大塚さんは自前でつくった」、彼が旗をかかげ、それを受けて「ぼくらは担いだんだ」、と。

注

＊ 本章では、大塚久雄『国民経済』（一九九四年、講談社学術文庫）の頁を（ ）で入れた。編者には統一表記からのこの逸脱をご容赦願う。

（1） 恒木［二〇一三］五六、五九、六四頁。

（2） 中村［一九九四］二〇二‐三頁。

（3） 大塚批判の一つに、彼の「国民経済」観が一国主義的で、国内的契機のみで産業革命を達成したような歴史観に立つのは誤りだ、というのがある。そのさい批判者は対抗的にウォーラーステインの世界システム論に乗っかるようだ。このウォーラーステインの叙述について一言。彼は一八世紀前半のイングランドの着実な食糧増産を実証できていないように研究史を描く（ウォーラーステイン［一九九七］五一‐一〇、四四頁）ようだが、ウィルソン『英国の徒弟時代』（Wilson［1984］p. 143）はとくに三種のかぶ（冬の飼料の隘路突破）の普及が一七世紀中に始まったことを報告している。ウォーラーステインも様々な技術・品種の改良は承知しており、「とくに目新しいものではなかったのだが、一八世紀末には、これらの農法がひろく普及した」（ウォーラーステイン［一九九七］八頁）と記す。産業革命を経て世界の主人（マスター）となる英国の準備期間として一八世紀前半を眺めるウィルソンの視点と彼の示した史実は、大塚「国民経済」論には貴重なものとなる。詳細な実証成果も、観点いかんでその位置価は変わる。

（4） 最近にいたるまでの紹介として、大森［二〇〇二］一‐二頁。

(5) 内田［一九八九］二四二－三頁。
(6) 内田［一九八九］二四三頁。
(7) 小林［一九七七］三七七－八頁。
(8) 小林［一九七七］三九七－八頁。
(9) 小林［一九七七］四〇六頁。
(10) 小林［一九七七］三九七－八頁。
(11) したがって、宇野段階論の重商主義（商業資本）・自由主義（産業資本）・帝国主義（金融資本）という図式は「史実についての無知から生ずる謬見」（一五〇頁）でしかなかった。小林［一九七六］一一頁は、スミス自身にも孕まれていた問題を指摘しつつこの関連を整理し、「商業資本→産業資本」のシェーマは史実によって否定される、と記している。
(12) 以上、水沼［一九七三］一〇二－三頁。
(13) 水沼［一九七三］一〇三頁。
(14) レーデラーについては小林［二〇一二］二四一－七頁。ちなみにそこでは、大塚久雄本人が「宇野恐慌論」の想原がレーデラーにある、とみていたことには触れなかった。
(15) 水沼［一九七二］九八頁。訳文は水沼［一九七四］一三一－二頁も利用。
(16) 水沼［一九七二］八〇頁。
(17) 水沼［一九七四］一一八頁。
(18) 水沼［一九七四］一〇五頁、強調は引用者。
(19) アトリー［一九九八］一－二頁。
(20) アトリー［一九九八］一四九頁
(21) アトリー［一九九八］五一頁。金本位制下の為替変動および価額計算については、Lederer［1938］p. 243-5.
(22) アトリー［一九九八］四八、三九九頁。
(23) 杉野［一九七六］一〇六頁。ただこの論稿は、名和三環節論が、単なる素材的依存の問題としてでなく、その解決が英米帝国主義に制約される事態を示したが、それは「原料問題の歴史段階把握であり、〔そこに〕アトレーを超える優れた分析視角を見ることができる」（同一一二頁、強調は引用者）という（本稿でのアトリーの引用部分に着目する立場からは）残念な結論となっている。再生産の素材補塡の面を商品資本循環で表現できれば産業構造論的説明は可能であり、帝国主義的段階を言うことで戦争必至の政治的次元を表現したいらしいが、それでアトリーを超える分析にはならない。

(24) 大内［一九七五］七六八‐九頁（初出一九六〇）。

(25) 「治安当局が朝鮮人学生を検挙すると、彼らは『序説』を持っていた。門司港で朝鮮に帰る学生の荷物検査をしたら、中に『序説』があったので、これは没収された。……朝鮮人学生の『序説』保持は、治安当局が『欧州経済史序説』を危険な書物ではないかと注目した一つの大きな要因であった。」石崎［二〇〇六］六三頁。

(26) アトリーは官憲国家における自由のあり方を記している。朝日新聞が一九一八年の米騒動を報道すると発行停止になることに対して抗議したところ、公衆の平和を乱すとして新聞社が起訴された。「非公開の法廷において、裁判所は『朝日新聞』に対して、官僚制的な政府に反対したことについての謝罪文を掲載し、（はっきりした証拠もなく）日本での共和政体を支持しているとの嫌疑をかけられた主要社員九名を解雇するよう命じた」（アトリー［一九九八］二七一頁）。

(27) 杉山［一九九三］二一二頁。

(28) いまこれを広く日中戦争以前の日本も含めて捉え、水沼のシュモラー批判を重ねてみたい。市野川［二〇一六］（二二七‐二三二頁）は「福祉国家」「社会的な国家」の理念史を追っているが、そこで言われている「社会的なもの」が経済活動を営む諸個人の行為関連を実在的基礎とすることを思うと、本稿の文脈にとっても示唆に富む記述である。ここでの関心を、大日本帝国憲法下の日本経済の合理的運営がいかに統治されるか、と表現しておく。

(29) ヴェーバーのこの概念については、簡単には小林［二〇一二a］一九九‐二〇〇頁を見よ。

(30) 田村［一九九六］一六‐七頁。

(31) 大塚久雄著作集第一〇巻四一〇頁。傍線は引用者。

（32）杉山は一九七〇年代の展開についてもこう論じた。石油危機は石油を世界市場の相場商品に転化し、投機対象となし、つづいて米・天然ゴム・砂糖・コーヒーやすず・銅も投機対象とされた。一次産品の価格上昇は石油輸入増加を相殺し、東南アジア諸国は開発の財源を得た。だが一次産品輸出ブームは貿易構造を植民地型経済へと逆行させたため、短期的変動に曝されて輸出所得は不安定性を高めた。こうしてＮＩＥｓ型工業化路線の採用となる。この経緯を「輸入代替産業の育成か輸出指向産業の育成か」と二項対立的にみて後者の成功とするのが一般的だが、実態は、末廣昭の研究によれば両方の政策が混合されていたのであり、「ある意味で大塚史学の低開発分析が示したのと近い面もみられる」のだという。杉山［一九九三］二二八–三一頁。

（33）赤羽［一九七一］三六三–五頁。

（34）筆者はこの統合指向を「構造主義」と呼び、市場機能に信頼して市場性の高まり＝自由化を統合政策の軸とする路線の「流通主義」と対置して考えている。

（35）赤羽［一九七一］三七一–二、三八一頁。

（36）赤羽［一九七一］三五一頁。

（37）谷浦［二〇〇〇］二二頁。

（38）これについては上田曙の研究が詳しい。「東アジアの雁行型発展論と比較してマキラドーラが「飛び地的な型」を示すのは、米国の多国籍企業が、「分工場」型の閉鎖的な垂直的企業内分業を「移植」したことに起因している。そのため、マキラドーラが、技術移転などによる産業関連を欠如し、国内経済開発に有利な産業クラスター形成への道が切断された形で発展したことは事実である。」上田［二〇一一］七八頁。

（39）上田［二〇一一］二四四頁。

（40）上田［二〇一一］二六九頁。

（41）日立総研レポート（二〇一四年九–三、一八頁）。Why is BMW not afraid of Trump? in: Maquila Portal-Weekly Bulletin 794, Feb. 17, 2017, http://www.maquilaportal.com/index. php/130-tecma/（二〇一七年五月一四日閲覧）。

（42）遠藤［二〇一六］一七九頁。

(43) 遠藤［二〇一三］二五二頁。

(44) 以上、辻［二〇〇三］三三頁。

(45) 辻［二〇〇三］七九頁。

(46) 中身はシュトレークの言う社会的公平性と同じ。彼は「社会的公平性は、公平性、妥当性、相互性についての集合的な観念に従い、経済的実績や活動能力とは無関係に生活維持のための最低基準についての要求を認める」もの、とする。シュトレーク［二〇一六］九八頁。

(47) シュトレーク［二〇一六］九八頁。

(48) コリア［二〇〇四］一五九頁参照。

(49) 辻［二〇〇三］一一二頁以下、および一三一－三頁。

(50) ヴァンス［二〇一七］一五頁。イギリスの同局面についてはブレイディ［二〇一六］の深い洞察をこめた記述が参考になる。

(51) 遠藤［二〇一六］二二四頁。

(52) 「金融史における国際比較の視角――産業構造・経済構造・金融構造」（大塚著作集第9巻）を援用して考えてみる。マルクスの表現を使って産業構造をW－W、経済構造をP－P、金融構造をG――Gと見立てた。いずれも価値増殖過程＝形態転換中の一面の表現だが、Wで財補填関係＝産業構造、Pで労働の遂行がイメージしやすくなる。いずれにせよ「資本」は「G……G＋g」と観念される。

(53) 「ルーズベルト政権の米国は、ヨーロッパと同じく、家賃統制など民間資本の影響力を減らす政策をとった。第二次世界大戦後、不動産と株の価格は過去最低水準となった。累進課税に関しては、米国はヨーロッパよりもずっと踏み込んだ。私有財産の根絶でなく、格差縮小が目標だったことの表われかもしれない」（ピケティ［二〇一四］一六〇頁）。この税制は「国民経済」から出た幹の一本である「民主主義」の支持・世論があって可能となったはずである。

(54) 自由放任に抗して提起された新しい自由主義（new liberalism）に含まれる理念たる社会連帯を体現すべきケインズ政策はこの時期には機能不全・自由制約と見られ、その反動が古典的自由主義への回帰を説く新自由主義（neoliberalism）であった。だが、それは自然人と法人の自由を区別しない。ハイエクの説く「法治国家」の中で「経済ゲームを行なう者、つまり現実の経済主体は、個々人のみ、あるいは、こう言ってよければ、企業のみです」と看破したのはM・フーコー（［二〇〇八］二二二－四頁）である。また自由の主体たる個人の在り様が大きく様変わりし、個人の自由の価値を弁証する社会的根拠を失うに至った経緯は、ベラーたちの共同研究（ベラー他［一九九一］）が描くところだ。自由ではなく正義の視点から見ると、市場における「交換の正義」の優位が確立した。「分配の正義」は一種の衡平感として社会連帯の感情を支え、それが国民共同体への帰属意識の一部をなして一九四〇年代までは国家の再分配政策を実現していたが、「豊かな社会」の実現で融解した。ちなみに大塚「国民経済」論は、いわば古典的自由主義に内在する理念を含むから、国家＝技術官僚＝管理からの自由（＝解放的契機）は新自由主義と一面で通じる。

(55) ピケティ［二〇一四］三五－六頁。

(56) いわゆる「架空（擬制）資本」を念頭に置いている。「貨幣請求権」の語で整理のよい説明が小西［二〇一四］一二四－六頁にある。

(57) フラスベック／ラパヴィツァス［二〇一五］一四八－五〇頁。

(58) 遠藤［二〇一三］二八三頁。また濱口桂一郎「欧州社会モデルに未来はあるか？」も参照。（Website, http://hamachan.on.coocan.jp/miraihaaruka.html）

(59) 雨宮［二〇〇四］。

(60) 遠藤［二〇一三］二八七－九頁。

(61) 八木［二〇一七］二八八－九頁。

(62) 八木［二〇一七］二九三頁。

(63) これについては、福祉国家の「異物を際立たせる働き」を示した小野塚［二〇〇四］二二七頁、および逆の契機となる市民的ナショナリズムを紹介するブレイディ［二〇一六］四四－六頁を参照せよ。

(64) 筆者は日本における「マルクス＝ヴェーバー」枠のプレゼンスの低下として示したことがある。小林［二〇一六］五四－七頁。

参考文献

赤羽裕［一九七一］『低開発経済分析序説』岩波書店。

アトリー、フリーダ［一九九八］石坂昭雄・西川博史・沢井実訳『日本の粘土の足』日本経済評論社。

雨宮昭彦［二〇〇四］「グリーバリゼーション、欧州統合とコーポラティズムの再建――ドイツにおける『労働のための同盟』」永岑三千輝・廣田功編『ヨーロッパ統合の社会史』日本経済評論社。

石崎津義男［二〇〇六］『大塚久雄　人と学問』みすず書房。

市野川容孝［二〇一六］「権力論と社会的なものの概念――ヴェーバーとフーコーから」宇都宮京子他編『マックス・ヴェーバー研究の現在』創文社。

ヴァンス、J・D［二〇一七］関根・山田訳『ヒルビリー・エレジー』光文社。

上田慧［二〇一一］『多国籍企業の世界的再編と国境経済圏』同文舘。

ウォーラーステイン、I［一九九七］川北稔訳『近代世界システム　1730-1840s』名古屋大学出版会。

内田義彦［一九八九］『内田義彦著作集第二巻』岩波書店。

遠藤乾［二〇一三］『統合の終焉』岩波書店。

――［二〇一六］『欧州複合危機』中央公論社（新書）。

大内兵衛［一九七五］『大内兵衛著作集　第九巻』岩波書店。

大塚久雄［一九九四］『国民経済――その歴史的考察』講談社（文庫）。

大森郁夫［二〇〇二］「序章　新しい重商主義像を求めて――重商主義と経済的自由主義」竹本洋・大森郁夫編著『重商主義再考』日本経済評論社。

小野塚知二［二〇〇四］「ナショナル・アイデンティティという奇跡」永岑三千輝・廣田功編『ヨーロッパ統合の社会史』日本経済評論社。

小西一雄［二〇一四］『資本主義の成熟と転換――現代の信用と恐慌』桜井書店。

小林純［二〇一二］『ドイツ経済思想史論集Ⅰ』唯学書房。

――［二〇一二a］『ドイツ経済思想史論集Ⅱ』唯学書房。

――――［二〇一六］「資本の増殖欲求と労働」宇都宮京子他編『マックス・ヴェーバー研究の現在』創文社。

小林昇［一九七六］『小林昇経済学史著作集Ⅲ』未來社。

小林昇［一九七七］『小林昇経済学史著作集Ⅳ』未來社。

コリア、バンジャマン［二〇〇四］「《社会的ヨーロッパ》――基盤、賭け、展望」永岑三千輝・廣田功編『ヨーロッパ統合の社会史』日本経済評論社。

シュトレーク、ヴォルフガング［二〇一六］『時間かせぎの資本主義』鈴木直訳、みすず書房。

杉野幹雄［一九七六］「三環節論の再検討」京都大学『経済論叢』一一八‐五・六。

杉山光信［一九九三］「日本社会科学の世界認識――講座派・大塚史学・宇野経済学をめぐって」『日本社会科学の思想［岩波講座　社会科学の方法　第Ⅲ巻］』岩波書店。

竹本洋・大森郁夫編著［二〇〇二］『重商主義再考』日本経済評論社。

谷浦妙子［二〇〇〇］『メキシコの産業発展』アジア経済研究所。

田村信一［一九九六］「近代資本主義の生成（一）――ゾンバルト『近代資本主義』（初版一九〇二）の意義について」『北星論集（経）』三三。

辻吾一［二〇〇三］『EUの地域政策』世界思想社。

恒木健太郎［二〇一三］『「思想」としての大塚史学――戦後啓蒙と日本現代史』新泉社。

中村勝己［一九九四］「解題」大塚久雄『国民経済――その歴史的考察』講談社（文庫）。

ピケティ、トマ［二〇一四］山形他訳『二一世紀の資本』みすず書房。

広岡裕児［二〇一三］『エコノミストには絶対分からないEU危機』文藝春秋社（新書）。

フーコー、ミシェル［二〇〇八］慎改康之訳『生政治の誕生』筑摩書房。

フラスベック、ハイナー／ラパヴィツァス、コスタス［二〇一五］村澤真保呂・森元斎訳『ギリシア　デフォルト宣言――ユーロ圏の危機と緊縮財政』河出書房新社。

ブレイディ、みかこ［二〇一六］『ヨーロッパ・コーリング――地べたからのポリティカル・レポート』岩波書店。

ベラー他［一九九一］島薗・中村訳『心の習慣――アメリカ個人主義のゆくえ』みすず書房。

水沼知一［一九七一］「E・レーデラー『世界経済の中の日本〔一九三七〕』」アジア経済研究所『後進資本主義の展開過程――昭和四五年度中間報告』所内資料・調査研究部No. 46-1、大塚研究会No. 1.
水沼知一［一九七三］「『日本資本主義論争』における『国民経済』問題」大塚久雄編『後進資本主義の展開過程』アジア経済研究所。
水沼知一［一九七四］「昭和恐慌(1) 恐慌期における対米貿易関係と養蚕・製糸業の動向」隅谷三喜男編『昭和恐慌』有斐閣。
八木紀一郎［二〇一七］『国境を超える市民社会　地域に根ざす市民社会』桜井書店。
Lederer, Emil [1938] *Japan in Transition*, New Haven: Yale Univ. Press.
Wilson, Charles [1984] *England's Apprenticeship 1603–1763*, 2nd. ed., London & New York: Longman.

第四章　「ネーション」のとらえ方をめぐって——大塚久雄と内村鑑三

柳父圀近

1　はじめに

ここでは、一政治思想史研究者の報告として、(1)大塚が経済史家として、「国民主義《ナショナリズム》」と「国家主義《エタティズム》」につき、それらの経済史的に見た性格を分析し、両者を峻別したことの意義を考える。また、(2)大塚のこの問題のとらえ方には、内村鑑三の思想の影響が見られることの意味をも、検討しておきたい。

具体的には、①大塚による、西洋近代の「ネーション」と「ステート」のとらえ方。②大塚の、日本近代の「ネーション」と「ステート」のとらえ方。③「終戦」直後の大塚の、新たな「ネーション」形成へのヴィジョン。④内村が「ネーションとしての日本」と、「明治国家」とを対置させたことの意味。⑤内村の発想の大塚への影響。⑥今日の「ネーション」問題。この順序で考えてみたい。

大塚はイギリス経済史研究において、国民のなかから生まれる、むしろリベラルな「国民主義」(nationalism)と、国民に対して超越的な(滅私奉公的な)「国家主義」(étatisme 英語ではこれもnationalismである)とは、あくまで峻別されるべきであることを指摘した。もちろんこの国でも、初期の「国家意識」は、「主権国家」そのものと同様、いち早く絶対王制が作り出した。しかし本格的なnationと「ナショナリズム」(「国民主義」)の方は、経済史的に見れば、その後で「中産的生産者層」の「コモンウィール」の発展がようやく作り出したものだ。こう大塚はとらえている。

大塚は、本格的な「国民主義」とは、封建社会を最終的に克服する市民革命を担った新興のプチ・ブルジョア=ブルジョアの政治意識であり、絶対王制側の「国家主義」とはむしろ敵対する政治的・経済的イデオロギーだったと見ている。しかし、それだけに、そもそも「中産的生産者層」の発展が抑制されていた国々では、このようなnationも「国民主義」も、容易に出現し得ず、また、かろうじて出現し得た場合でも、結局は絶対主義的な国家権力と、「政商」型の資本への従属を強いられてしまったと指摘する。その場合には、発展を阻止された「中産的生産者層」の人々は、結局この国家にすがるほかなくなり、またこの国家やその元首の栄光に自我を一体化させて、かえってこの「国家主義」を過熱化させた(なお市民革命の後にも、別種の、国民疎外の「国家主義」は現れるが、後述する)。

ところで大塚は、内田義彦、長幸男との鼎談風の長いインタヴュー「国民経済の精神的基盤」（一九六九年）で、内村鑑三と徳富蘇峰に触れて「結局日本の国民経済の精神的基盤としては内村的な方向（後述するような独自の国民主義）は優位を占め得なかった」。「それに比べて徳富の思想は、少なくとも太平洋戦争までは、いまいわれたように、おそらく旧日本を代表するような、あるいは旧日本を体現するようなもの（天皇制国家主義）になっていった。両人とも巨人だと思いますが、徳富的思想体系はもう歴史の流れの中で座礁したと言ってもいいかもしれません。」「その意味で、内村鑑三は今後の人だと思います」と語っている(1)。

初期の徳富蘇峰は新島襄の薫陶を受けたキリスト教的リベラルだったが、日清戦争を機にパワー・ポリティックスの重要性に目覚め、「皇室中心主義」を掲げる国家主義イデオローグに転身していった。内村鑑三も、ある意味では、一貫してナショナリストだったが、それは「国家主義」的なものではなく、あくまで、「国民主義」（平民主義）的な立場だった。しかも彼の独特の「ネーション」思想は、「我は日本の為、日本は世界の為」という普遍主義的な精神に支えられていた。また後年は帝国主義的な外への拡張を否定して、国内経済の拡張による経済発展を説いた(2)。

2 西洋近代における「国民主義《ナショナリズム》」と「国家主義《エタティズム》」

大塚は、イギリス近代化の経済史的な研究において、局地的な小商品市場から始まる、いわゆる

「民富」（コモンウィール）の発展が、順次、局地的市場圏、地域的市場圏の形成を経て、名誉革命後には統一的な国内市場を成立させたと論じている。そして、こうしたコモンウィールの全国的連結こそが、経済史的に見た場合の「ネーション」の成立（実体）だった――イギリス近代の「ネーション」という言葉の、経済史上の資料はそう告げているとしている。[3] 大塚によれば、まずピューリタン革命におけるクロムウェル政権が、絶対王制およびこれと結合した「前期的資本」の種々の「独占」体制を打破した。名誉革命を経て本格的な国民経済と、産業資本がいよいよ発展するが、産業革命を経ると、こうした経済発展は新たな階級対立と労働運動を生じさせた。しかしそれでも、なお広い国内市場に支えられる「国民経済」の存在と、議会制民主主義の発展という基本的な性格は、イギリスから失われなかった（大塚によれば、ニュー・イングランド周辺のアメリカでも、このコモンウィール型の経済発展が、ベンジャミン・フランクリンの言う「コモン・マン」の世界としての、ネーションの形成をもたらした）。

もちろん、イギリス絶対王制にも、その初期には、封建貴族の支配からの解放を求めた当時のヨーマンリーの支持（キングズ・コモンウィール）が見られた。封建領主間に権力が分散していたイギリスに、「主権国家」の秩序を創出したのは絶対王制であり、「外国」と対峙する「王の臣民」という意識――一種の「前期的ナショナリズム」――を作り出したのも絶対王制だった。[4] しかし、絶対王政が商人・高利貸資本との結びつきをいっそう強化し、もっぱら彼らの独占営業を法的に援護するに至ると、それは「経済的に上昇しつつある農民、手工業者」（ウェーバー）の発展にとって障害となった。この上昇する「中産的生産者層」こそ、本来的な「ネーション」と、本格的な「ナショナリズム」と、「民主化」との重要な担い手だったと捉え、大塚はこの小ブルジョア＝ブルジョアの側の「ネーション意識」すなわち本格的な「国民主義」を、絶対王制の国家機構《ステート》と「国家主義《エタティズム》」から理論的に峻別したのだった。(5)

しかし同じヨーロッパでも、イギリス近代化の経緯は、むしろ「例外的」だった。たとえばドイツでは、封建制がはるかに堅牢で、農民の解放はなかなか進まなかった。イギリス型の「ネーション」の形成を十分には伴わない君主制「領邦国家」――ある意味で日本の藩にも似た――がいくつも出現し、その国家と君主への忠誠心が、その「国民」のうちに涵養された。東部のプロイセンでは保守的な傾向がとくに顕著だったが、結局そのプロイセン主導のドイツ帝国が後に成立した。(6)

ところで、すぐに次節で述べるように、大塚は、幕末から明治一〇年代にかけての日本には、一四～一五世紀前半のイギリスに似た経済史的状況が見られたという。とは言え、もちろん一九世紀後半のイギリスは、幕末の日本とは比較にならない発展を遂げていた。この意味で日本の近代化も、後進資本主義国として、ドイツの場合に似ることになった。明治政府は、「地租」と、幕藩体制以来の商人＝高利貸資本（大塚の言う「前期的資本」）を利用して「殖産興業」を推し進め、「富国強兵」を追及した。が、このような「近代化」は、本格的な「市民社会」としてのネーションの発展を抑圧し、むしろ政府の主導する「国家主義」的な社会（天皇制社会）を作り出した。(7)――大塚は、萌芽的な中産的生産者層の形成が多少は見られても、それが、もはやイギリス型のようには発展できず、半封建的な「国家主義」へと吸収されてしまうのは、後発資本主義国の近代化に共通する「法則」である、と指摘している。

一言したように、「ナショナリズム」という英語は、「国家主義」の意味でも、「国民主義」の意味でも、また「民族主義」の意味でも使われている。また今では「部族主義」や「地域主義」の意味にさえ使われる。ナショナリズムをめぐっては様々な難しい問題があるのは確かで、日本語化した「ナショナリズム」も、やはり多義的である[8]。まさにそれだけに、「国民主義」を、本来的な「ネーション」の自己主張（政治においては民主化）の意識として把握し、「国家主義」の方は、まずは「絶対王制」のイデオロギーをその原型として、また、後代のボナパルティズムやファッシズムとしても、把握した大塚の用語法は、一つの、しかしきわめて重要な用語法である[9]。

それにしても、大塚が、「ネーション」についてこのような認識・用語法を持つに至った背後には、明治初期の日本における「国民主義」的な「ナショナリズム」の萌芽が、天皇制「国家主義」へと再編成されていった経緯への、鋭い問題意識が感じられる。

3　日本近代の「国民主義《ナショナリズム》」と「国家主義《エタティズム》」

そこで、大塚の、日本の近代化過程のとらえ方を、もう少し詳しく見てみよう。とくに「はじめに」で触れた晩年のインタヴューで、大塚が次のように述べているのが注目される。

「私は、幕末日本の歴史的位置について、もしヨーロッパの国々にその対比を求めるとしますと、一四世紀後半から一五世紀前半のイギリスに、ある点でかなり似ているものがあるような気がします。というと、イギリスで絶対王制が成立する一五世紀後半よりちょっと遡ったあたり……幕末日本の場合も、徳川封建体制がようやくこわれはじめていました。」

「ともかく、そうしたなかで封建制を解体させながら、近代を志向するいろいろな新しい要素が生まれ始めていました。そうした新しいものの現れてくる程度が、私には、一四世紀後半のイギリスの事情にかなり似ているように思われるんです。それは商品経済と言ってもいいし、あるいは資本主義経済と言ってもいいし、特にこの場合は国民経済形成への萌芽と言ってもよいだろうと思いますが、ともかくそういうものが現れていました。」[10]（傍点柳父）

見られる通り、ここでは大塚は、幕末の日本は、一四から一五世紀前半の「絶対王制成立直前のイギリス」に似た経済史的事態に到達していた、という認識を示している。

大塚が、ここで言及している「国民経済への萌芽といってもよい」ものとは、幕藩体制下の諸藩の弱体化に伴っていくつかの地域に生じていたと彼が指摘する「局地的市場圏」(局地的レヴェルの、農村工業を含む多様な小商品の生産の、社会的分業関係の展開）のことである。大塚は、日本のいくつかの地域（名古屋周辺、近畿や瀬戸内など）において、それが形成されていたことが認められ、それらには「独自の再生産圏を形づくる傾向」もともかく認められるということで、「近代の国民経済と言うものを生みだしてゆく可能性をはらんでいたと言ってもよいように私は思います」（傍点原文）と話を続けている。しかし、すでにそうはいかなかった。

「〔十九世紀の〕イギリスの場合は、外国貿易と言うものはむしろ外国から超過利潤を自分の国に取り込んでくるという役割を果たしたのに、日本の場合は、先進諸国から超過利潤を吸い取られていくという逆の形で外国貿易に関係せざるを得なかった。ですから、安政の開国で外国貿易が始まるやいなや、これは実証的にも見られることですが、各地の局地的市場圏はゆがめられ壊され始めるわけです。それでも明治十年代から二十年代は農村工業がまだ存続しているわけですが、しかし、もうイギリスのような発展はあり得ない。……先進国における産業革命の達成、その技術的成果を目の前に突き付けられると、古くからの商人企業やそうした上昇転化した企業は、どうしてもそれを輸入して、一足先に「近代的」な産業経営に転化する傾向を示すようになります。そうした技術を導入し得るような資力のあるのは、むしろ旧来からの前期的大資本家だという状態ですからね。それに似た事情は、大革命の直前のフランスの場合にも見られますね。イギリス産業革命の達成をまっさきに受け入れたのは、むしろ王権に援護されていた旧来からの大マニュファクチュールでした。フランスではそれは成功しなかったのですが、日本の場合には大規模に発展することになりました」。皮肉なことに、「そうすると、局地的市場圏の形成が生み出していた様々な達成は、そういう方向での「近代化」、つまり近代

市民社会化抜きの産業化の進展、あるいは資本主義の発展のために利用されていくことになります。」（傍点柳父）

このように述べたうえで、大塚はさらに、明治初期には、次のような、きわめて興味深い事態が存在していたと述べて、注目を促している。

「ちょうどいわゆる日本の産業革命が開始される、その直前のことですが、こういうことがあるんです。隅谷三喜男さんに教えてもらったのですが、明治十年代には、日本の農村のこんなところにと思われる辺りまで、プロテスタントの教会があり、それが今は廃墟になって残っていると言うんです。つまり当時は今から想像する以上に、プロテスタンティズムが民衆の間に広がっていた。その程度がどれほどだったかは別として、少なくとも蘇峰が言っているように、明治十年台の終わりごろには、もう日本全体が今にもキリスト教に征服されんばかりの勢いに感じられた。そういう状況だったようですね。それに対してこんどは明治政府のほうが天皇制的神道、ああいう宗教を新たに対置してくるでしょう。明治二十三年十月三十日御名御璽、というふうにわれわれはいまでも暗唱できますが、教育勅語が発布されたあのころを分岐点として押し返されはじめる。そしてこんどはキリスト教とくにプロテスタンティズムのほうが逆に迫害をうけはじめることになるわけです。ある意味ではそのしんがり〔！〕に立ったのが内村

鑑三そして植村正久と言った人だったわけでしょう。」（傍点と〔　〕内は柳父）

ここでは大塚は、幕末からの「局地的市場圏」の展開（＝共同体の一定の分解による、社会的分業の新たなネットワークの形成）が育みつつあった新しい「ネーション」形成の方向性が、明治十年代までは、まだ農村の中産的生産者層の中には存在していたと指摘している。そしてそれを象徴するエピソードとして、この社会層の経済発展に伴って生じた自立的な人々による、キリスト教の教会堂（新しい宗教的共同体《アソシエーション》）が、各地の農村部にも少なからず建設されたことに触れている。これは必ずしも「西洋かぶれ」の現象などではなく、新たな生活倫理（エートス）、特に職業倫理の充実への、そうした社会層の一部の人々の内的欲求に応じて生じた現象だったと考えられる。しかし、まさにこの状況に対抗し、民心を管理すべく、政府の側からの「国家主義」思想の教育（「軍人勅諭」と「教育勅語」を踏まえた）が始まった。とくに学校教育を通じての人心の教導は成功し、教会堂はやがて廃墟に変わっていった。もちろん、いっそう根本的には、二〇年代に入ると幕末以来の「中産的生産者層」じたいが、上からの洋式の「殖産興業」の生産力に圧倒され、没落していったのだった[11]。一部では「局地的市場圏」の一定の発展を踏まえる絶対王制の形成と、さらにはその後の市民革命へという「イギリス型」のコースを歩む一定の可能性さえなくはなかった日本だったが、世界史上の大きなタイムラグのゆえに、その途は歩めなかった。むしろ明治政府の側が、急遽西洋から先進諸技術を導入し、「上からの資本主義化」を推し進めた。そして、その「国家主義」

は、高率の小作料と、半封建的低賃金労働と、そして「恭順」を旨とする伝統的な「人間類型」とを、積極的に温存した[12]。

言論の自由が生じた「終戦」直後の一連の論稿で、大塚は天皇制国家主義のイデオロギー（「家族国家」論）と、伝統的な「共同体」の「人間類型」との関係を、改めて正面から取り上げて論じている。本節で検討してきたところを頭においてあらためて考えなければならないのは、この問題であり、大塚がこの問題を論じた際の、「戦後のコンテキスト」である。

4　戦後日本の「ネーション形成」のヴィジョン

大塚は「終戦」直後から、文字通り堰を切ったように、日本における「近代的人間類型」の確立の必要を訴え始める。それらの諸論稿は、いち早く一九四八年に『近代化の人間的基礎』（白日書院、『著作集』八所収）にまとめて上梓された。――念のため付言しておくと、この論文集と同時に『近代化の歴史的起点』（学生書房、『著作集』八所収）も上梓されている。こちらはもっぱら、イギリス型の近代化は、どのような経済史的諸条件が結びつくことによって可能となったのか、というテーマを論じている。この本は、「戦後改革」の「農地改革」や「財閥解体」などによって、ようやくイギリス型の近代化のための諸条件が形成されつつあることに、経済理論的に対処し、日本の未来を拓こうとする諸論考だった。ただし大塚は、こちらの本に収めた純経済史的・経済学的な議論だけでは、「戦後改革」を貫徹するのは無理だという焦燥を感じていた。大塚の見るところ、ある意味で「人間類型」こそは、近代化の決定的な問題だったからである。(13)

では、その人間類型論のポイントは何だったのだろうか。

今日でもしばしば、大塚は、植民地も生産施設も、そして気力も失った戦後日本の経済建設を担うためには、戦前とは異質の、「近代的」で「強い」人間類型が必要だと訴えたのだと理解されている。その合理的で「強い人間」の象徴として、一八世紀にデフォーが描いた、孤島にあっても積極的・経営（Betrieb）的に生き抜いた「ロビンソン・クルーソー像」を大塚は推奨したのだと。もちろんこの理解は間違ってはいない。大塚は何度も「ロビンソンの強く、また逞しい積極的な建設の実力」に言及しているし、また、専門のイギリス経済史研究でもデフォーの経済理論に注目している。(14)

しかし同時に、ここで大塚が訴えていたのは、間違いなく、戦前・戦後の国家と社会（「世間」）を覆っていた「擬制的な親子関係」のエートス（ウェーバーのいう、「家共同体」ないし「家産制的」なエートス）の克服という課題でもあった。それは何よりも、「政治」における強力で非合理な「支配―服従関係」の存在を覆い隠し、主体的な個人の出現を阻み、民主化を阻害する（その意味できわめて「反動的」な）エートスの伝統であって、その克服が、近代的な「ネーション」の形成にとっては何よりも緊要な課題なのだ、という訴えだった。

経済史家である大塚のこれらの論稿には「天皇制」も「天皇制国家」の言葉も見られない。しかし、ここには明らかに「天皇制国家」の「国家主義」ないし「超国家主義」についての、大塚の鋭い「エートス論」的な考察が語られている。実は、本報告にとっては、これこそが極めて重要である。そこで、まず『近代化の人間的基礎』から二、三の箇所を引用してみよう。一九四六年の「自由と独立」(『著作集』八、一七八頁)ではこう述べられている。

「今や我が国が政治・経済・社会のあらゆる分野にわたって徹底的に民主化されなければならず、また識者も一人残らず民主化を指導原理としているわけであるが、民衆が一般に先に述べたような「親心」的雰囲気のなかで、ひたすら恭順な、自発性のない人間類型に打ち出されているかぎり、いったい民主主義は可能なのであろうか。あるいはひとは日本的民主主義と言うかもしれない。しかしひたすら恭順であって自己の意志と要求を「民意」として客観化できないような民衆による民主主義などと言うものは、およそ形容矛盾と言うべきではないだろうか」「そしてこのように民衆が近代的な、独立自由な人間類型へと向上してゆく過程を媒介することこそが、現在における教育の責務となるべきであろう。」(傍点柳父)

また、「近代的人間類型の創出——政治主体の民衆的基盤の問題」(一九四六年、副題に注意)では、次のように言う。

「民主主義の虎を画いてこれを猫に化せしめないためには、なによりもまずこうした人間的主体の近代化・民主化が、すなわち民衆をば近代的・民主的な人間類型に教育——もとよりその物質的基盤の創出をも含めて——することが、なによりもまず必要なことである。」（『著作集』八、一七〇頁。傍点柳父）

あきらかに、「終戦」直後の大塚は、決して「ロビンソン物語」だけを語っていたのではない。それと同時に、敗戦に至るまで、天皇制国家の国家主義・超国家主義を支え、戦後も生きていた、人々の内面の権威主義的な「血縁的恭順」のエートスを変革し、新しい民主的エートスを形成すると言う、困難な思想的な課題をも、正面から論じている。そして、この変革に成功しない場合には、——「農地改革」や「財閥解体」で、ようやくイギリス型の「ネーション」と近代国家の形成への純経済的条件は整ったと言っても——戦後にも、本当の「ネーション」も「ナショナリズム」も育たない。このエートスの変革が出来なければ、結局「民主主義の虎」ではなく、疑似民主主義としての「日本的民主主義」といういじけた猫しか育たないだろう、と怖ろしい「預言」を大塚は述べているのである。（——その後「父の権威」は失われた。しかし「組織」（共同体）とそこでの上位者への非合理な恭順は残っているのではないだろうか）。

それにしても、いっそう重要なのは、戦前の国家主義（ないし「超国家主義」）下の国民の政治的心性を特徴づけていた、「家族的恭順」「家産制的恭順」の政治的エートスは、決して明治政府が、上から作り出して無理矢理に国民に与えたものではない、と大塚が見ていたことである。むしろ、そうした擬制的な「家族的恭順」のエートスは、古代以来、日本の各種の村落・世間の生活意識において、重層的に時代を超えて生き続けてきたものであって、それこそが、民権論やキリスト教を圧服した明治政府の国家主義イデオロギーへの、国民の側からの「共鳴盤」ともなっていたのだ、というのが大塚の痛切な認識だった。それだけに、それをはっきり意識化すること――「インテリ」や「左翼」を自認する人たちを含めて、一人ひとりの日本人が、自分の心の内に生きているこの「人間類型」を、はっきりと「客観化」すること――によって、乗り越えて行くことが、今や最も重要な課題なのだ、と彼は訴えていた。

しかし、ではいったい何故、そのような「古層」的なタイプの血縁的擬制を伴う「共同体的恭順Pietät」が、中世や近代をも通して日本に生き続け得たのだろうか。

大塚は、「いまや崩壊の過程にある我が国アンシャン・レジームの経済的社会構成が、封建的絶対主義と特徴づけられるべきものであったことは、今日ある意味では常識的となっている」と述べた上で、さらに一歩踏み込んで、一九四六年の論稿「所謂《いわゆる》「封建的」の科学的反省」（『著作集』八、二三二頁以下）で、すでに次のように論じている。

「全くの常識からしても、われわれの目に特徴的に映じてくるのは、現在のわが国の社会構成のうちにあって生産諸関係が著しく家族関係、なかんずく親子関係に擬制されているというこ

と」〔である。〕
「西洋のいわば古典的な封建諸関係に比較してみたばあい、全くの常識からしても、われわれの目に特徴的に生じてくるのは、現在わが国の社会構成のうちにあって、生産諸関係が著しく家族関係、なかんずく親子関係に擬制されているということであろう。やや誇張して言うならば、社会関係一般がなんらか家族的構成によって擬制されているかのようである。勿論こうした事実についてはきわめてリアリスティックに十分な実証が行われなければならず、そのうえで確実な立言が可能となるであろう。しかし、どこに行っても「親」「親」「親」であり、とりわけ生産力の低い農村に行くほどそれがリアルな姿をとってすべてを支配していることは、従来の実証的研究は別としても、この二、三年来わが知識層の多くが相当の程度にまで身をもって知ったところであろうと思う。」
「現在のわが国社会構成のうちにおいては、直接農業と関係を持たない生産諸部門で、――その根をおそらく農村における諸事情に持ちつつ――さしあたって古代社会のパトロヌス＝クリエンティスの関係を思い起こさせるような権威とア・モラルな実力の支配を基軸とする生産諸関係が見られ、それが拡大されてゆくところ、一種のオイコス（「一家」！）が形成されるということは、あまりにも周知のことがらである」。（以上の傍点柳父）
大塚はここで、戦前の社会と人間類型《エートス》が、戦後の今、簡単に「封建的な」と総括されているのは間違いだと、明確に指摘している。戦後に至っても、日本社会には、いわゆる封建制Feudalismusとは違う、むしろそれに先行した古代社会の特徴をなす「オイコス」(「家政」)的体制と、そこに特徴的だった人間類型とが、今もなお、きわめて大きな意味を持っているではないか。この驚くべき事実に大塚は目を凝らしている。そしてこれに関連して、象徴的な題名の論考「魔術からの解放」(一九四七年、『著作集』八、二二八頁)で、次のように述べている。

「以上述べたような意味において、マギー〔Magie 呪術・呪術的な意識、ウェーバーが宗教社会学で多用する用語〕はそれ自体すでに保守と停滞の原理であるが、それが一定の生産関係、特に階級意識と結びついた場合、その保守的性格はマキシマムとなり、すぐれて非合理的な魔術的な面がもっぱら前面に押し出されてくる。」「ところでこの段階では「社会構成は家族の拡大たるに止まっている」(マルクス・エンゲルス、古在由重訳『ドイツ・イデオロギー』)のであり、社会関係が家族関係に擬制されて現れている。歴史的には家族がまだ氏族から十分に分化せず、それを揚棄し切るにいたっていない状態である。そこにはすでに家父長的首長・一般成員・奴隷へと社会層の分化が始まっているが、社会関係の構成原理はなおあらゆるつながりの自然的・血縁関係への擬制であり、全社会があたかも家族関係の拡充(家族主義！)として立ち現れているのであって、階級関係は特に親子関係の形によって表示される。そして、そうした社会構成のうちにおいて秩序を支えるところの心理的雰囲気は、ほかならぬとくに親子の間柄にあらわれる「家族的恭順」Familienpietät（家族主義！）であり、それは時として absolut な形にさえ到達する。（ウェーバー、世良晃志郎訳『支配の社会学』創文社、一九六〇）」（傍点と〔　〕内は柳父）。

明らかにこれは前古代ないし古代の共同体と、また天皇制のエートスに触れた論述である。では肝心の「近代的人間類型」とは何か？　大塚はそれを、（イ）権威と「温情」で支配隠蔽的に支配する親＝親方と、恭順に「分」をわきまえた子＝子方という、擬制的血縁関係・疑似親子関係（相互的「甘え」）に生きることなく、（ロ）対等な「成人した人間」同士として、パブリックな市民的関係を形成し得る人間類型であると考えている。そのマッシヴな出現なくして、どうして対等な意見交換・議論の上に成立する民主主義は行われうるだろうか。これが大塚の主張であり、明治国家の「社会的マギー」（「天皇制国家」および、「天皇制社会」を規定していた、「家族主義的擬制」）からの、日本人の解放を訴えたのだった。ここには、丸山眞男が、「抑圧移譲」と「無責任の体系」の伝統として描き出したあの「超国家主義の論理と心理」の、その基底にあった、擬制的な血縁共同体における「血縁的恭順」という、いっそう根源的なマギーを、あくまでも凝視していた大塚の眼差しが感じられる(15)。

これらの問題意識をも踏まえ、大塚は一九五五年に、人類の「共同体」の歴史上の諸類型についての、経済史と経済学にまたがる画期的な講義案『共同体の基礎理論』（岩波書店）を公刊している。

ここでは、生産諸力の未発達のために、統合の原理を、さしあたり血縁原理に依拠せざるを得なかった農業共同体類型＝「アジア的共同体」から始まり、理論上、生産諸力の発展に応じて順次形成される「アジア的共同体」→「古典古代的共同体」→「ゲルマン的共同体」という〝共同体の発展のイデアルティプス〟が講じられている。ちなみに、誤解されやすい「アジア的共同体」と言うコンセプトは、アジアに限らず人類に普遍的な、原初的な「共同体 Gemeinde」のことであって、西洋にもかつて存在したし、一部では今に至る影響を残してもいるものである。ウェーバーはこれを単に広義の氏族（Sippschaft）と呼んでおり、マルクスが『資本制生産に先行する諸形態』で「アジア的共同体」と呼んだものだ。（念のために付け加えると、これは、非血縁者を含まない、いっそう原型的な「共同組織」Gemeinwesen である血縁「共同態」Gemeinschaft そのもののことではない）。[16]

日本史の場合には、主として「労働力を乱費する」水田耕作のために、旧い「擬制的な血縁共同体」の性格が、「古代」型や、「封建制」型の農業共同体の内にも強く残り続けた。たとえば、「封建制」にしても、西洋の場合のような、純然たる契約原理による「封建的共同体」や「レーエン封建制」は、日本では必ずしも形成されなかった（とは言え、幕末に「局地的市場圏」の成立が見られたことは、西欧型の封建制史とのある近似性をも示唆している。）そして明治以後は、「近代化」を押し進めるはずの政府が、古い共同体とその人間類型の崩壊をできるだけ押しとどめ、これを利用した。こうした日本の社会史のパラドックスを理解する上でも『共同体の基礎理論』は貴重である。[17]

そしてまた、日本的「恭順のエートス」が一筋縄には論じ難い歴史を持つことを知るのにも。

それにしても、大塚は、歴史上の何を手掛かりとして、「近代的人間類型」のイメージを考えていたのだろうか。

大塚が、迷信を排し、また世俗世界の合理化を目指したピューリタンや、その世俗化した末裔と言われるフランクリンやデフォーに触れているのはよく知られている。しかしまた大塚が、少なくとも、日本にも見られた萌芽的な「国民主義」の一角を担った人々、とくに内村鑑三の「人間類型」などをも、「近代的人間類型」と見ていたことは確かだ。ちなみに、内村の『聖書之研究』の読者のアソシエーション「教友会」には、学生のほか、「耕地五反、耕牛一頭」と自己紹介する農民や、手工業者、小商人、教員などの、日本の「中産的生産者層」の人々が多かった。この同信の人々の主体的な生き方も、大塚には示唆的だったと考えられる。しかしまた、内村が、彼の「普遍主義的なナショナリズム」において描いた「代表的日本人」たち（日蓮、中江藤樹、上杉鷹山、二宮尊徳、西郷隆盛）が、仏教（日蓮宗）あるいは儒学（とくに陽明学）における普遍主義的・行動主義的な精神によって、少なくとも、ひとりの「成人した人間」として現世を生き得た事実にも、大塚は一定の共感を示している。(18) こうしたことには、内村が、次節で述べる意味において、日本の国民の「エートス形成」を人生の課題としていたのに似た、大塚の、戦後日本にリベラルで民主的な「人間類型」を形成することへの使命感が感じられる。ここでは立ち入れないが、この時期、大塚は、文部省の教育改革委員会が、南原繁を中心に検討していた、「教育勅語」に変わるべき「教育基本法」の成立と実施にも、ひとつの大きな希望を託していた。[19]

ともあれ、内村鑑三は、「国民主義」から「国家主義」への転向をあくまで拒み、日本の未来についての反帝国主義的な「別のヴィジョン」を掲げ続けた。その内村と大塚の思想の関係というテーマに入ろう。[20]

5 内村における、「国民主義《ナショナリズム》」と「国家主義《エタティズム》」の対置

学生時代から大塚は、内村鑑三の聖書講義集会に出席していた。大塚における「無教会キリスト教」と社会科学の関係全体については、他の機会に考察したので、ここでは立ち入らない。[21] しかし、明治政府と「政商」主導の「近代化」に対する大塚の批判的関心に限っても、内村の思想の影響は相当大きいものがあったと考えられる。特に初期の内村の思想――『代表的日本人』や『余は如何にしてキリスト信徒となりし乎』、とりわけ『後世への最大遺物』(いずれも岩波文庫)には、2、3で見た、日本の萌芽的な「国民主義」の矜持《エスプリ》が見られる。また大塚は、内村の『興国史談』(諸国民の政治エートス史の長大な構想)のネーション論からの影響も、先のインタヴューで語っている。

クリスチャンとして、教育勅語文書への、明治天皇の「宸署」への宗教的「最敬礼」を拒んだ「一

高不敬事件」で知られる内村（ただし彼は、「神」としてでない限りでは、「皇室」への相当の尊敬の意識を持っていた）だが、彼はそれに先立つ滞米生活の中で、日本人もまた、その歴史的に形成されたよき個性をいっそう高めて、超越神の経倫の下にある世界史に貢献するところあるべし、と考えるようになっていた。ネーションとしての日本人（内村においては、「大和民族」と同義ではない）も、神と世界史に対してその「国民的使命」を果たさねば、と念じていたという意味で、内村は独特の「ナショナリスト」だった。そして、とくに日清戦争後には広義の共和主義《レスプブリカ》（必ずしも反君主制ではない）の擁護、藩閥・政商批判、反帝国主義、反軍国主義そして日露戦争での「非戦論」などを掲げ、自称「非愛国的愛国心」に立つジャーナリストとして活躍した。このように内村は日本における「反国家主義」的な「国民主義」の発展を念じ続け、明治政府や徳富蘇峰の天皇制「国家主義」とは厳しく対決する姿勢を生涯崩さなかった。[22]

行論に必要な限りで、もう少し内村の思想を見ておこう。

三年半の在米生活の後、内村は、二つの「土産」を携えて一八八八年に二七歳で帰国した。①第一の「土産」は、彼自身が抱えていた自分への絶望を救った、「福音」の新たな理解（人の罪の理解と、救済の理解との深化）だった。そして、この福音理解が日本に広まれば、伝統日本のエートス（彼は、日本人の「宗教性」や忠節、慈悲心を高く評価していた）は、一層高いものになるという確信だった。①については、明治政府が「国家のための国民」を作り出そう（「国家主義」）としたのに対して、内村は、福音によって国民のエートスが一層高まり、結果的によき社会と国家が形成されるために献身しようとした。（欧米の教派からの「独立」を重視した彼の「無教会主義」には、福音を国民文化に浸透させるための配慮が含まれていた）。

②いまひとつの「土産」は、こういうものだった。内村は、新島譲の勧めでアマスト大学に入学したが、そこで、人類学者ギヨーの著作や、ヘーゲル研究者のクーノ・フィッシャーに学んだ歴史家モースなどの影響を受け、世界史を一種ヘーゲル風に、「自由の進歩の歴史」と捉える歴史観に目覚めている。そして神（ないし西郷論に見られる「世界精神」）が「日本」に与えた「天職」は、この世界史の成果としての自由の精神をアジアに伝え、アジアの政治的解放に貢献することであると考えるようになった。（他方、アメリカでも当時流行していたスペンサーの適者生存の歴史観には、一顧の価値をも認めていない）。そこで、内村は、②については、日清戦争の開戦に際して、転向以前の蘇峰の雑誌『国民の友』に、論文「日清戦争の義」（一八九四年、『内村鑑三全集』岩波書店、第三巻）を寄せ、西洋古代史に「小なる」ギリシャが果たした役割を、近代の東アジアでは、「新にして小なる」日本が果たすべきだと訴えた。清国の朝鮮支配を、ペルシャのヨーロッパ遠征になぞらえ、日本は、朝鮮民族の政治的独立と朝鮮の近代化のために、勇をふるって、アジアの大専制国家たる清国と闘う使命があるとの「熱弁」を奮っている。また同時に書いた「世界歴史に徴して日支の関係を論ず」では、「余は歴史家として曰ふ、日支の衝突は避くべからずと……日本にして敗れんか、東洋における個人的発達は阻止せられ、自治制度は壊滅に帰し……亜細亜的旧態は長く東洋五億万の生霊を迷夢の内に保持せんとす」（傍点柳父）と論じている。しかし日清戦争の実態と

結果を眼前にすると、内村はこれに完全に失望し、自分の政治判断の未熟さを深く恥じた。朝鮮半島は日本の「国益」追求のために荒らされ、莫大な賠償金は日本の軍備拡張と、植民地台湾の経営に充当され、また国民は、獲得したはずの遼東半島をロシアなどの三国干渉で奪われたことに激昂している。この戦争のすべては日本の「公私」にわたる利益の追求にすぎなかったのだ。日本政府が述べた朝鮮人民の解放とはただ侵略の口実に過ぎなかったのだ。と内村は「総括」するに至った。

「国家の利益と称して私利を営む実業家は虚業家なり。隣邦の独立を扶養すると称して干戈を動かし、功なりし後は自国の兄弟の身を許りて終に屠弱者をして立つ能わざるにいたらしめし国民は偽善者なり。」「故に戦い勝って支那に屈辱を加えるや、東洋の危殆何程までに迫り来るやを顧みることなく、全国民挙げて戦勝会に忙わしく、ビールを傾ける何万本、牛を屠る何百頭、支那兵を倒すに野猪狩りをなす如きの念をもってせり」(「実益主義の国民」『時勢の観察』一八九六年、『内村鑑三全集』岩波書店、第三巻二三三頁。傍点柳父)

結局この戦争は「軍夫募集を請け負ひ、貧者の膏血を絞るの類、御用商人の蓄食、媚俗的才子の立身」にのみ貢献したと彼はいう。また結果的には、将来の、帝国主義列強による東アジアの全面的な蚕食に扉を開いたという意味で「東洋に滅亡の危機を撒いた」とも見た。内村は「ステート」としての日本に見切りをつけ、国民の一層高いエートスの形成に(それによる「ネーション形成」

に）あらためて使命感を燃やした。

それでも日清戦争後の内村は、黒岩涙香の『万朝報』誌の英文欄主筆に迎えられ、英文欄を超えて社会評論・政治評論になお健筆をふるった。内村による、「平民主義」の立場からの「藩閥政府」と「政商」の腐敗への批判、民富を収奪する「強兵」政策への鋭い批判は耳目を集めた。しかし「非戦論」での社主との衝突を機に、内村は『万朝報』を退職し、四〇歳をもって、念願だったテーマ①の『聖書之研究』誌に専念し、国民のエートス形成という彼の究極のテーマに仕事の重心を移した。

しかしその後も内村は社会評論を全く停止したのではなかった。われわれにとって特に注目されるのは、朝鮮が最終的に日本に併合された後の一九一三年の著作『デンマルク国の話』である。この著作で内村は、ドイツ・オーストリアとの戦争で大きく領土を失ったデンマークで、ユグノーのダルガス親子が、まず植林によって自然災害を減じ、かつ土地を肥沃化して収益を上げ、酪農産業を活性化する方針を実践し、その成功を評価した国民が協力して、「国民の富裕」（コモンウィール）がみごとに実現されたことを語っている[23]。ともあれ、これは日清戦争の勝利以来の、日本の帝国主義志向への、痛烈な批判を穏やかに語った作品である。朝鮮民族を励ますとともに、日本の帝国主義的な発展を諌め、明らかに「別の可能性」を追求することを勧めている。

内村はその後も、『デンマルク国の話』での思想を展開している。わけても、帝国主義的な「横への拡張」を否定して、「縦への拡張」を主張したのが注目される。「縦の拡張」とは、国内資源の有効活用を図ることにより、国民は十分な社会的分業の拡張と富裕に至ることができるというものである。印象的な一節を見よう。

「日本のごとき小国と言えども、其の山に植林して、さらに一個の新しき日本を作ることが出来る。又海を開拓して国土に数倍する新領土を得ることが出来る。林産と水産とは日本人の希望を持つ富源である。」「余は茲に鉱山の開鑿、空気の利用等について語らない。水力の使用もまた垂直的拡張の部類に属する。其他日光の貯蔵、風浪の使用等、数うるに遑なしである。もし日本が英国または仏国に倣うて横に拡張せんとせずして、神の指導に従って縦に拡張せむと務むるならば、居ながらにして大国又富国となることが出来る。敢えて他国の嫉視を冒して所謂海外発展を計るに及ばない。縦に発展して横の発展の困難を償う事が出来る」（「拡張の縦横」一九二四年稿『全集』第二八巻三三二頁以下。傍点柳父）。

内村は経済学に習熟しておらず、文章は素朴である。工業についての関心も弱い。しかし時代の趨勢に抗して、コモンウィール型の経済発展（少し強引に言えば、大塚の言う「広くて深い分業関係、この豊かな国内市場に支えられる国民経済」の発展）という途を示唆しているとさえ、言えるのではないだろうか(24)。

ちなみに、やはり内村門下の無教会人で、大塚の学問上の同志でもあった経済史家松田智雄は、戦後の一九四八年以来、信州蓼科高原の農村で、農村調査と灌漑政策の提言と、また伝道活動を続けた。この地に関する松田の分析は『共同体の基礎理論』との関係で印象深く、とくに最後の講演「変革の始まりを担うもの」（一九八七年）の「地域経済論」は、内村の語った「デンマルク国」のヴィジョンと「縦への拡大」の議論の、高度な展開を思わせる[25]。

内村の思惟は、福沢や蘇峰のパワー・ポリティックスの「リアリズム」とは違っていた。しかし「ネーション」のための「別のリアリズム」の可能性を秘めていたのではなかったか。もちろん、それを社会科学のリアリズムに高めることは、門下の人々の仕事となった。

6　内村の発想の、大塚への影響

例えば、同じ内村門下で、大塚の一五歳先輩だった矢内原忠雄は、内村の右のような「国民主義」と反帝国主義の思想を継承しつつ、アダム・スミスやマルクス、レーニンの学知を咀嚼したリベラルな植民政策学者として日本の植民地問題を考えた。矢内原は、日本の各植民地、委任統治領（国際連盟により、旧ドイツ領の南洋諸島の統治が日本に委託された）に関する各種の統計と、とくに各植民地の原住者に積極的に接する独特の現地調査を踏まえて、『帝国主義下の台湾』や『南洋群島の研究』などを書いた。また「朝鮮統治の方針」等の朝鮮研究では、台湾統治に比べても統治が成功していない理由を種々分析し、「朝鮮に赴いてみよ、路傍の石ことごとく自由を叫ぶ」と結んでいる（矢内原［一九二七］）。さらに実地調査に基づいて「満州問題」を検討した特殊講義をまとめて『満州問題』を刊行（矢内原［一九三四］）し「得たる利益幾ばく、醸成したる悪意幾ばく。」（傍点柳父）と論じた。「日華事変」以降の中国政策については、「満・蒙・中」ブロック政策（のちの大東亜共栄圏）のもたらす危険な帰結（特に英米との戦争）を警告した「支那問題の所在」（一九三七年、矢内原［一九四八］）その他を書いている。彼が一九三七年に東大を追われたのは、直接には、国家は、内外の「弱者の権利保護」という普遍的な正義を維持する理性的機関たる本質を見失うな、と論じた「国家の理想」論文（『中央公論』一九三七年九月号）と、また同趣旨のキリスト教講演とのためだった。内村の「帝国主義批判」と、その地に暮らす人々の「コモンウィール」の発展への配慮とは、このように矢内原に継承されていた(26)。

ただし矢内原は、例えば蒋介石を支えた浙江財閥のような買弁資本をも、「ネーション形成」的な富ないし勢力として評価し、そのように評価することで、軍部の中国侵略の違法性を指摘した。しかし戦後の著作では、この前期的資本への過大評価を彼は放棄（矢内原忠雄編［一九五二］「総説」）している。この判断変更などを見ると、その間に大塚が展開した、局地市場の展開とコモンウィールの発展を踏まえる、産業間のバランスのとれた国民経済の形成という、「健全」な経済発展の理論の重要性がよく分かる。

大塚の、この「イギリス・アメリカ型」の「国民経済形成」の意味に関する、戦時中の一連の分析と理論形成は、戦後の各国の植民地の独立にとっても、貴重な示唆を提供していた。事実、戦後の大塚は、矢内原の研究を展開するように、アジア・アフリカ諸国の「国民経済」形成の問題に、大きく視野を拡大している。一九六九年の大塚の編著『後進資本主義の展開過程』（アジア経済研究所刊。大塚の執筆部分は『著作集』一一に収録）は、水沼知一らとのそうした共同研究のまとめだった(27)。最後に、内村との関係で、近代日本の「国家主義」イデオロギーとしての「国家神道」について、内村と大塚がどのように考えていたかに触れておきたい(28)。

教育勅語の天皇の署名への「最敬礼」を拒否した、内村の「不敬事件」の意味は、個人の「信仰の自由」の要求にはとどまらず、客観的には、「明治政府」に対し、「国家」と、「政治宗教」（＝国家神道）との間の「政教分離」を求めたことにある。国家が宗教化すれば、政治から「合理性」と責任意識が失われ、宗教が国家化すれば、宗教から「神」と良心が失われる。天皇制国家の「国家宗教」を批判的に凝視しつつ、経済学者の目で「国家主義」と「国民主義」を分析し得た大塚の合理的精神が、内村の思想の継承の上に初めて可能となったことは疑えない。

以上、大塚における「ネーション」論、「国民経済論」、「国家主義批判」の諸側面につき、その「問題意識」における、内村の思想の「影響」を考察した。

7 今日のネーション問題

今日では、「主《あるじ》なき権力」と化した「グローバル資本」の下で、一方では国家を超える「経済発展」が生じ、また他方では、国家を超える「格差化」や環境破壊、そして摩擦を生む「出稼ぎ」も広がっている。人類と「ネーション」の「コモンウィール」には、どのような可能性が残されているのだろうか(29)。

二〇世紀前半の資本主義世界の崩壊は、後発資本主義国にファッシズムを生み出した。大塚は、最終的な没落を強いられたドイツの中産層が、ヒトラーの下で恐るべき、立憲主義なき「国家主義」（「国民社会主義」と称しつつ）を成立させた次第を論じ、この疑似革命（いわゆる「保守革命」）を予期し得なかったドイツの社会科学をきびしく批判している（いわゆる「天皇制ファッシズム」は、いっそう「古い」共同体諸伝統の残っていた国で出現したアノマリーだったが）。

今日の世界は、大きく事情が変わってはいる。しかしグローバリズムの負の側面として、かつての「ファッシズム」出現時に似た条件はそこここに生じている。「戦後の終焉」が語られる日本でも同じである。「ネーション」と「国家主義」と、「エートス」について大塚が残した諸分析は、今日の世界にどのような示唆を与えているのだろうか(30)。

注

（1） 大塚［一九六九］第一一巻、一二六頁以下。

（2） この文脈では、徳富蘇峰については、和田［一九九〇］、伊藤［二〇一三］などを、内村鑑三については、中村［一九八二］、柳父［二〇一六］、柴田［二〇一七］などを、また、とくに蘇峰と内村と福沢の位置関係については、梅津［二〇〇一］を参照。

(3)「ネーション」のこのような語彙史については、とくに一九六一年の『思想』六月号の大塚の論文「政治的独立と国民経済の形成」大塚［一九六五］八六‐七頁参照。また八八頁の注9。「局地的市場圏」由来の市場経済は、広くて深い社会的分業に支えられた「民富」の拡大を特徴とする、フリードリヒ・リストのいう「バランスのとれた国民経済」を生み出した。そしてそうしたネーションの成立こそは、安定したデモクラシーの成立条件だった、と大塚は言う。「コモンウィール」については本書の齋藤英里論文を参照。

(4)「前期的国民主義」について。丸山眞男によれば、幕末の「攘夷」運動は、武士層を中心とする、国民の成立以前の、「前期的国民主義」と呼ぶべきものだった。こうした、市民社会の成立以前のナショナリズムを「前期的国民主義」と言う。ちなみに、日本の場合は、その後も本格的な国民主義は成熟を阻まれ、前期的国民主義の残滓が早熟な帝国主義思想に混入する。丸山［一九四九］。

(5) 中産的生産者層の「国民的生産力」が、クロムウェルの革命を支えていた。しかし、この生産力を踏まえ、やがて「資本主義的営利」が「中産的生産者層」を「圧殺し始めるに至」ると、それは「優越な意味における「国民的」性格を捨てること」になる。「資本主義的営利」の国が現れる。ナショナリズムにも新たなイデオロギー性が生じる。ただし、その後にも、「国民経済」と言う経済の性格と民主主義まで、この国から失われることはなかった『近代欧州経済史序説』第二篇二章（大塚［一九四四］）。

(6) イギリスは、西洋の辺境として、強固な封建制の発達を見なかったがゆえに、「典型的」な近代資本主義ないし近代社会を作り出した。大塚は後に、そのような事態の意味を明らかにする「辺境革命の理論」を提起した。

(7) 大塚は、日本「近代」とプロイセン近代との一定の類似性を見た。しかし「近代」オランダで、封建遺制を利用した前期的資本＝都市貴族の疑似「共和制」の下で、経済の二重構造が固定化され、似非デモクラシーの議会が演じられたことにも、日本との類似を見ている。

(8) 今日の政治学における「ナショナリズム」の用語法については、坂本［二〇一五］所収の「ナショナリズム」、「「ポスト・ナショナル」デモクラシー」」、加藤節［二〇一五］、しかしまた丸山眞男［一九五二］をも参照。

(9) 大塚の包括的な「ナショナリズム」論として、大塚［一九六四］があり、絶対王政に始まり、ファッシズムに至る「国家主義」の諸形態が論じられている。さらに「政治的独立と国民経済の形成」（『思想』一九六一年六月号）を参照（ともに一九五六年の『国民経済——その歴史的考察』をへて、『著作集』六に収録）。とくに、『著作集』六、八八頁の注9に注目。大塚は、各時代における、「国民主義」の「国家主義」への自己疎外について、まず①「絶対主義」の、ついで「似而非ボナパルティズム」（プロイセンのビスマルク体制など）の国家主義を、また②フランスの「ボナパルティズム的国家主義」を挙げ、さらに、③「本来のファッシズム」における国家主義は、「一定の歴史的事情に基づいて資本主義の独占段階に現れたボナパルティズム」であると指摘している。日本の、明治の国家主義および、昭和の「天皇制ファッシズム」は、①に当たり、一応の市民革命を経たワイマル・ドイツの、ナチズムのような本格的なファッシズムが、③に当たろう。また同論文の、同じく重要な九九頁の注3も参照。さらに、「民主主義と経済構造」（『思想』一九六〇年一一月号）、とくに『著作集』六の一一四頁以下の行論を参照されたい。「国民投票」を重視し、「国民」概念を多用したボナパルティズムやナチズムも、大塚は、絶対王制の「国家」イデオロギーと同様、実は「国民主義」から「国民」を疎外するイデオロギーだと見ている。——ちなみに、戦後の大塚のこれらの論稿は、日本の国策が、「イギリス型」の国民経済形成の方向にではなく、近代オランダの「オランダ型加工貿易国家」——もっぱら国民の頭上で富が回転し・拡大していた——の方向に再度傾き、また、そこでの一見民主的な制度をまとった「国家主義」の方向に変貌しつつあるとの、強い危機感のもとに執筆されており、また、「日米安全保障条約」と自民党政権の評価にも深くかかわっていた。（以上については柳父［二〇〇二］を参照）。

(10)　大塚［一九六九］『著作集』一一、一二六頁。

(11)　もちろん、明治の国家主義が、まず「自由民権」への反撃として生じたのは言うまでもない。しかし隅谷や大塚が指摘するキリスト教と中産的生産者層の結びつきへの反撃の面も注目される。明治前半のキリスト教の農村浸透については、隅谷［一九五五］、むしろ工藤［一九八〇］、松井七郎の貴重な自伝［一九八二］『安中教会初期農村信徒の生活』（第三書館）。

(12)　石井寛治［二〇一五］『資本主義日本の歴史構造』（東京大学出版会）は、「殖産興業」が、「外資導入」を拒否し、農村からの厳しい徴税と、幕末以来の、大商人・大金融業者＝「政商」（ウェーバーの言う「政治寄生的資本」）の資金によって実行されたことは、ともかく日本の植民地化を免れさせたと指摘している。

(13)「人間類型」は、マルクス風に言えば、「上部構造の相対的自立性」の問題だが、大塚の議論はウェーバーの宗教社会学を介して深められている。温厚なクリスチャン・ホームに育ち、「親鸞門徒の子」が、神社の鳥居に叩頭しようとしないのに感心した少年時代、内村による聖書への開眼を経た信仰的経験の深まりが、また、日本社会の様々な「世間」（「共同体」！）の経験が、大塚にエートス問題の重要性を教えた。「信仰と社会科学の間」『著作集』一〇、「意味喪失の文化と現代」『著作集』一一、石崎［二〇〇六］を参照。

(14) しかしまた、大塚が、「近代的人間類型」の成立には、プロテスタント的な「隣人愛」の論理と、単なる「営利衝動」の禁欲のエートスが重要な意味を持ったことを論じているのを見落としてはならない。とくに『宗教改革と近代社会』『著作集』八。なお、ウェーバーの『倫理』論文でもカルヴァン派の「隣人愛の合理化」の理論が、いわゆる「予定説」の問題以上に、ウェーバー論文の論理構成の基本を支えているのに注目。柳父［一九八八］を参照。

(15) 大塚は、今日の大河内ダム付近の与瀬村に一家を挙げて戦時疎開し眼前の共同体の生活に照し合わせつつ、ウェーバーの共同体論、家産制論を読んだ（石崎［二〇〇六］）。同じ村に避難していた法社会学の川島武宜［一九四八］『日本社会の家族的構成』（学生書房の認識との重なりが注目される。――ところでウェーバー［一九七〇］（三二三頁以下）によれば、単なる家父長制的支配では、被支配者も、いまだ支配者《ヘル》の「仲間」であり、支配《ヘルシャフト》は、仲間《ゲノッセンシャフト》たちの利益を配慮しつつの支配にとどまる。被支配者たちは、支配者たる家父長に、伝統の範囲内で、純然たるペルゼンリッヒな恭順《ピエテート》の義務を負う。しかし、この家父長的な支配は、家父長が、固有の「行政幹部」を持ち、服従者たちを「臣下」化するに至ると「家産制的支配」に一変する。どの場合にも、時に一見、支配を和らげるような「親心」や「慈恵」政策が示されもするが、被治者個人の尊厳が「人権」として意識させることはない。明治国家の底辺をなした村落共同体には、地主・小作関係を中心に、こうした伝統的な支配が広がっており、天皇を擬制的な「国父」とする「家産官僚国家」が内面的にも「国民」を支配するのを可能にした。

(16) この著書は、その序言が言うように、アジア的共同体型から、封建的共同体型に至る、諸共同体の型を経由しての生産諸力（共同体内分業）の発展の最後の結果として、共同体から市民社会への移行（コモンウィールへの移行！）が生じるという事実の、比較経済社会学的な理論を、ひとまず構成しておくという（同書「はしがき」参照）ものだった。しかし、人類史上の種々の「共同体」の「発展」には、自然条件・民族移動史・宗教史などにも媒介された差異性が刻印されている。大塚の『基礎理論』は、ウェーバーの学説等を考慮しつつ、共同体の「発展の理念型」を提示した。一九五六年の「共同体をどう問題とするか」などの『著作集』七の諸論文は、この難解な著書の理解を助ける。この著作の成立史については楠井［二〇〇八］を見られたい。また、アイルランド、オーストリア、ロシア・インド、エジプト、日本などの共同体と「近代化」を分析した共同研究、川島・住谷編［一九七三］を、さらに小野塚・沼尻編［二〇〇七］を参照。

(17) 大塚は、日本に封建時代はなかったなどと言ったのではない。むしろある場合には西欧型の封建制との近似性を強く示唆してさえいる。――ただし、ウェーバーによれば、中央の家産君主が、支配権力の一部を、一括的に、家臣に分与する統治が「封建制」である。そして「封建制」には、①付与された封建権力が、なお中央の家産君主の強力な支配下に置かれている「家父長制的封建制」と、②逆にそれが家臣の側に「ステロ化と確定化の方向に発展した」形で留まる「レーエン封建制」とがある。西洋中世の封建制はこの「レーエン封建制」型であり、日本の「封建制」は、とくに徳川時代には、むしろ「家父長制的家産制」下の、「プフリュンデ」（中央権力による回収が可能な、家産官僚の役得）型の封建制である。（↓幕府の「国替え」、幕末の「大政奉還」）。これは、日本では家産制原理の克服は一層困難だったことを示唆している。

(18) 内村の『代表的日本人』については、鈴木範久の新訳（岩波文庫）の解説を参照。また大塚の彼らへのある共感は、矢内原忠雄・藤田若雄との鼎談（住谷編［一九六七］を参照。ところで、内村門下の人々に関しては、内村の弟子で、秘書役も勤めていた石原兵永によると、内村の『聖書之研究』誌は、四〇〇〇部の発行部数を見たが、その読者の組織「教友会」のメンバーは、学生の他は、「地方によって一様ではないが、農業が最も多く、あとは織物、大物商、医師、税務、牛乳、執達吏、薬種業、蚕種製造、製糸、教員、書籍商、活版、看護婦、裁判所書記、軍人など一般の庶民階級に属していた」。石原［一九七二］二〇七頁。傍点は柳父）。内村は彼らに、禁欲的プロテスタンティズムのBerufsethik職業倫理を教えた。中村［一九八二］に詳しい。

(19) 大塚の言う「成人した人間」は、ホッブズの描いた、人間性（情念《パッション》）の「勝手」な解放に生きる人間（共同体的恭順を裏返した人間）ではない。むしろピューリタニズムをも経由したジョン・ロックの描いた「自己立法」（禁欲！）の市民的モラルに生きる人間である。これについては、大塚の一九四六年の「自由主義に先立つ自由」（『著作集』八）と、同年の、丸山眞男の「日本の自由主義」および「ジョン・ロックの政治哲学」（『丸山眞男集』二）の論理の一致を見よ。――「教育基本法」とその成立過程については、山口［二〇〇九］。後年、保守化した文部省の「中央教育審議会」が、「期待される人間像」の中間報告を出すと、東京大学経済学部教授会は批判的立場を表明し、大塚がその原案を執筆したことが、関口［二〇〇二］で紹介されている。

（20）丸山眞男は、一九四九年の「明治国家の思想」で、自由民権派も、「対外的」には、強硬な「国家主義」的な意識を国権派と分有していたと指摘している。徳富蘇峰の「変貌」も、彼の初期の「国民主義」の下にあった「地」が出たものだといえよう。

（21）大塚における社会科学とキリスト教信仰の関係については、柳父［二〇一六］所収「エートスとネーション形成――大塚久雄の史眼と福音理解」を参照。

（22）なお、初期内村の歴史哲学の問題面と、第一次大戦後のその放棄と、「終末論」への移行などについては、右の柳父［二〇一六］所収「内村鑑三にとってのクロムウェル」で詳説した。――ところで、内村にとって「日本」ないし「日本国」とは、まずは「ネーション」としての日本を指し、「ステート」としての日本ではない。そしてその「ネーション」について、初期の文章では次のようにラディカルに語っている。「日本国はある明瞭なる理想と天職を帯びて存在するネーション（国家と訳すべからず）にして純情無垢の処女のごときものなり」（傍点柳父。「日本国と日本人」『内村鑑三全集』第七巻）。さらには、「滅ぶべき日本あり、貴族、政治家、軍人の代表する日本は、是早晩必ず滅ぶべき日本にして、余輩が常に予言して止まざる日本国家の滅亡とは此の種の日本を指して言うなり」「然れども、之と同時に滅ぶべからざる日本あり、即ち芙蓉千古の雪と共に普遍不動の日本あり。是勤勉正直なる平民の日本なり、天壌と共に無窮なる日本とはこの日本を指して言うなり、是蜉蝣洲が太平洋の底となるまでは決して滅びざる日本なり」（「二種の日本」『全集』第九巻）と論じている。

（23）『デンマルク国の話』の成立過程については、岩波文庫の新版（二〇一五年）への鈴木範久の解説が、またこの文献の内容と、それに関係する内村の思想の分析については、滝沢［一九九六］が貴重である。

(24) これについては、中村［一九八二］、滝沢［一九九六］、三浦［二〇一一］を参照。

(25) これについては、松田［一九八七］Ⅱ部の、松田の諸論考を、また村松晋［二〇一四］の「松田智雄」を参照。松田が言う「水反別《たんべつ》」の共同体の分析、また地域経済論などは、大塚の『共同体の基礎理論』の論理や、局地市場への一定の「Uターンの理論」の提唱（『著作集』一一）との関係が深い。

(26) 矢内原忠雄の政治思想と経済学については、中村［一九八二］および、柳父［二〇一六］の矢内原論を参照。（また、鴨下・木畑・池田・川中子［二〇一一］、赤江［二〇一七］など。）

(27) 大塚のこうした仕事につき、近藤［一九八九］を参照。また大塚の仕事にかなり近いのは、ドイツのすぐれた国際政治学者ゼングハースの平和学的な一連の労作で、両者がともにF・リストの『経済学の国民的体系』（小林昇訳、未来社）を高く評価しつつ、発展途上国の経済と政治の独立のための政策構想を提示しているのは注目される。

(28) 内村の「不敬事件」については小沢三郎［一九六一］『内村鑑三不敬事件』（新教出版社）、鈴木範久［一九九三］『内村鑑三日録・2一高不敬事件』上・下、（教文館）、を、国家神道については吉馴明子・伊藤彌彦・石井摩耶子編［二〇一七］『現人神から大衆天皇制へ』（刀水書房）を参照。大塚の天皇制観については、「魔術からの解放」（『著作集』八）、「『古代ユダヤ教』におけるウェーバーの課題」（『著作集』一一）などで推測できる。

(29) これについては、坂本義和［二〇一五］の、人権、平和、環境保護のための種々のグローバルな「結社形成」の分析を、またゼングハース［二〇〇六］のハンチントン批判を参照されたい。

(30) 大塚の上山春平との対談「危機の診断――『ネイション』を捉えるものは誰か」（『思想の科学』一九六〇年一月、『著作集』六）は、『共同体の基礎理論』などとともに、グローバリゼーションのもたらす「負の側面」に生じうる、ネーションの問題ないし疑似ファッシズム現象を考えるのに、今もきわめて示唆的である。

参考文献

赤江達也［二〇一七］『矢内原忠雄』岩波新書。
石崎津義男［二〇〇六］『大塚久雄　人と学問』みすず書房。

石原兵永［一九七二］『石原兵永著作集五　身近に接した内村鑑三　中』山本書店。

伊藤彌彦［二〇一三］『維新革命と徳富蘇峰』ミネルヴァ書房。

ウェーバー、マックス［一九七〇］世良晃志郎訳『支配の諸類型』創文社。Max Weber, *Wirtschft und Gesellschaft, Grundriss der verstehenden Soziologie*, vierte neu herausgegebene Auflage, besorgt von Johannes Winckelmann, 1956, erster Teil, III, IV (S. 122-80 Typen der Herrschaft).

――――［一九九八］大塚久雄訳『プロテスタンティズムの倫理と資本主義の〈精神〉』（新版）岩波書店。Max Weber, *Die protestantsche Ethik und der Geist des Kapitalismus*. (*Gesammelte Aufsätze zur Religionssoziologie*. Bd. 1. 1920).

内村鑑三［一八九五］『余は如何にしてキリスト信徒となりし乎』岩波文庫。新訳二〇一七年。

――――［一九〇八］『代表的日本人』岩波文庫。

――――［一九一三］『デンマルク国の話』聖書研究社。岩波文庫。『後世への最大遺物・デンマルク国の話』新版二〇一一年。

梅津順一［二〇〇一］『「文明日本」と「市民的主体」――福沢諭吉・徳富蘇峰・内村鑑三』聖学院大学出版会。

大塚久雄［一九四四］『近代欧州経済史序説・上巻』『著作集』一。

――――［一九四六］「近代的人間類型の創出」『著作集』八。

――――［一九四六］「所謂「封建的」の科学的反省」『著作集』八。

――――［一九四七］「魔術からの解放」『著作集』八。

――――［一九四八］『近代化の人間的基礎』『著作集』八。

――――［一九五〇］「危機の診断――『ネイション』をとらえる者は誰か」『著作集』六。

――――［一九五五］『共同体の基礎理論』（岩波書店）『著作集』七。

――――［一九六〇］「民主主義と経済構造」『著作集』六。

――――［一九六一］「政治的独立と国民経済の形成」『著作集』六。

――――［一九六四］「現代とナショナリズムの両面性」『著作集』六。

――［一九六五］『国民経済――その歴史的考察』『著作集』六。

――［一九六九］「国民経済の精神的基盤」『近代日本経済思想史一』『著作集』一一。

――［一九七三］「総説――後進資本主義とその諸類型」『後進資本主義の展開過程』アジア経済研究所、『著作集』一一。

――［一九七六］「〈甘え〉と社会科学」川島武宜・土屋建郎『〈甘え〉と社会科学』弘文堂、『著作集』一一。

小沢三郎［一九六一］『内村鑑三不敬事件』新版出版社。

小野塚知二・沼尻晃伸編著［二〇〇七］『大塚久雄『共同体の基礎理論』を読み直す』日本経済評論社。

加藤節［二〇一五］「民族」古賀敬太編著『政治概念の歴史的展開』八、晃洋書房。

鴨下重彦、木畑洋一、池田信雄、川中子義勝編［二〇一一］『矢内原忠雄』東京大学出版会。

川島武宜［一九四八］『日本社会の家族的構成』学生書房（二〇〇〇年、岩波現代文庫）。

川島武宜・住谷一彦編［一九七三］『共同体の比較史的研究』アジア経済研究所。

楠井敏朗［二〇〇八］『大塚久雄論』日本経済評論社。

工藤英一［一九八〇］『日本社会とプロテスタント信仰――明治期プロテスタントの社会経済史的研究』新教出版社。

近藤正臣［一九八九］『開発と自立の経済学――比較経済史的アプローチ』同文舘。

齋藤英里［二〇〇七］「大塚久雄のイギリス経済史研究――その問題の立て方と歴史像の形成」「武蔵野大学政治経済研究所年報」六。

坂本義和［二〇一五］『平和研究の未来責任』岩波書店。

柴田真希都［二〇一六］『明治知識人としての内村鑑三――その批判精神と普遍主義の展開』みすず書房。

住谷一彦編［一九六七］『信仰と社会科学の間』図書新聞社。

隅谷三喜男［一九五五］『近代日本の形成とプロテスタンティズム』新教出版社。

鈴木範久［一九九三］『内村鑑三日録2・一校不敬事件』上・下、教文館。

関口尚志［二〇〇一］「バブルを拒んだ経営者の魂――大塚久雄の『歴史と現代』」『聖学院大学総合研究所紀要』二三（別冊『大塚久雄における歴史と現代』）。

ゼングハース、ディーター［一九九二］祇園寺則夫訳「近代的開発の理論」『法学』第五五巻六号。

――［二〇〇六］宮田光雄・星野修・本田逸男訳『諸文明内の衝突』岩波書店。

滝沢秀樹［一九九六］『歴史としての国民経済』御茶の水書房。

田中豊治［一九八六］『ウェーバー都市論の射程』岩波書店。

中村勝己［一九八一］『内村鑑三と矢内原忠雄』リブロポート出版社。

松田智雄［一九八七］「変革の始まりを担うもの」小川源五・小山洋・新井明編『高原の記録・松田智雄と信州』新教出版社。

丸山眞男［一九四九］「明治国家の思想」『丸山眞男集』四、岩波書店。

――［一九五一］「日本におけるナショナリズム」『丸山眞男集』五。

三浦永光［二〇一一］『現代に生きる内村鑑三』御茶の水書房。

村松晋［二〇一四］「松田智雄」『近代日本精神史の位相』聖学院大学出版会。

柳父圀近［一九八八］「価値合理性と目的合理性――プロテスタンティズムにおける観点の交錯」『エートスとクラトス』創文社。

――［二〇〇二］「国民主義・国家主義・超国家主義――大塚久雄のネーション論」『政治と宗教――ウェーバー研究者の視座から』創文社。

――［二〇一六］『日本的プロテスタンティズムの政治思想――無教会における国家と宗教』新教出版社。

――［二〇一七］「戦後初期「無教会」にとっての「象徴天皇制」――肯定と批判の意識の交錯」（吉馴明子・伊藤彌彦・石井摩耶子編［二〇一七］『現人神から大衆天皇制へ――昭和の国体とキリスト教』刀水書房所収）。

矢内原忠雄［一九二七］『植民政策の新基調』『矢内原忠雄全集』一、岩波書店。

――［一九三四］『満洲問題』『全集』二。

――［一九三六］『民族と平和』『全集』一八。

――［一九四八］『帝国主義研究』『全集』四。

――編［一九五二］『現代日本小史』『全集』一八。

山口周三［二〇〇九］『資料で読み解く南原繁と戦後教育改革』東信社。
和田守［一九九〇］『近代日本と徳富蘇峰』新教出版社。

第五章　イギリスにおける宗教コミュニティーについて
――「チャーチ」と「チャペル」という教会史の視点

須永　隆

「十七世紀以来、『ありし日の愉しきイギリス』の代表者である『準貴族地主層』（スクワイヤラーキー）と、社会的勢力のいちじるしい変転はあっても、ピュウリタン諸層との軋轢は、当時のイギリス社会を縦に貫いて見られたが、この二つの性格、すなわち、ありのままの素朴な人生の喜びを味わおうとする性格と、厳密な規律と自制によって自己を統御し、形式的な倫理的規制に身を委ねようとする性格、(1)この両者は、イギリスの『国民性』のなかに今もなお並存している。」（マックス・ヴェーバー）

1　はじめに

今回の報告から討論者が改めて感じたことは、歴史家としての大塚久雄のスケールの大きさ、射程の長さということである。報告者から指摘された、現在社会が直面する「経済格差」「マネー資本主義」「投機的経済行為」など、裏を返せば、大塚久雄は「そうではない」経済行為あるいは経済活動をイギリス史の中に探ろうとしていたのかもしれない。ただし、討論者には、そうした報告者の根源的な問いかけを真正面から受け止めるだけの力量はないので、ここでは、わが国でも広く知られている既存の研究成果を用いて、それを現在のイギリス地域経済史の成果と照らし合わせつつ、あくまで歴史学の立場から、大塚の指摘した基本的な史実（「大塚史学」）を問い直してみたい。

2　齋藤報告のコモンウィール論との関連

齋藤報告では、「ウィリアム・カニンガムの著作に着想を得て（より根源的には内村鑑三の思想の影響のもと）、サースクと類似の問題関心に立ってコモンウィールに着目し始めたのが大塚久雄でした。サースクの言う『貪欲』は、『賤民資本主義』（ヴェーバー）に通じるもので、大塚は『資本論』に学びこれを『前期的資本』として独自な概念に再構成し、比較経済史の方法を確立したことは周知の点です」と説明しているが、大塚は、「十四、五世紀のイギリスでは、農村の内部に、農耕を営む農民と並んで実にさまざまな種類の職人が住んでいた。つまり、農業と工業が分化しているだけでなく、工業そのもののなかにも、すでにかなりの分業が行なわれている」と記している。(2)

ところで、その際に、注意しておきたいのは、大塚が経済的側面だけを見るのではなく、宗教的な、精神史的側面にも、注目していることである。たとえば、「この一三八一年の大農民一揆は、あのジョン・ウィックリフと関係があるのです。もちろん、直接ではなくて、彼の影響下にあるジョン・ボールに率いられたロラーズとよばれる人々、これが農民たちを組織していったのだ、と言われております。そして、十六、七世紀になりますと、そうした農民の基盤の上にピュウリタニズムがぐんぐん広がっていくことになります」とか、(3)「……そうした動向を人々の意識の内面から力強く押しすすめていたのは、言うまでもなく、あのジョン・ウィクリフ、いや、むしろロラーズの総帥ジョン・ボールによって広められていった革新的な信仰でした。ロラーズたちは、当時勢いよく広がりつつあった農村工業地帯に入りこんで人々を組織し、わずかの間にイングランドの三分の一を一揆に立ち上がらせるほどの影響力をもっていました。この連中の宗教思想の中には後のプロテスタンティズムにみるようなエートスがすでに影を落としています」などと語っている。(4)

こうした語り口は、一四～五世紀がイギリス史の大きな転換期であるという、大塚の深い歴史意識のなかで表現されたものであるが、これは現在の近世イギリス経済史の確認事項を先取りしていたともいえるのである。

この点について代表的な事例をあげると、元オックスフォード大学副総長のキース・トマス（Keith Thomas）は名著『宗教と魔術の衰退』の中で、「宗教改革の衝撃」（第三章）との関連で「否定すべくもなく目覚ましいスピードで魔術的臭いのする儀式に対する嫌悪が、普通一般人のある部分に広まっていった。それはロラード派の人々から始まったのである」と書いているが[5]、トマスは、ヴェーバーの言葉をつかえば「魔術からの解放」（「脱魔術化」）の起点をこのロラード派においているのである。これは大塚史学のいわゆる「近代化」という観点からは記憶すべき指摘かと思われる。トマスはその後で、一六、一七世紀のイギリスにピューリタニズムが入ってきたときに既存の伝統主義的な祝祭文化とどのような摩擦が生じたかを実証的に論じており、これもたいへん興味深い。

また元オックスフォード大学教授のポール・スラック（Paul Slack）は、「コモンウィール」について説明しながら、ヒューマニズムのみならず、それと合流する初期の急進的なプロテスタンティズムや一六世紀後半のピューリタニズムといった「宗教の役割」を強調しており[6]、それ以前に書かれた『報告書』の中の一つの章「貧困と社会福祉」においても、「清教徒（ピューリタン――引用者）にとって、貧困あるいは貧民に対する政策に関して、ある特定の概念があるわけではなかった」が、「清教徒の貢献は、行動し、平凡な考えを実際に実現しようという決断であった」とピューリタニズムに力点をおく説明をしているのである[7]。

3 「地域性」および「地域的特色」について

大塚が農村工業を論じた時代の研究段階ではまだ明確には意識されていなかったが、現在のイギリスの地方史研究の前提になっていることに「地域性」や「地域的特色」という点がある。英語でいうとregionである。この「地域性」を前提として、イギリスのローカル・ヒストリーの第一人者であったマーガレット・スパッフォド（Margaret Spufford）（元ローハンプトン大学教授）は「バッキンガムシァ南部の森の多いチルタン地方において最初はロラード派が盛んであり、次にクェーカー派、バプテスト派が盛んであるという具合に、時間を貫いて非国教徒が集中したということは、一六、一七世紀において『農村工業』が存在した地域、つまり、副業地帯、あるいは一九七〇、八〇年代の専門用語でいえば『プロト工業』地帯と、また強力な非国教徒の伝統が存在した地域の間に想定される結合について広く考えさせられるのである」と書いている(8)。

齋藤氏が引用する、ジョオン（ジョォン）・サースク（Joan Thirsk）の『消費社会の誕生』においても、この本の後半でプロジェクトが定着する地域としてサースクが指摘するのは、「牧畜地域」であり、そこでの「副業」としてのプロジェクトの実施に焦点が当てられている。該当箇所を引用すると、「牧畜地域は多くの追加労働力をその経営の中にみごとに取りこんだのである。しかし、それにもまして重要なことは、これら諸種の労働と製造業の副業とを統合したことである。副業は中世以来、各地の牧畜経済の特徴であった。……大部分の製造業は一部のヨーマンや多くの小保有農の家族の副業として、最初の、そしてもっとも快適な環境を牧畜農民の中に見出した。この基盤の上に、製造業は何十年にもわたって発展し、多くの労働者を補充した」という具合に書かれている。(9)

こうした二人の代表的な女性史家のコメントを重ね合わせて、そこから浮かびあがる共通の史実や歴史像はなんであろうか。それは、「牧畜地域」での「副業」としての「農村工業」の広がりと、そこにおける「非国教徒」の広範な存在ということである。つまり、特定の地域における経済活動と特定のタイプの宗教が重なっているとの指摘である。この点についてはイギリスにおいて幾重もの研究成果が出されており、否定的なコメントをする研究者は少ないであろう。そして、大塚との関連で述べるならば、この特定の経済活動と特定の宗教（教派）の重なり合いとの視点は、先のロラード派についての指摘にもあるように、慧眼にも、大塚が歴史を語るさいに常々意識していたことでもあったのである。大塚の研究手法にはヴェーバーの「支配の社会学」や「宗教社会学」を基礎として、そこに「共同体論」や「農村工業論」「ヨーマン論」などが組み込まれていたのは周知のことであるが、それは現在のイギリス地域経済史からみても、重要な意味を持つ論点であったといえるわけで、齋藤氏がふれた「民富」の形成は、そうした特定の地域から生じたことであったのである。

4　地域史から見た場合の「イギリス革命論」の視点

話はすこしとぶが、一時期、日本の学会ではイギリス革命が盛んに論じられたことがあった。経済史の分野では「初期独占」とそれに対抗する「反独占運動」、その帰結としての「営業の自由」といった点が強調され、ブルジョア革命としてのイギリス革命が唱えられたと記憶している。

他方で、本国イギリスにおける革命史の研究は、途絶えることなく継続的に続いており、近年においてはスコットランド史・アイルランド史と絡めて論じるのが一般的となっており、論点も多様で議論も活発ではあるが、基本的な対立要因として「宗教問題」があったとの認識では一致している。「宗教的要因が戦争のいかなる解釈にとっても明らかに重要であり、宗教の性質をめぐる議論が三〇〇年以上にわたり論争の中心であった」とか「宗教と政治は表裏一体に結びついていた」などとの表現がその典型である。(10) イギリス革命の性格について宗教問題を強調することについては、ケンブリッジ大学教授のジョン・モリル（John Morrill）のように「イングランドの内戦はヨーロッパ最初の革命ではなかった。宗教戦争の最後のものだったのである」と銘打った研究者もいるほどである。(11)

従来、わたしたち経済史家は、自己の分野の特性もあって、内戦の構造や対立の構図を階級関係や経済的利害を優先させて語る傾向があったけれども、現在の研究水準に照らし合わせてみると、どうもその手法を二次的なものとして少し後退させておいたほうがよさそうである。

この点、地域に焦点を当てた経済史との絡みでは、その後の研究の出発点となるような大切な成果があった。それはイェール大学名誉教授デイビッド・アンダーダウン（David Underdown）の著作である[12]。アンダーダウンの本書がその後の「地域」に力点をおく「文化対立」（基本は宗教）としての革命史研究の起点になったと討論者は考えている。

アンダーダウンの成果については、今回の報告者の小野塚氏が編纂者の一人にもなっておられる書物の中で、執筆担当者が以下のように書いている[13]。

「ピューリタニズムと社会経済的条件との関連について、現在一般的に確認されていることは、ピューリタニズムが、共同体規制・領主支配が弱い『森林・牧畜地帯』に主として分布し（したがってまた、農村工業の分布地域とも重なることが多い）、また、いわゆる『中位の階層の人々』middling sort of people に主として受容されたということである。」

「たとえば、アンダーダウンは、二つの対立する文化とサークの農業地域区分を対応させる。すなわち、牧羊・穀作地帯では、垂直的に統合された調和的な社会の伝統的な観念に信頼をおく文化が見られ、そこが国王派の拠点となるのに対して、森林・牧畜地帯では、新しい教区エリートであるジェントリや中位の階層の人々が下層民衆とは自らを道徳的・文化的に区別し社会改革を目指す文化が見られ、こちらは議会派の拠点となっていくとするのである。」（傍線引

用者）

例外があるのはもちろんのことではあるが、ピューリタンが出現しやすい「地域性」について、そこが「森林・牧畜地帯」であるとすることについては、イギリス人地方史家のほぼ共通の認識になっていることは記憶に留めるべきである。この点について、同志社大学名誉教授の今関恒夫氏が「牧畜農業地帯と森林地帯は、同時に毛織物農村工業地帯でもあり、地域のそうした経済的特質を媒介にしてピューリタニズムと結びつくというのが従来の考え方であり、それは誤りではない」と明言していることは重要である。[14]

ところで実は、この点も重要なのだが、アンダーダウンのそうした問題設定の背後には、かつての一七世紀イギリス史の大御所クリストファー・ヒル（Christopher Hill）がいて、また先にも引用した農業史家ジョン・サースクもいるのである。近世イギリス農業史上のサースクの評価は不動ともいえるけれども、近年では、ヒルについては経済基底還元論的な階級史観に立つ過去の歴史家のように扱われる傾向にあるのは確かである。しかし「州共同体」論への批判の脈絡で、以下のようなヒルの指摘はいまでも注目に値する。[15] ヒルがここで指名した各研究者の書物は、現在においても有用な、各州ごとの研究成果となっている。

「クライヴ・ホームズは、イースト・アングリアには一六四二年にジェントリーに政治的対立を取ることを余儀なくさせた階級間の緊張があったことを示唆した。アンダーダウン教授はサマセットについて、ブラックウッド博士についてはランカシアについて、フレッチャー博士はサセックスについて、クラーク氏はケントについて、アン・ヒューズ博士はウォリックシアについて、S・K・ロバーツ博士はデヴォンについて、『州』は地方の忠誠行為の唯一不変の焦点ではなかったことを観察した――経済地域は州の境界を横断していたのである。

彼らの大部分は、『イングランド・ウェールズ農業史』のシリーズのなかでサースク博士の著わした巻に示されたモデルが適切なものであることを確認した。そのモデルは、下層階級が比較的従順であった平原地域と、マナー領主が少なく教区がより広大な森林・沼沢・牧草地域を区別していた。」（傍線引用者）

ところでこうした論点の補足にもなるが、「文化対立」という観点からは「一六・一七世紀イングランド史の重要な要は、いやしいメイ・ポールにあった。というのも、メイ・ポールがイングランドの文化闘争の象徴的な震源であったからである」といった指摘にも注意を払うべきだろう。[16] 先のキース・トマスの指摘とも呼応して、急進的なプロテスタンティズムが農村地帯に入り込む際には、土着の民衆文化と激しい摩擦を引き起こす運命にあったからである。

ここで、これまでの論点を簡潔にまとめてみると、イギリス革命の根幹にあったピューリタニズム（特定の宗教的立場）が形成されやすい場所は、「森林・牧畜地帯」にあったということ、そして、これに大塚の使用する言葉を重ね合わせるならば、そこは共同体規制・領主規制が弱く、農村工業地帯でもあったということ、さらに、イギリス革命の際には、議会派が形成されやすくあったということである。

5　チャーチとチャペル――「閉鎖型村落」と「開放型村落」

三〇年ほど前になるが、先のジョォン・サースクが立教大学の招きで来日し、その報告書がまとめられている。その報告書の第四章「近代初頭の英国の地主層」において、サースクは、さりげなく重要なことを指摘している[17]。

「歴史家の注意をすでに引きつけた経済的影響のひとつの局面は、地主層の創り出した『開放性』の教区と『閉鎖性』の教区とである。『開放性』の教区の土地領主は、新来者の定住を許し、このことは、労働者の誘引を意味する。逆境にあって救貧の対象たりうるからである。そのような教区は、何の妨げもなく人口が増加する。『閉鎖性』の教区では、領主は新来者の定住に反対し、人口は容易に増大しない。『閉鎖性』の教区は、諸工業の設立を屡々積極的に妨害する。これらの事例で、領主は多く在地している。」（傍線引用者）

実は、こうしたサースクのなにげない指摘の中に、歴史過程の本質が隠されていたことが判明したのである。あとで調べて納得したのだが、一七世紀において「平場・穀作地帯」と「森林・牧畜地帯」とに分類された場所が、次世紀以降においては、基本的には、それぞれ「閉鎖性の教区」と「開放性の教区」に重なり合わさっているのである。ここが重要なポイントである[18]。

図5-1は経済地理学者ブライアン・ショート（Brian Short）が作成した「閉鎖型村落」（サースクの「閉鎖性の教区」）と「開放型村落」（サースクの「開放性の教区」）の対照を示すものである[19]。「閉鎖型村落」は主として「平場教区」「平場地域」と重なるように位置し、「所有権の集中」が見られ、それが村落全体の運営に大きな影響を及ぼす。この集中は特定の領主（貴族・大地主）に土地の集積が見られることを意味する。ここでの領主は種々の側面において村落の運営に監視の目を光らせる。領主の土地は農民に貸出され、農民は穀作に従事することになる。この農民たちは居住民として村落共同体を形成するが、その運営は農民の自主的管理というよりは特定の領主の統率下にあるといったほうが正確である。そしてこの領主は治安判事となって名望家的支配を周囲に及ぼし、ときに村人の恭順的支持を得て国政に出馬する。領主はまた、外部から貧しい移住者が入り込み勝手に小屋などを建築することがないように監視もする。

一方、これに対して「開放型村落」においては、土地を独占的に所有する特定の領主がおらず、村落の土地は多数の農民に分割されて保有されている。そこには「自由土地保有農」（freeholders）のような小規模農民が数多く存村し、彼らが散居型の居住空間を形成する。彼らは、借地人である

図5-1　イングランドにおける村落構造の二類型

I　「閉鎖型村落」の構造

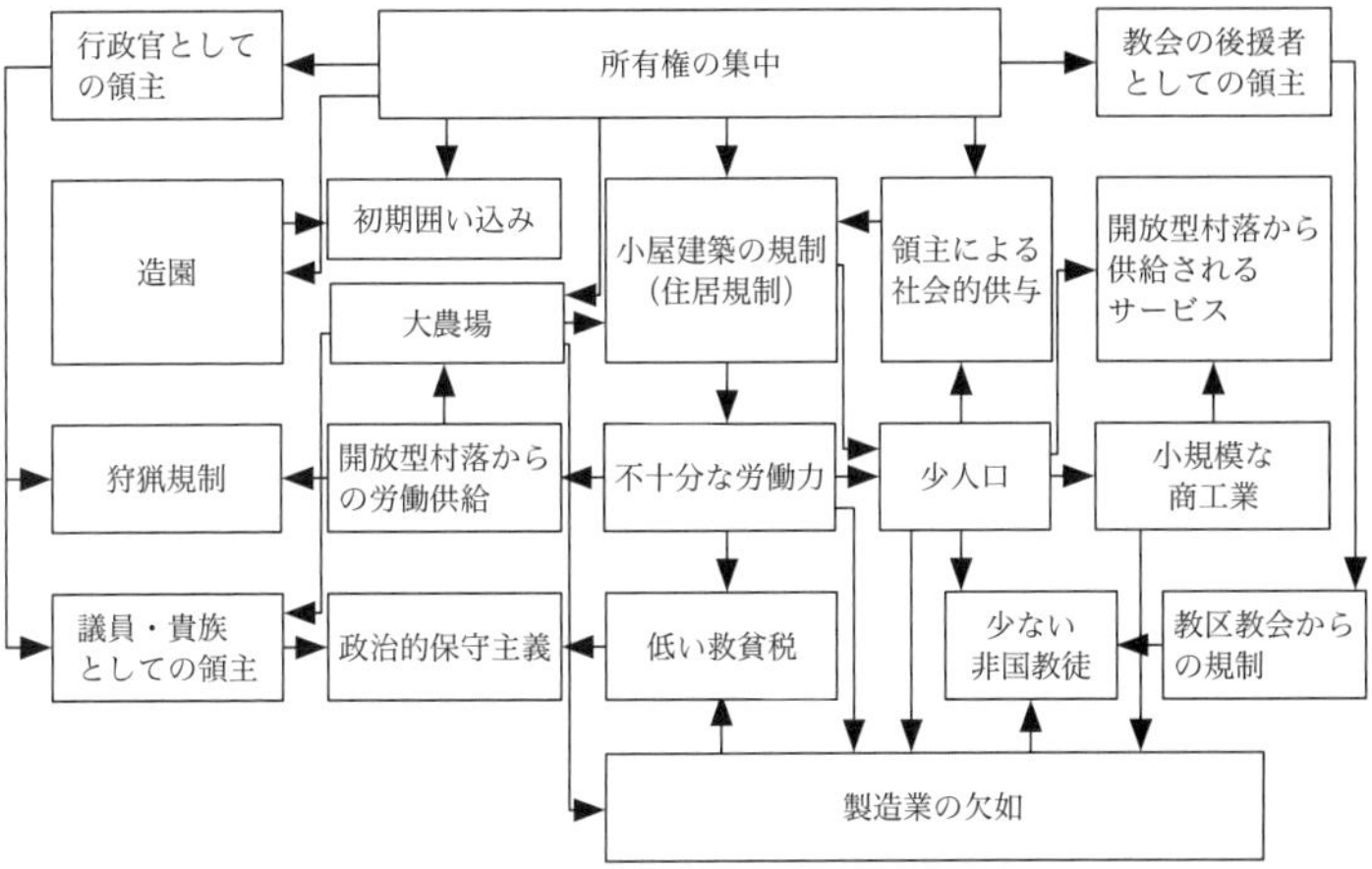

II　「開放型村落」の構造

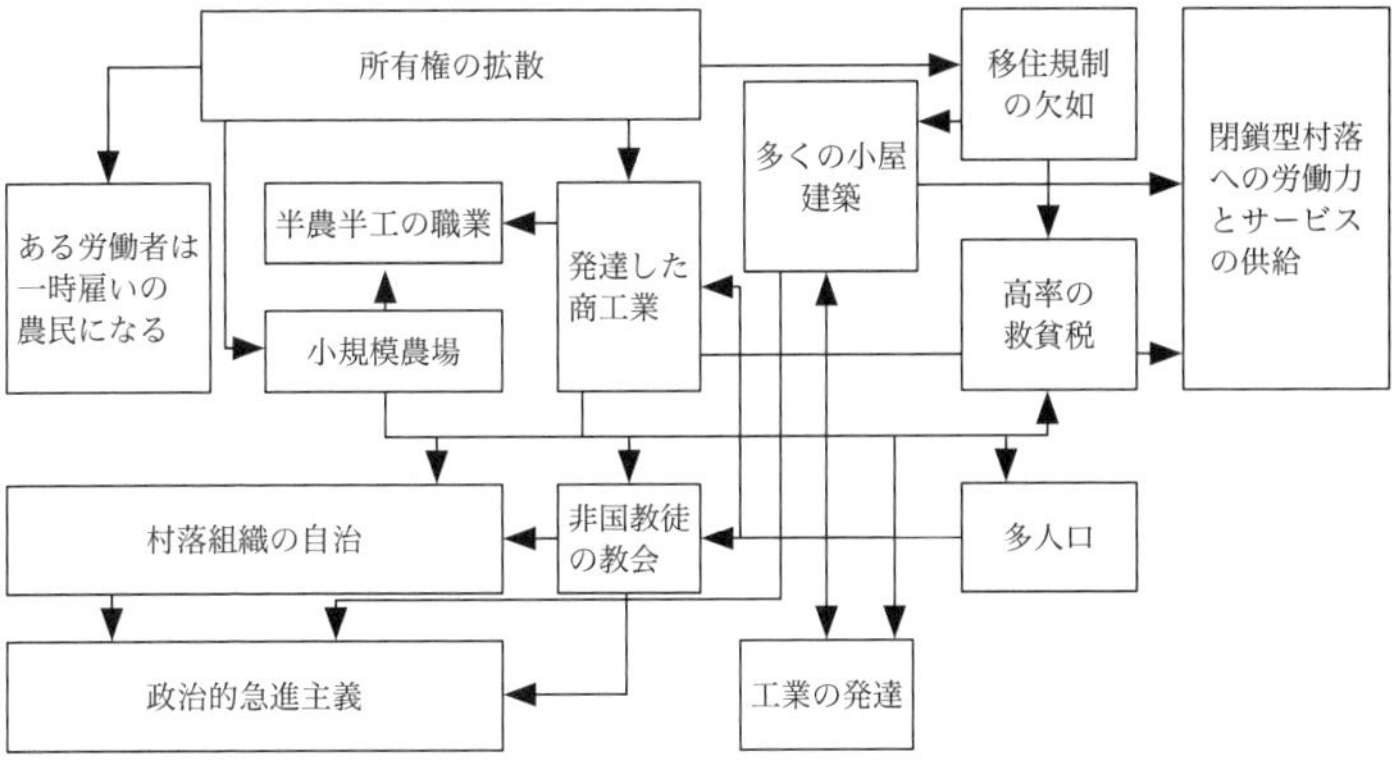

出典：Brian Short (ed.)［1992］p. 30.

にしろ所有者であるにしろ、小農民であり、同時に商工業者や職人でもあったわけである。つまり、こうした小農民は農業のみで生計を営むことが難しいので、農業の他に繊維産業など別の工業活動も兼業し、それを労働集約的に営むことになったのである。そして、そうした半農半工を営む農民の中から、一部でやがて本格的な工業活動を営む者も出てくる。

以上のような対照的な形態を背景として、さらに興味深いことに、前者の「閉鎖型村落」には、非常に強いイギリス国教会の勢力が存在し、後者の「開放型村落」には、イギリス国教会の存在と並んで、非国教徒の強い勢力が存在する傾向があったこともわかってきた[20]。さらにまた、チャーチ(イギリス国教会)を前提として、「閉鎖型村落」はトーリーの支持基盤を形成しやすく、後者の「開放型村落」は、チャペル(非国教徒の礼拝堂)を前提として、ホイッグの支持基盤を形成しやすいという政治的特徴があることも判明したのである[21]。

言い換えると、ここでの「チャーチ」と「チャペル」という表現は、イギリス国教会と非国教徒の諸集会(教会)を象徴的に示す言葉であるが、そこには対照的な社会背景があり、それぞれに独自な政治的立場が出現し、独特のタイプの人間を産む傾向があることもわかってきたのである。大塚の言葉を使うならばエートスの違いということであり、冒頭で引用した、一〇〇年ほど前のマックス・ヴェーバーの指摘は、慧眼にも、そうした異なる社会環境から生まれた相異なる二つの性格を、象徴的に表現したものと読みかえることもできるのである[22]。

6　大塚史学の遺産と継承

大塚久雄みずからの固有の成果を狭義の「大塚史学」と規定したとき、シェーマティック過ぎるなど、後知恵で、その「大塚史学」の限界性を指摘することはいくらでも可能である。しかし、ここでわたしたちが驚きを禁じ得ないのは、「支配の社会学」や「共同体論」を前提とした、あるいはそこに「宗教社会学」を絡めた「大塚史学」の歴史分析の手法が、現在のイギリスの地域経済史を扱う際にも、十分に有効であるという事実である。この点は特に強調されねばならないだろう。

わたしたち後世代の研究者にとって、経済史学の前進のためには、大塚が描いた歴史像を相対化し、批判的に検討する作業は必要不可欠なことである。その場合、大塚の時代、大塚が限られた文献を使って見えた、あるいは見ようと努力した史実を、現代の研究蓄積と重ね合わせることによって、より鮮明化することが大切である。今回、討論者がとくに強調したいのは、宗教史（教会史）を正当に評価し、それを積極的に組み込むことによって、イギリスの地域史の流れが、より整合的に見えやすくなるということである。周知のように、大塚はかつて、自身の研究の早い段階で以下のようにコメントしている。[23]

「このヨウマン（自営農民）にしても、それを単に経済史的範疇とのみ考えるならば、決してかかる『規定者』としての意義を把握しえないのであって、法制史的、政治史的、社会史的、軍事史的、……また『精神史』的などの各側面から把握されていて、始めて、『規定者』としての意義が十全に解明されうるのである。たとえばそのうちヨウマンの『精神史』的側面が如何に重要な意義をもっているかは、マックス・ウェーバーの『プロテスタンティズムの倫理と資本主義の精神』（梶山力邦訳）なる研究の成果を、少くも偏見なしに凝視するならば、瞭然たるものがあるであろう。要するに、私は経済史研究に際して『経済史的な余りにも経済史的な』立場はこれを超えねばならぬと思うのである。」（傍線引用者）

7　おわりに

大塚久雄の経済史研究は、自身が内村鑑三を師とする無教会キリスト者であったということもあり、宗教社会学的な経済史研究であったといえるだろう。

大塚はもっぱらヴェーバーに依拠して、宗教という精神史を垣間見、余りにも経済史的な立場を超えようとしたのである。かつて大塚が見ようとして、なかなか見えずに苦労した世界は、現在、膨大な宗教社会学の成果によって、精緻化されつつあるのである。

ただし、ここでの指摘は大塚のほんの一面でしかないことも、強調しておくべきだろう。たとえば、貿易構造から見たイギリスとオランダの対比、先進国イギリスと後発国ドイツ（フリードリッヒ・リスト）の視点、あるいは作家ではダニエル・デフォーとジョナサン・スウィフトなど、著作集を素直に読めば理解されるように、大塚は物事を両面から見ることのできる「複眼的視点」を備えた歴史家でもあった。その大塚を単なる近代化論者と見ることは大きく的を外すことであり、控えなければならないだろう。大塚久雄は、いまでもわたしたちが学ぶことの多い歴史家なのである。

注

（1）ヴェーバー、大塚訳［一九八九］三四六頁。
（2）大塚［一九八六］（『著作集』一一）「経済学とその文化的限界」（初出一九八四）二二頁。
（3）大塚［一九八六］（『著作集』一一）「経済学とその文化的限界」（初出一九八四）一二頁。
（4）大塚［一九八六］（『著作集』一一）「『一物一価の法則』の歴史性について」（初出一九八二）四六－七頁。
（5）トマス、荒木訳［一九九三］一〇五頁。
（6）Slack [1998] pp. 11-12, 29-52.
（7）スラック、鵜川訳［一九八九］五三頁。
（8）スパッフォド、鵜川訳［一九九六］五三頁。
（9）サースク、三好訳［一九八四］二一六頁。
（10）Bennett [1995] p. 100.
（11）Morrill [1993] p. 68.
（12）Underdown [1985].
（13）馬場・小野塚編［二〇〇一］七一頁および七三頁からの引用。
（14）今関［一九八八］六〇頁。
（15）ヒル、小野・圓月・箭川訳［一九九八］三四頁。ヒルのコメントで引用された諸文献は、Underdown [1985]

以下、Holmes［1974］, Blackwood［1978］, Fletcher［1975］, Clark［1977］, Hughes［1987］, Roberts［1985］である。現在ならこれにBlackwood［2001］もつけ加えることが可能である。

（16） Reay［1998］p. 139.

（17） サースク、鶴川訳［一九八五］六一頁。

（18） Gilbert［1976］pp. 98-121, 205-7. 教会史を扱うギルバートがサースクの業績を盛んに利用していることに注意すべきだろう。また、その後の成果としてはSnell and Ell［2000］が参照されるべきである。

（19） 同様の図がCollins (ed.)［2000］p. 1306にも転載されており、両村落のそれぞれの特徴が説明されている。こうした類型的把握について、さらに詳細が知りたい場合には、Mills［1980］が参考になる。

（20） Everitt［1979］を参照。

（21） Pelling［1967］を参照。対照的な村落形態について、日本の研究では、酒田［二〇〇〇］第六章や斎藤修［二〇一三］一二四頁を参照のこと。

（22） 塚田編［一九八〇］第四章「アングリカンとピューリタン」（松浦高嶺）を参照。イギリスにおける対照的な「二つの国民性」の社会学的意味づけについては、中村［一九八八］一八六-八頁を参照。

（23） 大塚［一九六九］（『著作集』二）『欧州経済史序説』（初出一九三九）、三六八頁。

参考文献

今関恒夫［一九八八］『ピューリタニズムと近代市民社会』みすず書房。

ヴェーバー、マックス、大塚久雄訳［一九八九］『プロテスタンティズムの倫理と資本主義の精神』（岩波文庫）、岩波書店。

大塚久雄［一九六九］『大塚久雄著作集』二、岩波書店。

大塚久雄［一九八六］『大塚久雄著作集』一一、岩波書店。

斎藤修［二〇一三］『プロト工業化の時代』岩波現代文庫（学術三〇一）、岩波書店。

酒田利夫［二〇〇〇］『イギリス社会経済史論集』三嶺書房。

サースク、ジョオン、三好洋子訳［一九八四］『消費社会の誕生』東京大学出版会。
サースク、ジョオン、鵜川馨訳［一九八五］『一七〇〇年にいたるイギリス農業史——最近の研究動向について』立教大学国際学術交流報告書　第五輯。
スパッフォド、マーガレット、鵜川馨訳［一九九六］『イングランド近世における宗教と社会』立教大学国際学術交流報告書　第一三輯。
スラック、ポール、鵜川馨訳［一九八九］『十六・十七世紀の社会史、都市史の諸問題』立教大学国際学術交流報告書　第八輯。
塚田理編［一九八〇］『イギリスの宗教』信徒教養双書二、聖公会出版。
トマス、キース、荒木正純訳［一九九三］『宗教と魔術の衰退』（上）、法政大学出版局。
中村勝己［一九八八］『経済的合理性を超えて』みすず書房。
馬場哲・小野塚知二編［二〇〇一］『西洋経済史学』東京大学出版会。
ヒル、クリストファー、小野功生・圓月勝博・箭川修訳［一九九八］『十七世紀イギリスの民衆と思想』（クリストファー・ヒル評論集　Ⅲ）、法政大学出版局。
Bennett, Martyn [1995] *The English Civil War 1640–1649*, Longman.
Blackwood, B. G. [1978] *The Lancashire Gentry and the Great Rebellion 1640–60*, Manchester University Press.
Blackwood, B. G. [2001] *Tudor and Stuart Suffolk*, Carnegie Publishing.
Clark, Peter [1977] *English Provincial Society from the Reformation to the Revolution: Religion, Politics and Society, in Kent 1500–1640*, Harvester Press.
Collins, E. J. T. (ed.) [2000] *The Agrarian History of England and Wales, Volume VII (Part II), 1850–1914*, Cambridge University Press.
Everitt, Alan [1979] *The Pattern of Rural Dissent: the Nineteenth Century*, Department of English Local History Occasional Papers, Second Series, Number 4, Leicester University Press.

Fletcher, Anthony [1975] *A County Community in Peace and War: Sussex 1600–1660*, Longman.
Gilbert, A. D. [1976] *Religion and Society in Industrial England, Church, Chapel and Social Change 1740–1914*, Longman.
Holmes, Clive [1974] *The Eastern Association in the English civil war*, Cambridge University Press.
Hughes, Ann [1987] *Politics, Society and Civil War in Warwickshire 1620–1660*, Cambridge University Press.
Mills, Dennis R. [1980] *Lord and Peasant in Nineteenth Century Britain*, Croom Helm.
Morrill, John [1993] *The Nature of the English Revolution*, Longman.
Pelling, Henry [1967] *Social Geography of British Elections, 1885–1910*, Macmillan.
Reay, Barry [1998] *Popular Cultures in England 1550–1750*, Longman.
Roberts, Stephen K. [1985] *Recovery and Restoration in an English County: Devon Local Administration 1646–1670*, University of Exeter.
Short, Brian (ed.) [1992] *The English Rural Community: image and analysis*, Cambridge University Press.
Slack, Paul [1998] *From Reformation to Improvement: Public Welfare in Early Modern England*, Oxford University Press.
Snell, K. D. M. and Paul S. Ell [2000] *Rival Jerusalems: the Geography of Victorian Religion*, Cambridge University Press.
Underdown, David [1985] *Revel, Riot and Rebellion: Popular Politics and Culture in England, 1603–1660*, Oxford University Press.

第二部　大塚久雄が問いかけるもの

I　大塚史学から継承すべき課題

石井寛治

　大塚久雄先生が一九九六年に亡くなられてから早くも二〇年、この間の世界と日本の変容振りは目を見張るほど大きい。一九世紀末が近代資本主義を特徴づける「自由」の価値を巡る諸議論がほぼ出尽くした時期だったとすれば、二〇世紀末は「平等」の価値を実現すべく試みられた社会主義体制が崩れ去った時期であり、その後の世界は「自由」と「平等」の価値がいずれも真面目に議論されないままに、市場経済における弱肉強食の競争を当然のことと見る新自由主義イデオロギーの支配する空間へと転落した。かかる現状は、一九世紀末に社会ダーウィニズムが全世界に広がり、人類の進歩は生物界一般と同様に弱肉強食の自然淘汰の結果であって、「自由」と「平等」という理想を求める人間の努力とはまったく無関係だとされ、帝国主義支配を正当化するイデオロギーとなったことに対比しうる事態であると言えよう。

　かかる憂慮すべき現実を乗り越えて、新たな世界を構築するために、われわれは大塚先生の残された学問的遺産から何を学ぶべきであろうか。私の関係する諸学会では、所謂大塚史学そのものの批判と継承を巡る検討がなされた。まず、土地制度史学会（現、政治経済学・経済史学会）の一九九七年の春季総合研究会（東京大学）では、近代的人間類型が取り上げられ、大塚史学ではロビンソン・クルーソーの物語から従僕フライデーを削除した人間類型が描き出されていることが問題視された。それは、七つの海を支配する帝国主義者としてのイギリス人から支配者の側面を削除することを意味しており、史実を歪めているというのである。かかる批判に対して、大塚史学は国内市場を重視したためにフライデー的存在をカットしたに過ぎないという弁護がなされたが、なぜ国内市場を重視するのかは説明されなかった。私は、大塚先生は敗戦直後の日本の状況を正面から見据えつつ、植民地（フライデー）抜きでも経済復興が可能であることを主張するために意図的な削除を行ったのであり、こうした主張に励まされた日本国民は、植民地抜きでの復興に邁進したが、歴史研究者がイギリス帝国主義の展開を人間類型の深みから把握することが困難になるという重大な犠牲を払うことになったと考える。

いま一つは二〇〇三年の社会経済史学会全国大会（東京経済大学）における商人資本の無概念性の理解に関する批判である。大塚先生は、一方では、方向決定の主体性をもたない商人資本はそれ自身の中から産業資本を形成できないとされつつ、他方では絶対王政と結びつく特権商人は産業資本の蓄積を阻害する反動的な性格をもつことを強調された。しかし、商人資本がさまざまな利害と結びつく身軽さを特徴とするならば、封建的利害と密着していた商人資本が、ある日突然その蓄積基盤を転換して近代化の方向へと「豹変」することもありうる筈である。私は同大会共通論題で、「明治維新期の京・大坂・江戸における両替商金融」という報告を行い、近世日本の特権商人＝高利貸が、明治維新の過程において蓄積基盤を転換した上で産業革命の最大の資金供給者となったという近世商人の「豹変」振りを指摘し、その固定的把握を批判した。岩倉使節団の『米欧回覧実記』冒頭の「例言」において、編者久米邦武は「明治中興ノ政ハ、古今未曽有ノ変革ニシテ、……方今豹変運ニアタル、是殆ト天為ナリ」と国ぐるみの「豹変」が必然だと述べており、意気盛んな日本商人はそうした動きの圏外に留まることの方が困難だったのである。

以上、大塚史学の中心論点である小生産者的発展による近代社会形成論、それと表裏一体の関係にある商人資本の近代形成能力の欠如論の批判的継承について述べたが、いま必要なことは、20世紀末以降の新自由主義イデオロギーの広がりの下で無差別なグローバル化の浸透に対抗しつつ攻撃的ナショナリズムが跋扈するという危機的状況を如何に批判するかということであろう。

この問題について思い出すのは、大塚先生が東京大学での最後の時期の大学院演習で、マックス・ヴェーバーの見解に触れながら、ナショナリズムはやはり共同体に関連して把握すべきではないかと指摘されたことである。この共同体とは、私の理解では、アジア的共同体ともいわれる血縁によって結ばれた最初の農業共同体のことであり、そこに所属しないでは生きられない人々にとっては、自己の属する共同体とその首長が最高の価値であり、そのためには死ぬことも恐れず戦ったという。そうだとすれば、大塚先生のご指摘は、かかる血縁共同体の枠を突破して、血縁に依らない広範な社会結合と国家形成を行ったのが古代ギリシャ・ローマであり、その動きを支えることになるのが世界宗教としてのキリスト教であるという先生ご自身の説明と一対のものであったと言えよう。

その後のナショナリズム論は、ナショナリズムを近代固有の想像上の共同体だとする見方が強まり、今回のシンポジウムでのコモンウィールの議論も伝統的共同体でなく近代資本主義に対応した共同体を問題とし、そこに未来社会への手掛かりを求めている点で、そうした通説と見合っているようである。しかし、攻撃的ナショナリズムにおける民族感情がきわめて根強い理由を考えると、むしろ歴史を遡って血縁的絆の原型であるアジア的＝血縁共同体のなかにナショナリズムの源流をつかむことこそが重要ではないかと思われる。そのことは血縁によらない社会結合を生み出した古典古代社会の画期的役割の再評価にもつながるであろう。私は、二〇一三年一〇月に中国の南開大学において開かれた国際シンポジウムで、「個別的価値から普遍的価値へ――二〇世紀東アジアの国際関係の基礎」と題する基調講演を行い、国家や民族という個別的価値を最高の価値として支配領域を拡大しようとする攻撃的ナショナリズムの源流を明らかにし、それを世界に通用する普遍的価値の観点から批判した。そのさい、秦漢帝国が儒教の教えを基礎に国家形成を行った点を評価して、日本の中国史研究者が最近論ずるように、東洋においても西洋のギリシャ・ローマに対比できる古典古代社会が存在したことを強調した（木村凌二・鶴間和幸［一九九八］「帝国の支配――古代の遺産」『岩波講座世界歴史5』）。もちろん儒教においては忠より孝が重視され、キリスト教と比べて血縁の絆の克服には限界があるが、民への仁政という普遍的基準によって支配のあり方が判定され、違反した皇帝は革命の対象として構わないとする点では、人民の支持こそが統治の正統性の根拠であるという普遍的価値が認められていたと言ってよい。

このような東西の古典古代社会を経験することによって人類は普遍的価値を獲得したにもかかわらず、血縁共同体に発する個別的価値である「ナショナリズム」の膨張志向を今日まで押さえ切れなかったのは何故か、日本の歴史は果たして古典古代を経過したか否かが問題となろう。これは世界史と日本史の根幹に触れる論点であり、ここで簡単に解き明かすことは到底できないが、私見では、東西の古典古代国家が支配の正統性を求める仕方に、それぞれ特有の偏り＝限界があったことが大きな問題のように思われる。すなわち、西洋では「法」という形式的合理性によって君主を含めた人間の行動を規律しながら民衆の生活を高めてゆく「法治国家」の道を進んだのに対して、東洋では、天命を受けた統治者の「徳」（＝仁政）によって民衆生活を向上させるという実質的合理性を重視した「徳治国家」の道が選ばれた。ところが、形式的合理性を重視する「法治国家」は、「かたち」を守ることによって「自由」と「平等」が満たされると思い込み、実質的な「自由」と「平等」が無視されているという社会主義運動からの批判を浴びるようになり、実質的合理性を重視する「徳治国家」では「なかみ」さえ良ければ「かたち」はどうでも構わないと考えた結果、専制的支配が長期に亘って存続した。西洋近代への批判として生まれた社会主義体制は、「なかみ」が良ければ「かたち」は問わないという「徳治国家」的な独裁政治に転落した末、今や大元の「徳治国家」である中国などにおいて辛うじてその名を保っているに過ぎない。それ故、形式的合理性の追求でこと足れりとするアメリカ流の近代主義でもなければ、実質的合理性に偏った追求に明け暮れる中国流の一党独裁の社会主義でもなく、両者が古典古代以来目指していたはずの普遍的価値のあり方を、より一層高次なものへと収斂させることが重要であろう。こうして「かたち」を重視する形式的合理性と「なかみ」を重視する実質的合理性の双方が満たされるような進路が見出されることによって、初めて攻撃的ナショナリズムの制御も可能になるものと思われる。

日本史では、聖徳太子の十七条憲法のように儒教・仏教という普遍的価値を摂取する優れた試みもあったとはいえ、律令制国家の統治の正統性は天皇家の起源神話という個別的価値に求められ、鎌倉・室町・江戸の諸幕府も征夷大将軍という役目を朝廷から与えられて初めて統治権を獲得できた。江戸幕府が依拠した儒教は孟子の革命思想を削除した骨抜きのものであり、大日本帝国憲法も議会制度を導入しながら天皇を元首とする点で最終的には個別的価値に立脚する国家であった。それ故、日本国憲法の制定によって日本人は初めて世界に通用する普遍的価値に立つ国家を建設したことになろう（以上、拙著［二〇一五］『資本主義日本の歴史構造』東京大学出版会、特に付論2を参照）。

大塚史学は、このように古典古代論を基軸とする世界史把握の展望を潜在的ではあるがもっており、大塚先生はそれを表明しようとしながら遂に明言されなかった。それは日本史については天皇制に対するもっとも徹底した批判的把握となりうるものであり、われわれに残された大きな課題と言えよう。

II　大塚久雄の「方法」をめぐって

河合康夫

本稿では、研究の方法という視点から大塚久雄の業績について検討を加え、若干の考察を行いたい。『社会科学の方法』[1]に代表されるような方法論に関する著作もあるため、普通大塚久雄の方法という場合には、マルクスとヴェーバーといったような問題設定がすぐに思い浮かべられると思われるが、ここで考えたいのは、もう少し次元の異なる話である。

大塚に限られた話ではないとも言えるが、大塚の活躍した戦後の日本において、西洋経済史研究は大きな制約下に置かれていた。それは、対象とする西洋に赴き、自由に史料を渉猟することが容易ではなかったという制約である。そのような状況下において、大塚が主として二次文献を使いながら研究を進めていったのは当然のことであった。しかしながらこのことは、必ずしもデメリットのみをもたらしたわけではなかったように思われる。すなわち、この時代の大塚らの研究手法は、独自の問題関心に基づき、マルクスの歴史理論なり、あるいは独自の歴史理論なり、何らかの理論的フレームワークを参照基準としながら、それを二次文献から抽出した史実により肉付けしつつ経済史の解釈をおこなうという性格を強く持っていたが、このことは、逆に細かなケースや地域ごとの差異に拘泥することなく、非常に明快で骨太な歴史像を描くうえで有利にも働いたのではないだろうか。このようにして記述された歴史像は、地域やケースによっては適合しないことがしばしばある一方で、明快で一般性を持つ（ように思われる）議論を提示することによって、ある意味で説得力や影響力を持ちうるものとなりやすかったように思われる。そして大塚の歴史理論も、良い意味でも悪い意味でもそのような特徴を持っていたのではないだろうか。

その後西洋経済史研究の専門性は飛躍的に上昇していった。地理的な制約という呪縛から徐々に解き放たれ、現地に赴いて文書館をまわり、自ら史料にあたることが少なくとも一流の学術雑誌に掲載される水準の論文には強く求められるようになり、今日では西洋の大学院で博士号を取得して帰国する研究者も増え、西洋の研究者と比べて遜色のないレベルの実証研究が多くなされるようになっている。また、史料のデジタル化も地理的な制約を小さなものにしつつある。このようなわが国の西洋経済史研究の発達が、進歩であることは間違いない。

しかし他方で、この傾向は、学術論文の対象をより地域的、時間的に限定的なものにしていく傾向を当然持っていたように思われる。高い実証水準を維持しつつ、広い地域や時間を対象とした大きな議論を展開することは、研究者の能力にもよるのではあろうが、一般的には難しくなっていかざるを得ない。「大きなものがたり」を語ることが難しくなったと言われて久しいが、その背後にはこのような事情もあったように思われる。

しかしながら、「大きなものがたり」を語ろうとする試みが、放棄されてしまったわけではない。そしてそのような研究をみると、大塚の課題とした問題が今も「生きている」ように感じられることがしばしばある。「大きなものがたり」の代表的な例として、I・ウォーラーステインの世界システム論があるが、彼のスタイルは明確に理論志向であり、彼は大量の二次文献を参照しつつ、壮大な歴史像を描き続けてきた。ケインとホプキンズはイギリス帝国主義に関する論争的な著作『ジェントルマン資本主義の帝国』において、ウォーラーステインの研究について触れ、「こうした解釈は近年に至るまでかなりの人気と支持をえてきたが、それが大きな影響を与えることができたのは、歴史家ではなく社会科学者であったことに注目する必要がある」と述べて、その経済史学や歴史学を超えた影響力を認める一方で、その「歴史的実証」性の水準に疑問を呈しているが[2]、この指摘はまさに上述のようなアンビヴァレントな問題が存在することをも背景としているように思われる。

初期の大塚はウォーラーステインとよく似た歴史叙述をおこなっていた[3]。彼は『欧州経済史序説』(一九三八年)の記述を、ウォーラーステインの重視する商業革命からはじめ、スペイン、オランダ、イギリスなどの「覇権」をめぐる「世界商業戦」として資本主義発達史を描いている[4]。その後も大塚は南北問題といった国際問題への関心を持ち続け、世界システム論には至らなかったが、「地理上の発見」以来のヨーロッパの低開発国への影響を指摘しつつ、「横倒しにされた世界史」という

観点から不均等発展の状況を説明しようと試みたことはよく知られている。(5)

もう一つの例として、近年注目されているJ・ドゥフリースの勤勉革命論をあげておこう。(6) ドゥフリースもまた経済理論を重要な参照基準として考察する傾向が強く、それを多くの二次文献から抽出した史実によって肉付けしつつ、大胆な仮説を提起しようとするスタイルをとっているように思われる。彼は、基本的に主流派経済学のフレームワークにもとづいて、労働時間がどのように市場労働と家内の自家消費のための労働に配当されるかを検討し、その歴史的な変化を近代以前から今日にいたるまで長期にわたって考察している。そして彼の「大きなものがたり」は、ウォーラーステインに対してと同様に、地域的多様性を重視する歴史家たちの反発を生み出しているようである。(7)

ドゥフリースはその考察において、産業革命の前の時代に、消費財需要の増大が起こり、その購入資金をまかなうために余暇が減少し、収入が得られる労働の増加や労働日の増加が起こったことを指摘している。彼はイギリスなどヨーロッパ諸国において、労働日の増加が宗教改革、特にカルヴァン主義の影響をも背景として一六世紀から進行したこと、それによって従来の農民の、これまでと同じ暮らしが維持されればそれ以上は働かないという行動様式が大きく変化したことを強調している。(8)

このような理解は、ある意味で、近代的な人間類型、行動様式の形成を、マックス・ヴェーバーの議論に依拠しつつ重視した大塚の問題意識と重なる部分がある。(9) よく知られるように、大塚は、仕事への専心を重視する禁欲的プロテスタンティズムが中産的生産者層を担い手として広がり、今までと同じ暮らしが続くことをよしとする「伝統主義」にかわる「資本主義の精神」を生み出し、産業革命の前提を作り出したことを重視している。[10]

もちろん、近代人の消費行動についての見方には対立的な部分が見られるし、ドゥフリースの場合には、勤勉革命は一九世紀後半には女性の市場労働からの撤退（主婦化）という形での反革命に見舞われることになる。[11] しかしここで私が問題としているのは、大塚の主張が正しかったかどうかではなく、彼が課題とした問題が今も「生きている」かどうかである。そのような点では、ここであげた事例からも明らかなように、大塚の課題は今も意味を失っていないのではないだろうか。

そうであるにもかかわらず、大塚たちのような大胆な問題提起は、今日のわが国の西洋経済史研究の流れの中では行いづらくなっているように思われる。それには先述したような進歩を遂げてきたわが国の研究の精緻化の流れの中で、何らかの理論的フレームワークを参照基準としながら、それを二次文献から抽出した史実により肉付けしつつ経済史の大胆な解釈をおこなうというような研究手法が、オリジナルな経済史研究として評価されづらくなっていることと無関係ではないように思われてならない。もちろん、このような研究が地域的、時間的に限定されてはいるが地道で手堅い実証研究によって常に検証され、相対化され続けなければならないのは当然のことである。しかし他方で、他分野から切り離され、自分だけの「小さな庭」を与えられて満足するような形で進められた経済史の制度化、専門化は、他分野との緊張関係を失わせ、知的活力を弱めていくことになりかねないとする、古くはアシュリーや近年ではコウルマンらの危惧をも忘れてはならない。[12]自分の庭に引きこもるうちに、その庭が徐々に小さくなりつつあることを多くの経済史家は肌で感じている。大塚の「方法」はいまだに経済史の一つの可能性を示しているように思われる。

注

（1）大塚久雄［一九六六］『社会科学の方法――ヴェーバーとマルクス』岩波新書。

（2）P・J・ケイン、A・G・ホプキンズ（竹内・秋田訳）［一九九七］『ジェントルマン資本主義の帝国I』名古屋大学出版会、四五頁。

（3）この点については拙稿［二〇〇二］「資本主義的世界体制の成立」馬場哲・小野塚知二編『西洋経済史学』東京大学出版会も参照。

（4）大塚久雄［一九六九］『欧州経済史序説』（『著作集』二、岩波書店所収）。

（5）大塚久雄［一九六九］「予見のための世界史」（『著作集』九、岩波書店所収）。

（6）Jan de Vries［2008］*The Industrious Revolution: Consumer behavior and the household economy.* また Jan de Vries［1993］"Between purchasing power and the world of goods: understanding the household economy in early modern Europe", J. Brewer and R. Porter, eds., *Consumption and the World of Goods*, も参照。彼の主張を検討したものとして、永島剛［二〇一三］「近代イギリスにおける生活変化と〈勤勉革命〉論」『専修経済学論集』第四八巻二号、斎藤修［二〇一三］「男性稼ぎ主型モデルの歴史的起源」『日本労働研究雑誌』第六三八号なども参照されたい。

（7）J. Humphries［2009］"Review of Jan de Vries, *The Industrious Revolution*", *Economic History Review*, vol. 62, no. 3, p. 762 はドゥフリースの研究を「大きなものがたり」と特徴づけ、多くの歴史家の手法との違いを指摘している。都市と農村での状況の相違を指摘する批判として、R. C. Allen and J. L. Weisdorf［2011］

"Was there an 'industrious revolution' before the industrial revolution? An empirical exercise for England, c. 1300-1830", *Economic History Review*, vol. 64, no. 3 も参照。
(8) de Vries [1993] pp. 110-112.
(9) 勤勉革命論とヴェーバー・テーゼとの関連については、山井敏章［二〇〇六］「プロテスタンティズムと近代資本主義――マックス・ヴェーバーの「倫理」論文をめぐって」『立命館経済学（国際経済学科設立記念特別号）』第五五号、も参照されたい。
(10) 大塚久雄［一九七七］『社会科学における人間』岩波新書。
(11) de Vries [2008] chap. 5.
(12) 西沢保［二〇〇七］『マーシャルと歴史学派の経済思想』岩波書店、九七－八頁。

III 『共同体の基礎理論』と日本前近代史研究

保立道久

戦後派歴史学は、その歴史理論の中核となる歴史経済学の方法を大塚久雄の論文「共同体の基礎理論」に求めていた。ここでは、私の専攻である日本の「中世史」研究の側の状況について、おもに永原慶二に対する大塚理論の影響を中心に述べる。

永原は「経済史の課題と方法」（一九七一年）という論文で（『永原慶二著作選集』第九巻、吉川弘文館）、前近代の経済史研究の課題について「奴隷制や封建制生産様式の論理体系と、その生成・発展の運動をも対象とし、それを解明することによって、資本主義経済の位置と特質に歴史的照明をあてる」と述べた。ここで永原が「論理体系」というのは、明らかに高橋幸八郎が『資本論』における商品—貨幣—資本の論理序列にならって設定した、フーフェ—ゲマインデ—グルントヘルシャフトの論理構造という議論を受けたものである（『市民革命の構造』御茶の水書房）。この高橋の議論が大塚の影響の下に構想されたものであることはいうまでもない。

永原の経済史理論は、普通、レーニンの『ロシアにおける資本主義の発展』に依拠したウクラード論であるといわれる。しかし、注意されるのは、永原が「ウクラードとはロシア語であるが、英語のエレメントにあたるほどの意味である。経済史の理論問題としては、ウクラードの理解をめぐって論争があるが、私は経済構造（構成体）をかたちづくる諸エレメントであると考える」とし、さらに「封建的構成体を直接に規定するウクラードとしての封建的ウクラードとは封建的土地所有制下の小農民経営である」と述べていることである。これが『資本論』冒頭の「資本制社会における富の要素的形態」（傍点筆者）という記述に対応するものであることもいうまでもない。

なお、永原の次の世代の中世史研究者、大山喬平が、その『中世日本農村史の研究』（岩波書店、一九七八年）において高橋のフーフェ―ゲマインデ―グルントヘルシャフトの論理序列の議論にそって領主制と村落研究の課題を設定していることも注意しておきたい。

次に永原は大塚の社会的分業論からも大きな影響を受けている。永原の名著として知られる『日本の中世社会』は、中世社会においては、王権が共同体間に広がる社会的分業の世界を固有の支配領域として確保しており、それは共同体が自己の社会的諸機能のうちの賤視される部分を、外部の諸賤民身分に付着させることによって支えられていたとしている。このような理解の典拠は「M・ウェーバーの内部経済と外部経済の構造的二重性の理論や、それに依拠しつつ、大塚久雄が指摘した、共同体間に存在する真空地帯がいわゆる前期資本の成長と活動の本来の基盤であるという理論」と示されている（『永原慶二著作選集』第一巻、四一六頁）。

なお、永原の盟友であった網野善彦は、この共同体間世界を「無縁の自由」に引きつけて捉えた。これは歴史的な評価や位置づけは大きく異なっているが、共同体間の世界に注目し、そこに王権の支配根拠を求めること自体は共通していた。これは逆の意味で大塚の議論を前提としていたことになるように思う（なお、このような網野と永原の交錯については、保立『中世の国土高権と天皇・武家』校倉書房、二〇一五年を参照されたい）。

このように、大塚の理論は、戦後の「中世史」研究においては最大の理論的前提だったのであるが、このような状況を大きく変えたのは小谷汪之『マルクスとアジア』（青木書店、一九七九年）であった。それ以降、日本史の分野で大塚の議論が言及されることは少なくなったと思う。

ただ、ここで紹介しておきたいのは、考古学の都出比呂志の見解である。都出比呂志『日本農耕社会の成立過程』（岩波書店、一九八九年）は、いわゆる農業共同体の固有の二重性、つまり農業共同体における耕地の共有主体である共同体の集団的契機と、屋敷を私有し分割地を経営する家族の私的契機の矛盾という議論を弥生時代まで引き上げたことで知られる著作であり、それ自体はほぼ通説となっている。この農業共同体の固有の二重性という議論は明瞭な理論的な形では『共同体の基礎理論』で初めて提出されたものであり、それが上記の土地範疇論と深く関係していたことはいうまでもない。この点では都出は大塚の議論を前提としていたといってよいのであるが、しかし、都出は、初期農耕社会における農業共同体の形成においては、まず個別経営の成立が先行し、その後に共同体が形成されるとしたのである。

また都出は、社会的分業論においても、大塚がウェーバーの外部経済、内部経済論をパラフレーズしつつ、『資本論』のマニュファクチュアー論における社会的分業論を、共同体内分業と共同体間分業と概括した著名な議論について、アジアにおける共同体の分解と社会的分業の未発達を指摘する傾向の基礎にあるものとして強い批判を行った。

この都出の議論は現在の日本史研究における大塚の議論の受け止め方の典型であろう。しかし、私は、そもそも『共同体の基礎理論』は大塚自身が「経済史」というよりも「経済理論の研究系列に属せしめらるべき」「暫定稿」であるとしていたことを忘れてはならないと思う。歴史経済学の理論の相当部分を大塚に依存してきた日本史研究の側としては、むしろ現在の段階で、大塚の議論を批判するべきは批判しつつ、より詳細な経済学的な分析方法として捉え直すことこそ必要なのではないかと考える。それこそが大塚理論からの自立というものではないだろうか。

私は、そのようなことを考えて、「歴史経済学の方法と自然」（『経済』二〇〇三年三月号、四月号）を執筆し、土地範疇について、その生活諸手段や労働用具を包含する有用性の側面と、それを越える自然としての無縁・無用な側面を区別することが必要ではないかと論じた。商品の二要因の矛盾は基本的には物質世界における自律的な矛盾ではなく社会的な矛盾であるが、それに対して土地の有用性はつねに無用性と同居し、双方は直接に物質的に矛盾している。大塚は、土地の大地性をいい、「宝庫性」をいうが、「大地性＝宝庫性」というニュアンスが強く、これでは自然の盲目な無縁の力によって社会が強制され、そこからいわゆる自然規定性につらぬかれた支配従属関係が発生する状況を捉えることができないのではないだろうか。

また大塚の経済理論では労働論の位置づけが弱いことも問題ではないかと思う。永原の先述の論文は「(ウクラードよりも) より下位の次元の範疇を定立・活用する必要のあることも当然だといわねばならない」としている。永原のいう「封建的ウクラード」は「封建的土地所有制下の小農民経営」であるから、その下位の次元の範疇とは労働論的な分析範疇を考えていたのではないかと思う。そして、私の結論は、土地の有用性と無縁・無用性という二要因に対応するものとして前近代においても、具体的有用労働と抽象的人間労働という労働の二重性の範疇を区別することが必要ではないか。土地の有用性に対応するのは目的意識的な具体的労働 Work であって、他方で、土地の自然性あるいは無縁・無用性に対応するのは生理的な労働、抽象的労働 Labour であるというものになった。

もとより、大塚が、労働論という根本的な問題について意見をもっていなかったとは考えられない。論文「共同体解体の基礎的諸条件」第二節注八に記された「社会的分業の巨大な流れの中には物質的労働と精神的労働の分化もまた当然に含まれているが、論点を混乱させないために本論文ではいっさい触れないことにする」とあることからすると、大塚は分業論の視座から労働論を考えていたのではないか。示唆的なのは内田義彦『資本論の世界』が「マルクスは、目的定立をし、自分の目的に従って労働の過程を指揮する営みを精神労働、それに従って神経や筋肉を動かす仕事を肉体労働と名づけています」(『資本論の世界』岩波新書、一九六六年、一一〇頁) と述べたことであって、ここからは、内田が具体的労働と抽象労働の二重性が同時に精神労働と肉体労働の二重性という側面をもっていると考えていたことがわかる。あるいは同じようなことを大塚も考えていたのではないかというのが、私見である。

しかし、これを詰めていくと、あるいは先述の社会的分業を共同体内分業と共同体間分業の二つに截然と整理して把握する大塚の議論自体の見直しが必要になるのではないかというのが、現在、考えていることである。

【付記】先生は授業で、ウェーバーの東部ドイツでの農業事情・労働事情の調査で、勤勉のエートスを欠く荒れた伝統主義的労働態度にふれ、これが彼の研究の深い動因となったことを紹介された。私は、先生がこのような問題設定にウェーバーとマルクスの相違があるといわれたのに対して、「マルクスのマニュファクチャー論にも、マニュファクチャー労働者についての相似した記述がありますが――」というような質問をした。それに対して、先生は「詳しくみるとやはり違うところがあるのです」とおっしゃったが、私は、一瞬、先生が返答に詰まられたように思い、それなりの意味の質問をしえたのかと感じた。大げさにいえば、この経験は、私のようなものでも研究の道に入ることが可能かもしれないという幻想をもった最初の経験であった。私は、そのころ『歴史学研究』(三五八号、一九七〇年三月号)に掲載された天羽康夫「市民社会と道徳――アダム・ファーガスン」を種にして先生に課されたレポートとした。はずかしいレポートであったが、今度、本稿を準備するなかで、先生はウェーバーの『プロテスタンティズムの倫理と資本主義の精神』の末尾に近いところにある「精神のない専門人、心情のない享楽人」という文章と（「忘れ得ぬ断章」『大塚久雄著作集』第八巻）と『資本論』のマニュファクチャー論における「専業すなわち専門職のあの形成と人間分割」というファーガスンへの言及とを深く関係させて読まれていたに相違ないと思った。もう何十年も前のことを取り戻したような感じがしている。

Ⅳ　近代社会の「人間的基礎」と組織原理——小野塚報告に触発されて(1)

斎藤　修

大塚久雄は、近代資本主義の「人間的基礎」は自立した独立の個人にあり、そのような諸個人を担い手とした市場社会が礎にあると考えた。しかし、これは近代社会成立史の視点で、その先に何がくるかが明示的に論じられることはなかった(2)。小野塚報告はこの後者を問題とする。十分に発達した近代資本主義の下で観察される現実の市場は、ばらばらの個人が競争する場ではなく、人びとの組織体が点在する。企業はもとより、労働者もまた組合組織を形成し、消費者運動など、さまざまな非営利運動も任意（ヴォランタリ）に組織をつくって活動をする。アソシエーションである。企業や労働組合であればそれぞれの上位団体をもつこともある（アソシエーションのアソシエーション）。「組織された複雑性」にこそ、近代社会の本質がある。自立した諸個人による「自由なアソシエーション」への夢とそれを希求する思想が興り、それにもとづく仕組づくりが試みられたのも当然というべきであろう。しかし、どのような仕組であれ、組織に内在する問題ゆえに多くの試みが失敗に終わったことも、これまでの歴史が教えてくれるところである。小野塚が章の副題として選んだのが「永遠の希望と永遠の絶望」であるゆえんである。

以下では、この小野塚の議論を一歩先へ進めたいと思う。その際に重視するのは、歴史のなかに見出される趨勢と組織体の歴史に現れる局面とを区別し、その歴史のなかで遭遇する岐路においてどのような選択がありうるかを考えること、そしてその選択に影響を与える要因について若干の考察を加えることである。第一の問題は、ウェーバーの概念枠組でいえば合理化やその一表現形態としての官僚制化が、第二は、やはりウェーバーのいうカリスマ的支配の日常化の結果、伝統が復活するのか合理化が進むのかという岐路の問題に対応し、第三は国民類型論と国家形成とに関連した問題群がそれにあたる。

1

組織原理は「合理化」の一構成因子である。官僚制という支配類型は行政組織だけではなく、すべての組織体において見出すことができ、官僚制化は近代社会のもう一つの顔である。ウェーバーがいうように、官僚制は「政治的および教会的共同体の領域においては、近代国家に至って初めて、私経済の分野においては、資本主義の最も進歩した諸組織において初めて、完全な発達をとげるに至ったものである(3)」。

組織原理は市場原理の対極に位置する。企業は市場経済の担い手ではあるが、それ自体の本質は、権限にもとづいた指令によって組織内資源配分が行われているところにある。ロナルド・コースの古典的論文がいうように、市場を組織によって代替するのが企業であり[4]、かつ組織の規模が大きくなり、その構造が複雑となるのが歴史の趨勢であった。企業の官僚制化である。実際、その経営規模が大きくなればなるほど、企業の官僚制化が進んできたのが近代の資本主義社会であった[5]。サプライチェーンに沿った垂直統合という形態をとることが多かったが、ときにはアウトソーシングや分社化が起きることもあった。ただ、時代の流れとしてみると、企業規模の拡大と官僚制化は相伴って進んできたのである。

官僚制化が起きるのは、企業が営利団体だからではなく、そこに組織の論理が働いているからである。チャリティ、ヴォランタリ・アソシエーションといえども、この組織の論理から自由ではありえない。労働組合も、さらには慈善団体や教会組織といえども、目的合理的に、すなわち効率的に運営されねばならず、そこで働くものは上司の指揮命令に従わなければならないからである。

近代資本主義社会においては、それゆえ、二つの異なった趨勢が進行する。社会的にみれば、「魔術から解放」され、伝統的な束縛から自由となる。経済の領域でも市場が拡大する。合理的で自立した諸個人からなる市場経済が成りたつのは、売り手が提示した価格と品質が気に入らなければ、その製品を買わない、すなわちその取引から退出（エグジット）する自由があるからである。モノの取引だけではなく、労働市場でも同じで、給料や労働環境が気に入らなければ会社を退職（エグジット）するという行為が、結果として賃金率を通した市場均衡をもたらすというのが近代労働市場の理念型である。それは取引における計算可能性を高め、資本主義的経営を合理化させた原動力でもある。しかし、企業が登場し、家族経営にとって代わるようになると、組織による市場の代替が起きる。その結果、企業の内部構造はますます官僚制化し、ウェーバーもいうように、職員層（ホワイトカラー）の増大が労働者層（ブルーカラー）の増加よりも「統計上急速」となる傾向が生ずる。さらに、さまざまの非営利団体や結社にまで官僚制的組織原理の支配する領域が拡がってゆく。「未来は官僚制化のもとにある」のである。(6) 職務に就くとは、職務を誠実に遂行する義務を引受けるということであり、したがって——明確に規定された就業時間管理の下でではあるが——「職務活動は官僚の全労働力を要求する」。(7) この「生命ある機械［官僚制］は生命なき機械と手を結んで、未来の隷従の檻をつくり出す」ことになる。(8) これが「希望」を語りにくい状況を生む要因となっているといってよいであろう。

2

官僚制化と現代企業という、この問題設定はすでに経営史上の一つの流れである。ウェーバー官僚制論の影響を受けたラインハルト・ベンディクスは製造業経営におけるホワイトカラーの増大について実証的研究を行っており、(9) アルフレッド・チャンドラーの現代企業にかんする諸命題はウェーバーの議論と驚くほど近似しているのである。(10) しかし、小野塚の主要関心事は中間団体（アソシエーション）にあった。そこで、ここではその一例としてオクスファム（Oxfam）を取上げたい。

現在一〇〇か国で活動するオクスファムは、すでに七〇年の歴史をもつ国際的なチャリティ団体である。

一九四二年、ナチ占領下のギリシャにおける飢餓蔓延の報に接したオクスフォード在住の数人が集まり、Oxford Committee for Famine Relief を立上げ、飢饉の緊急援助に乗り出した。それが終戦後も世界各地で頻発した飢饉に対応し続けるなかで、一九四七年、フルタイムで有給のマネージャーが任命されて永続的な組織への第一歩を踏み出し、一九六五年には現在の名称となった。

その『五〇年史』は、二代目の理事長（director）ブライアン・ウォーカーが組織の改革と発展に果たした重要な役割について触れている。一九七四年、就任時に現場をみて回った新任者は、専任の職員およびヴォランティアの協力者双方に共通してみられたアマチュアリズム――『五〇年史』で実際に使われている表現では make-do-and-mend、shoestring mentality――とその結果生ずる非効率性、職員教育・トレーニングの欠如、他方では極端なまでの低給与に愕然としたという。その後、彼のリーダーシップの下、キャリアパスまで考慮に入れた人的資源構築計画や給与体系が策定され、財政基盤の拡充も図られた(11)。その一方、オクスファムの活動理念は再定義され、行動目標を「第三世界の貧しい人びとのために」という拡がりのあるものとした(12)。ウォーカーの「一途さ」は、オクスファムを「何をすべきかが明確な、能率的かつ安定感のある組織」（a more focused, businesslike, and less volatile organisation）に育てあげたと、『五〇年史』は評価している(13)。

ここからいえることは、第一に、任意の慈善団体であっても効率と規律の問題を避けて通ることはできなかったという点である。これは小野塚の指摘そのものである。第二に、効率という課題は、運動の初期段階に特徴的な非日常性がなくなり、組織の継続ということが前面にでてくる段階において初めて表面化したという事実がある。カリスマ的リーダーシップが活動家的メンタリティによって支えられている間は効率性など問題にならなかったからであろう。この点で、私はウェーバーのカリスマ的支配の日常化論を想起する。「誕生状態においてのみ理念型的な純粋さで存在していたカリスマ的支配」にも、必ず「伝統化されるか、または合理化（合法化）されるか、あるいはある点では伝統化され別の点では合理化される」のかという岐路が訪れるのである[14]。そこでどの途が選ばれるかは、「理念型的な純粋さ」をもって設立されたアソシエーションが永続性のある組織となるために、そしてそれが社会に対して影響力を持ち続けるかどうかにとっても、決定的に重要であった。

しかし、オクスファムに戻っていえば、これを「革命」と呼ぶのは相応しくないだろう。ウォーカーの任命には評議員（trustees）の意向が反映されていた。彼がクェーカー教徒で、北アイルランドにおける和平実現のための献身的活動によって知られていたという事実は、彼を選ぶ上で大きな理由であったにちがいない。しかし、重視されたのはそれだけではなかった。企業人としてのマネジメント能力を期待されての就任でもあった。さらに、活動理念の再検討も、彼の就任以前から評議員会とマネジメントの間で始まっていたことであった。改革者登場以前に、現状を危惧する発言、あるいは組織の方向性にかんする提言が内部で出されていたのである。それゆえ、それを契機に、オクスファムはイングランドの一地方の緊急支援活動に特化したチャリティから、開発哲学に裏打ちされたミッションをもつ英国最大の国際援助団体へ脱皮することができたのである。[15]

3

このオクスファムの事例に、アルバート・ハーシュマンが提示したエグジット（退出）とヴォイス（発言）という対応類型を重ね合わせてみたい。[16] ハーシュマン図式は経営論とみなされることもあるが、彼の意図は主流派経済学の市場論にヴォイスという政治学的な視点を対置させ、より一般的な組織の類型論を提示するところにあったからである。

すでにみたとおり、「選択の自由」が保証されている場合、提示された価格ないしは賃金率、品質ないしは労働条件が気に入らなければ、その取引の場から退出（エグジット）するという対応パターンが確立されているであろう。その場合、それが完全競争市場のモデルと相性がよいことは明白である。しかし、いったん企業と契約を結んだ従業員が求められるのは指示された任務の遂行であって、発言（ヴォイス）ではない。その意味で近代企業とは、発言は不可で、退出は可の組織だと特徴づけることができよう。これに対して、伝統的な共同体は正反対の性質をもっている。同族団や職能団体を考えてみればわかるように、伝統的な組織や団体ではメンバーシップに縛りがある一方で、組織内部における発言は認められていることが多い。発言が告発のかたちをとることが保証されているとか、民主主義的な権利とみなされているわけではないにしろ、メンバーシップのあり方に依拠した意見集約の仕組が備わっていることはあるからである。それゆえ、一見したところ、歴史の流れはヴォイスからエグジットへという方向だったといえそうである。しかし、そうした図式を提示することがハーシュマンの意図ではなかった。彼の理論的な動機は、すでに述べたように、近代市場社会における発言あるいは告発の役割を再評価するところにあった。選択の自由とエグジットの自由のみに依存している近代の仕組がいかに効率的かを説く主流派の経済学だけでは十全ではないということを、むしろ主張しようとしたのである。

ここで興味深いのはヴォランタリ・アソシエーションの存在である。任意団体の多くはヴォイスもエグジットも可、メンバーからの発言を重視すると同時に、出入りも自由という性格を有しているのが通常だからである。ヴォイスも内部からの提案やカリスマ的な指導者による大胆な改革が重要なだけではなく、任意団体の設立自体がしばしば社会、政府、あるいは他のグループに対するヴォイス（告発）の機能を果たすという点も重要である。ハーシュマンが何度も言及するラルフ・ネーダーの消費者運動グループと彼らによる告発はその典型であろう。自由なアソシエーションという一般的なイメージも、出入りの自由だけではなく、このヴォイスの自由に負うところが大きいというべきかもしれない。

しかしハーシュマンは、アソシエーションという形態には二つの対応メカニズムが備わっているがゆえに、伝統的共同体や近代企業よりも優れていると主張したわけではなかった。実際、二つの対応メカニズムに最適の組合せを先験的に示すことなどできないという[17]。ただ、エグジット偏重の組織では、時間の経過とともに不満の表明という発言行為を制度化することの重要性が増し、他方、カリスマ的な発言、告発行動が革新的な影響を与えた団体でも、その後の組織に日常化ないしは官僚制化が忍び寄り、発言が「ガス抜き」(blowing off steam) の役割しか果たさなくなる傾向が生ずるということは、実際に観察されることである。[18]「自由なアソシエーション」は、大企業体制の支配する社会におけるその存在自体が「発言」の役割を果たしうるので、そこに意義と意味を見出すことはできる。しかし、オクスファムの事例が示していたように、組織のあり方に何か理想の形態があるとはいえそうにないのである。

4

ここまで、組織の論理というコンセプトを軸に、企業の官僚制化という大文字の問題と、組織発展上の岐路と経路選択という局面ごとに登場する問題とに分けて論じてきた。歴史的過程をみれば、前者が収斂を生む力となり、後者は現実の観察される多様性をもたらす役目を果たしてきたとみることができる。

それでは、個々具体的な歴史的状況においてなされた岐路選択を分析するにはどのような視角が有効なのだろうか。国レベルの考察に限定されるが、本稿を閉じるにあたり二点だけ指摘しておきたい。

近代資本主義発展の担い手にかんする国民類型論[19]、あるいは英米型対日本型資本主義といった発想がある[20]。これは人びとの行動規範の次元に焦点をあて、そのパターンを行動様式としてとらえようとするタイプの議論である。たとえば、英国やニュー・イングランドの社会にみられた契約関係は、他の文化とは異なり匿名性の高い「普通名詞的」な関係であったといわれ、司法の分野では陪審制度、経済分野ではエグジット優位の市場制度と強い親和力をもつ。アダム・スミスのいう「公平な観察者」(impartial spectator)論は、まさにそのようなアングロ・アメリカン社会において機能していた社会倫理を定式化したものとみることもできる[21]。しかし、国民類型というものはイディオシンクラティックな因子と普遍的な要素との化合物である。スミスの公平な観察者という概念にも——『道徳感情論』が道徳哲学の一般理論として提起されたことからもわかるように——明らかに普遍的要素が含まれている。それゆえ、状況次第では他の文化圏、たとえば日本においても十分に受容される可能性をもっており、その場合、日本はアングロ・サクソン的制度を取入れたといわれるであろう。逆に、アメリカや英国で日本的と形容される仕組を導入すべきだと説く人もいるのである。

国家という最上層にくる装置の歴史的特質がアソシエーション形成に及ぼす影響も重要である。官僚制と資本主義的企業発展との関係については、ウェーバーからの引用にもあったように、官僚制化と資本主義発展には並行的な関係が想定されることが多いけれども、ユルゲン・コッカによれば、ドイツの場合は国家と行政における官僚制化が工業化に先行し、そのことが企業経営の構造に大きな刻印を押したという[22]。ただ、そのような官僚制国家の早期成立は、一八世紀から一九世紀初頭にかけてのドイツが置かれた状況の産物であったことを理解しなければならない。統一国家の成立が遅れ、対外的にも対内的にも、「上から」の改革を促す状況論理が働いていたことが推測される。それは、英国へのキャッチアップ、あるいは覇権国家を目指すという国家目標からすれば「合理的」な選択だったのかもしれない。コッカは、ドイツの経済発展において、「工業の組織や職員（white collar workers）のレベルでは、官僚制的な構造と伝統は経済的な合理性と効果を高めてきた」けれども、「社会史的な面（social historical side）では……不平等（inequality）が資本主義的工業化そのものからは説明できないほどに進展する一因となった」と述べている。[23]「社会史的な面」という言葉でどこまでをカバーするのか、「不平等」という用語に階層間の所得格差ということ以上の意味をもたせているのかどうかはわからないが、本稿での問題関心に引きつけていえば、官僚制的伝統は市民によるアソシエーションの健全な成長を阻害し、またそのことによって社会的な「発言」の役割を限定するという影響をもったのではないかと想像される。

経済発展と工業化、合理化と官僚制化といった超長期において観察される趨勢は普遍的な動因の産物である。しかし、ひとたび具体的な歴史状況に足を踏み入れると、大文字で書かれた歴史的趨勢を語るだけではすまなくなり、「希望」や「絶望」を語るのもそぐわなくなる。その状況を冷静かつ正しく見きわめ、そのなかでどのような選択肢が選びとられたのかを丁寧に分析することが求められる。それが歴史家の任務なのである。

注

（1）小野塚知二「近代資本主義とアソシエーション――永遠の希望と永遠の絶望」本書、第二章。

（2）大塚久雄［一九六八］『近代化の人間的基礎』筑摩叢書。もっとも、その「ロビンソン・クルーソーの人間類型」を論じた章では、「ロビンソン的人間類型は……その歴史的限界をもっている」、「それは近代資本主義の歴史的限界という問題にほかならぬ」（七九頁）と述べられてはいる。しかし、その「近代資本主義の歴史的限界という問題」が掘り下げられることはなかった。

（3）M・ウェーバー、世良晃志郎訳［一九六〇］『支配の社会学』一、創文社、六〇頁。

（4）R. H. Coase [1937] 'The nature of the firm', *Economica*, vol. 4, pp. 386-405, esp. p. 404.

（5）M・ウェーバー、世良晃志郎訳［一九七〇］『支配の類型学』創文社、二二頁。

（6）M・ウェーバー、中村貞二他訳［一九八二］『政治論集』二、みすず書房、三五一、三六一頁。

（7）ウェーバー［一九六〇］六二頁。

（8）ウェーバー［一九八二］三六三頁。これが『プロテスタンティズムの倫理と資本主義の精神』の結びにおける、あの有名な文章に対応していることはいうまでもない。大塚久雄訳［一九八九］『プロテスタンティズムの倫理と資本主義の精神』岩波文庫、三六六頁。

（9）R・ベンディクス、大東英祐・鈴木良隆訳［一九八〇］『産業における労働と権限――工業化過程における経営管理のイデオロギー』東洋経済新報社、第四章。

（10）鈴木良隆［二〇〇〇］「アルフレッド・チャンドラーと経営史学」『一橋論叢』第一二三巻四号、五五七－七二頁。

（11）M. Black [1992] *A Cause for our Times. Oxfam, the first 50 years*, Oxford: Oxfam, pp. 203-4.

（12）Black [1992] pp. 196-7.

（13）Black [1992] p. 203.

（14）ウェーバー［一九七〇］八〇頁。

（15）なお、ここにいう「開発」とは、経済開発（economic development）というより人間開発（human development）に近い。「人間開発」というコンセプトは後に国連によって採用され、広く使われることとなった。

（16）A. O. Hirschman［1970］*Exit, Voice, and Loyalty: Responses to decline*（Cambridge, Mass.: Harvard University Press）. 日本語訳にはハーシュマン、三浦泰之訳［一九七五］『組織社会の論理構造——退出・告発・ロイヤルティ』（ミネルヴァ書房）とハーシュマン、矢野修一訳［二〇〇五］『離脱・発言・忠誠——企業・組織・国家における衰退への反応』（ミネルヴァ書房）とがあるが、みられるとおり、基本概念の訳語がいまだ完全に定まってはいないようである。以下、頁数を示すときは矢野訳によるが、本文中では「エグジット」「退出」「退職」、「ヴォイス」「発言」「告発」等と使い分けることにする。

（17）ハーシュマン［二〇〇五］一三七－九頁。

（18）このメカニズムはかなり普遍的と思われるが、その一般理論はあるのであろうか。カリスマ的支配の日常化にかんしてウェーバーは、「後継者問題」という「観念的（ideellen）および（極めてしばしば、とりわけ）物質的（materiellen）理由から焦眉の急を要する問題の解決の仕方いかん」（ウェーバー［一九六〇］五二頁）だという。彼が考えていたのは主として近代以前の軍事・宗教・政治的支配者の事例であったと思われるが、「物質的」というのが財産や権利の承継に関わる問題と解釈できるとすると、後継者選択は家族経営体であればいつの時代でも現実的な問題である。一方、ハーシュマンも、現代の法人企業を念頭に「平凡でありふれた」（mundane）と彼自身が形容する理由をあげる。組織経営者の「短期的関心」は「自らの行動の自由を拡大すること」なので、本来ならフィードバックの仕組であるべき退出や発言を「安全弁へと転化」させようと画策する傾向があるという。また、退出が支配的な組織では発言が「過小評価」され、逆の場合も同じというような、一種「累積的」な傾向が働くという指摘もされている（ハーシュマン［二〇〇五］一四〇－一頁）。しかし、これら以外にもいくつかの要因が考えられよう。専門家による、より広い観点からの議論が望まれる。

（19）大塚の問題意識には明らかにこのような観点があった。『近代化の人間的基礎』の冒頭でも、漂流生活におけるロビンソン・クルーソーと僧俊寛の違いへの言及がある（三頁）。

（20）このような対比にもとづく論評は枚挙にいとまないが、ここではロナルド・ドーアから二点だけあげておく。

R. Dore [1983] 'Goodwill and the spirit of market capitalism', *British Journal of Sociology*, vol. 334, no. 4, pp. 459-82. 藤井眞人訳［二〇〇一］『日本型資本主義と市場主義の衝突――日独対アングロサクソン』東洋経済新報社。

(21) 堂目卓生［二〇〇八］『アダム・スミス――『道徳感情論』と『国富論』の世界』中公新書、および猪木武徳［二〇一六］『自由の条件――スミス・トクヴィル・福澤諭吉の思想的系譜』ミネルヴァ書房を参照。筆者もかつて、日本における市場秩序のあり方を中国と英国との対比において論ずるというささやかな試みをしたことがある。その際、英国についての議論は全面的にスミスの公平な観察者論に依拠をした。斎藤修「市場の類型学と比較経済発展論」篠塚信義・石坂昭雄・高橋秀行編［二〇〇三］『地域工業化の比較史的研究』北海道大学図書刊行会、三五－六二頁。

(22) J. Kocka [1981] 'Capitalism and bureaucracy in German industrialization before 1914', *Economic History Review*, vol. 34, no. 3, pp. 453-68（コッカ著、加来祥男訳［一九九二］『工業化・組織化・官僚制――近代ドイツの企業と社会』名古屋大学出版会、第五章）。

(23) コッカ［一九九二］一二五－六頁。

V　国民経済論から国民経済の諸類型へ――大塚久雄の産業革命論

道重一郎

(1)　はじめに

大塚久雄の経済史研究が自立的な国民経済形成の道筋を明らかにするものであったことはよく知られている。大塚の経済史研究における理論的な中核である、いわゆる中産的生産者層の両極分解とそれにもとづく産業資本形成の論理は、戦前期にすでに基本的な骨格が出来上がっていた。しかし、「投機的」な「前期的資本」の介在を経ずに生産者が商品価値を実現する論理構成を完結させるためには局地的市場圏の理論が不可欠なものであり、その完成は戦後に延ばされた。大塚は、第二次世界大戦直後から一九六〇年代初頭にいたる時期に、伝統的共同体の解体を始点として局地内的な社会的分業が発展し生産者が直接取引する局地的市場圏の理論を創り上げた。この理論の形成は大塚の理論的筋道を完結させるものであるとともに、時代の政治状況を反映し自立的生産者による発展を強調したものであった。さらに局地的なものが自給的な市場圏原理を維持しながら国民経済へ拡大するという見通しが、論理的問題を含みながらも、大筋で完成した。

右のような大塚の経済史研究は、「封建制から資本制への移行」と近代資本主義の形成を主題としていた。これに対して一九六〇年に、大塚の薫陶を受けた研究者である吉岡昭彦によっていわゆる「吉岡提言」がなされ、研究対象を資本制社会へと移すことが提唱された。大塚のこの提言への応答は、それまでの理論をもとにした産業革命の諸類型という議論であった。

そこでこの小論では、大塚の産業革命論を検討することを通して、彼の議論の特質がどのように現れているか、そして大塚の戦後期における課題であった国民経済の諸類型へと、どのように展開したかを明らかにしたい。

(2) 大塚久雄の産業革命理解

大塚が産業革命を直接取り扱ったものはそれほど多くない。大塚の立論はむしろ産業革命の前提となる社会構造の変化に向けられており、この傾向は戦後の諸著作でも一貫している。しかし、産業革命を表題に持つ大塚の論説は早いものでは一九五三年に執筆されており、さらに一九六六年秋の土地制度史学会大会における共通論題報告をもとにした一九六七年の論考もある。

そこでまず、『現代史講座』（創元社）への寄稿論文として一九五三年に発表された「産業革命と資本主義」から、大塚の産業革命論を見てみよう。大塚は最初に、資本主義の発展は各国民経済（国民的な規模における社会構成体）相互の絡み合いによって構成される世界資本主義として展開するとしたうえで、イギリス産業革命をその「世界史的原型」として取り上げようとする。続いて産業革命に関する議論を紹介しながら、「トインビー伝説」とも言われる、産業革命を社会の歴史的断絶局面とみる考えを批判する。大塚は、「緩やかな運動の急調化」という言葉をH・ヒートンから引用して、イギリスの経済的変化は二世紀以上前から準備されたゆっくりとしたものであり、また工場生産の完成は一九世紀半ばであったとする研究を紹介し、一八世紀後半の急激な工業化と劇的な社会変化という産業革命像を強く批判している。

とはいえ、大塚は一八世紀後半に先行する緩やかな動きのもつ連続性を、単純に肯定しているわけではない。ことに連続的な動きを内側から推し進める力として技術の発達を見ようとする立場、とりわけ「早期産業革命」と呼ばれるJ・U・ネフの立論を批判する。周知のようにネフの議論は、イギリスには二つの産業革命が存在し最初のものは修道院解散からエリザベス朝期にかけてのイギリスで見られた鉱工業の急速な発展であり、この発展が一七世紀中葉にはイギリスをヨーロッパにおける主要国の一員に押し上げた。そして、イギリスの重工業的な発展は絶対王政の規制にもかかわらず発展し、一七世紀後半の立憲的な政治体制の成立にも寄与したと主張するものであった。大塚は、ネフとは逆にこの時期の発展は封建的な利害と密着している「商人・高利貸」的資本とつながり、発展を担った経営者層は封建的ジェントリとつながる人々であって、基本的には絶対王政と親和的もしくは一体のものであったと考え、その進歩性を否定している。

一方、大塚は長期的・連続的な展開の動因を中産的生産者層から分出するマニュファクチアの形成と成長に見る。その点でより長期的な営利企業の発展と資本主義の拡大を考え、急激で技術的な変化としての産業革命に批判的なリプソンをとりあげ、連続的で漸進的な経済発展というその理解を評価している。しかし、近代的産業資本とは異なる一般的な営利企業とその連続性を強調することへは、産業資本にもとづく近代資本主義が産業革命によって支配的となる側面（産業革命の断絶性）を否定するものであるという理由からこれを批判している。大塚はこの論文で、産業革命の前提となった長期的な経済発展を強調する一方で、絶対王政期の技術革新とそれにつながる経済成長を封建的＝前資本主義的な存在として否定し、産業革命が生み出した産業資本の近代性を重視したのである。

これに対して「産業革命の諸類型」と題された土地制度史学会の報告における主眼は、国民経済の構造とその国際比較（世界史的視点）におかれている。この論文では、この「世界史的視点」を強調する一方でそれぞれの国民経済の工業化がもつ相違（型の相違）を重点的に論じており、産業革命のもった技術的な変化や革新性への関心は強くない。したがって、大塚自身も認めているように、この論文は産業革命そのものの研究ではない。

ここで大塚にとっての主たる対象は国民経済の産業構造であり、そして産業構造とは国民経済の土台を形成している「社会的分業」の構造である。そのうえで、一八世紀半ばのイギリスはこの構造が均衡的に発展し、「産業革命のための必要な経済的諸条件が出そろった」ことが強調されている。他方、ここでもネフの早期産業革命論が批判されるが、その批判点は絶対王政期における二つの産業資本の対抗——絶対王政を温存しようとするものと廃棄しようとするもの——の存在を前提として、早期産業革命は前者によって遂行され、絶対王政の打倒によって社会的に否定される。しかし、その生産力的な達成は後者の産業資本によって継承されて一八世紀後半の産業革命への前提が形成されるとするのである。

二つの産業革命というテーマをネフの議論から抽出した大塚は、これを先進資本主義国と後進資本主義国の工業化に当てはめて議論を展開する。この場合、先進資本主義国とはイギリス以外にフランスやアメリカなど市民革命によって絶対王政を打倒した経験を持つ国々であり、ドイツ、帝政ロシア、日本などが後進資本主義国に位置づけられている。そして、早期産業革命はどの資本主義国にもみられるが、後進資本主義国においては特に本来の産業革命と一体化して工業化が進行するとされる。その場合、「産業部門によって産業躍進の起こり方がひじょうに不均等」となり、イギリスのような均等な発展は望めないことになる。

他方、工業化の担い手が重要な問題として提起され、担い手によって社会構造の変化がどのように規定されるかが主要な論点となっている。絶対王政とそれにつながる社会層は社会構造を変化させず市民革命を遂行することはできないため、近代資本主義の担い手とはなりえない。したがって、早期産業革命にみられる技術的、企業的な発展は産業革命として位置付けることはできないという結論に至るのである。この論文における国民経済理解は後に編著『後進資本主義の展開過程』（一九七三年、アジア経済研究所）における「総論——後進資本主義とその諸類型」において、イギリスの国民経済を正常な型とし、ドイツなどの後進資本主義国を跛行構造型に、オランダは国民経済欠如型に、そして植民地などをモノカルチュア型へというように分けて、それぞれの国民経済を類型化してその特質と問題点を析出しようとする方向につながるものである。

大塚の産業革命論では、技術的革新が「生産力的達成」として一定の評価を与えられるものの、必ずしもこの側面は重要ではない。むしろ近代的資本主義を成立させるような担い手の存在が重要であって、社会構造の近代化（ここでは市民革命）があって初めて、技術的な変化も意味を持つと位置づけられる。大塚が技術的な問題に多少関心を示したものとして、一九三九年に発表された論文「新興工業としての化学工業」があるが、技術的な要素への言及は少ない。ここで取り上げられている化学産業については、既存の財閥の外側に登場した、金融や経営の点で旧来の財閥とは異なる技術者的な資本類型として位置付けて伝統的な財閥資本と区別しており、その先進性を一八世紀イギリスの問屋制資本とマニュファクチアを対比させる形で言及している。だがこの論文でも、大塚はリスクを取ってこれまでなかった技術に挑戦するといった技術革新よりも、社会全体の改善と熟練労働者の育成確保の重要性に議論が収斂しているように思われる。

大塚にとって、産業革命は近代的産業資本の確立過程としてその画期性を認められてはいるが、経済的発展の側面からすれば大塚の議論は、A・マーシャルが「自然は飛躍せず」と主張したものと同様に、経済活動における革新的断絶や投企的・投機的な活動への評価は低いと言えよう。

(3) 奢侈と消費と経済発展

ところで、社会的分業論を基礎とする大塚の局地的市場圏論では、生産者が直接消費者に販売する商品は基本的に生活必需品である。その意味で奢侈的商品の流通に対する大塚の評価は低い。これに対して、ゾンバルトの『ブルジョワ』など以来、経済成長へ奢侈品の役割を重視する議論があり、最近ではM・バーグが産業革命へのインパクトとして奢侈を取り上げている。インドから輸入された捺染キャラコは一八世紀イギリスで流行の繊維素材となり、国内工業の保護をめぐって大きな議論となったことは経済史上有名である。重商主義政策の代表的な事例としてインド産綿布は最終的に輸入が禁止されるが、こうした事態はキャラコに代表されるアジアからの奢侈的な輸入品に対する関心がイギリス国内で極めて高く、需要も大きかったことを示している。一八世紀イギリス社会が洗練された社交を基調とする都市的な消費社会となっていたことは近年の研究が明らかにしているが、様々な消費財が新興の中流階層に受容され浸透していったと考えられる。そのなかでもアジアの消費財は重要な役割を果たしており、輸入禁止にもかかわらず根強い需要がイギリス国内の技術革新を刺激し産業革命への道が切り開かれたと、バーグは考えるのである。

かつてJ・サースクは一六、一七世紀における消費社会の展開を示し、そのなかで数々の新しい試みが外国からの刺激を受けて新企画 new project として出現したことを指摘している。D・デフォーも論じているように一七世紀後半から一八世紀にも多くの新企画が現れて、なかには怪しげなものも多く存在したが、新しい、奇抜な発想によってそれまで存在していなかった生産や流通の動きを引き起こしていくものでもあった。サースクの議論は直接産業革命につながるものではなく一六世紀の経済発展を説明したものであり、その意味ではネフの議論した時代に近い。だがバーグの議論は、アジア物産という外的刺激を通じて新しい企画が新たな発展を生み出したと論じているのであり、その点ではサースクの議論と同一線上にあるとも考えられる。

一方、大塚の議論にはこうした外的刺激にもとづく技術革新によって社会が劇的に変化していく姿にはさほど大きな評価が与えられていない。むしろ社会構造のゆっくりとした変化が次第に決定的な構造変化を生み出すことが重要であり、この場合小生産者型の社会的分業の発展こそが重要であった。その意味で、大塚の議論は、斎藤修の言う「スミス的成長」(社会的分業による経済成長)の道筋をマルクス的な社会構造論の視点から展開させたものと言えよう。この発展を推進したものが小生産者のエートスであり、合理的で着実な生産者の発展が強調される。その点で生産重視の経済学であり、商品の価値実現を具体的に担う流通の側面は後景に退くことになり、また投企的な――時に投機的な――冒険的経済活動は非合理的で前期的なものとして排除されることになった。

(4) おわりに

一八世紀イギリスは都市化が際立って進展した社会であり、経済に占める工業の比率が他のヨーロッパ諸国と比べても高かった。大塚の議論は、この発展を社会的分業の観点から、つまりスミス的な成長がイギリスのなかで際立って強かった点から説明したことは大きな貢献であった。また大塚の産業革命論は、一八世紀のイギリス国民経済における均衡的構造を標準的類型として後発国の工業化をこれに比定する形で進められ、『後進資本主義の展開過程』で明確になる様々な国民経済の類型比較への出発点になった。確かに、こうした諸類型は国民経済それぞれのもつ個性を明らかにする上で重要な視点である。資本主義社会のなかには多様なあり方が存在し、各国の国民経済における発展経路の相違がその原因の一つである点を提示した点で、大塚の議論はすぐれた先見性を備えていたといえるだろう。

　しかし、市民革命の有無を基準として標準的な類型からの遠近を測定する形で類型化することには限界があることも確かである。一七世紀イギリスにおける政治変革が、結果的に「議会のなかの国王」という国制を作り出し、資本主義的展開に適合的であったとしても、この変革それ自体が直接的に自由な経済社会を作り出したとは言えない。

　一方、産業革命とその後の工業化は様々な「新結合」を伴う技術革新によって展開する部分が少なくないし、こうした成長は現代における経済成長の標準的な姿でもある。大塚の議論ではスミス的成長にもとづく経済発展こそが王道であると考え、断絶的で飛躍的な側面には否定的であった。また、生産のみならず流通や商業を含む経済活動のなかで展開される投企的で冒険的なあり方が、時として突然変異を起こし社会を大きく変えていく可能性のあることに対しては、大塚は極めて冷淡であったと言えよう。だが一八世紀イギリスでは都市的な発展のなかで奢侈的な商品への需要など多様な刺激が、革新的な変化を生み出したことも明らかである。その都市的発展や消費文化の早熟性をイギリスの特徴として解明することが重要な課題となっているように思われる。

参考文献

大塚久雄［一九五三］「産業革命と資本主義」、［一九六七］「産業革命の諸類型」（ともに『著作集』五、岩波書店）。

――［一九三九］「新興工業としての化学工業」（『著作集』六、岩波書店）。

――［一九七三］「総説――後進資本主義とその諸類型」（『著作集』六、岩波書店）。

斎藤修［二〇〇八］『比較経済発展論』岩波書店。

根井雅弘［一九九一］「マーシャル『原理』とケンブリッジ学派」『経済学史年報』二八。

道重一郎［一九九三］「イギリス産業革命像の再検討」『土地制度史学』一四一。

――［一九九八］「大塚久雄と松田智雄」住谷一彦、和田強編『歴史への視線』日本経済評論社。

――［二〇一二］「消費空間としての一八世紀イギリス都市」中野忠、道重一郎、唐沢達之編『一八世紀イギリス都市空間を探る』刀水書房。

――［二〇一四］「戦後史学のなかでの大塚久雄『国民経済論』」『経済論集』四〇‐一。

吉岡昭彦［一九六〇］「日本における西洋史研究について」『歴史評論』九月号。

Berg, M. [2007] "Cargoes, The Trade in Luxuries from Asia to Europe" in D. Cannadine (ed.), *Empire, the Sea and Global History*, (London).

Nef, J. U. [1957] *Industry and Government in France and England*, (New York).（紀藤信義、隅田哲司訳［一九五八］『一六・七世紀の産業と政治』未来社）

Thirsk, J. [1978] *Economic Policy and Projects*, (Oxford).（三好洋子訳［一九八四］『消費社会の誕生』東京大学出版会）

Ⅵ　大塚史学と近代奴隷制

平出尚道

「大塚史学と近代奴隷制」をテーマとして取り上げるのであれば、比較経済史学派（大塚史学）が近代奴隷制を前「近代」的あるいは非「近代」的と規定することについて、その是非を論じることが想定されるであろう。確かにその議論が大塚史学にとって本質に関わる重要な意味を持つことを否定することはできないのであるが、それゆえこれまでに多くの言及がなされてきており、新たな視角を提示できないのであれば、課題設定としてはさほど魅力あるものとは思われない。したがって本章においては、今までとは少し異なった視点から「大塚史学と近代奴隷制」を論じてみたい。

比較経済史学派が考察対象とした近代奴隷制は、主にアメリカ「南部」のものであった。そしてその場合、二つの観点からのアプローチが存在した。一つは移行論、もう一つは国民経済論である。※

前者は、かつて西洋経済史研究の中心的テーマであった「封建制から資本主義への移行」への取り組みから本格的に始まったが、アメリカに存在したニュー・ヨーク、ペンシルヴェニアにおける封建領主制は余りにも脆弱であるため、「南部」における奴隷制はまさに克服すべき前資本主義的生産様式そのものとして扱われた。したがって、奴隷制が撤廃された南北戦争は体制変革＝第二次市民革命として位置づけられたのである。しかし、アメリカにおける「移行」を純粋に考察するのであるならば、順調に解体したニュー・イングランドの封建的共同体「タウン」はもとより、余りにも脆弱なニュー・ヨークとペンシルヴェニアの封建領主制の方が、「南部」奴隷制よりも前資本主義的生産様式として重く扱われるべきであった。その理由は簡単である。比較経済史学派は「南部」自体の「移行」を、南北戦争前は前期的商業貿易・高利貸資本の基盤となり社会的分業の進展を阻害した奴隷制の存在ゆえに、南北戦争後はその奴隷制の遺制ゆえに、基本的に捨象していたからである。そしてそのことは、南北戦争により奴隷制が撤廃された「南部」に対する第二次市民革命論の曖昧さを示していた。同学派において射程にあったのは「純粋培養的に資本主義が成長した」ニュー・イングランドを中核とした「東部」であったのだから、「東部」の内部における封建制の方が「東部」の外部における奴隷制よりも、また、独立戦争（「第一次市民革命」）の方が南北戦争（「第二次市民革命」）よりも、移行論において直接的な関係を有していたといえるのである。

後者は、「南部」における奴隷制を、イギリス紡績資本への原料供給の役割を果たし自立的国民経済の成立を阻害したものと規定した。すなわち、イギリスとの分業体制に組み込まれて自由貿易主義の基盤となり、自立的国民経済構築に必要な保護主義体制を阻害するものと規定したのである。したがって、奴隷制が撤廃された南北戦争後に、国民経済が達成されると主張したのである。これらのことからわかるように、国民経済論にとって「南部」奴隷制は直接的に対峙しなければならない存在であった。そもそも大塚史学においては、その課題である「近代化」にとって奴隷制は相容れないものであるから、「近代化」の指標である国民経済構築のためには、奴隷制「南部」は自由貿易主義の基盤としてその阻害要因でなければならず保護主義とは一線を画していなければならなかった。また、奴隷制が存在した南北戦争前期においては、「北部」のみが保護主義体制の基盤となりえたはずであるから、同質な「北部」内部における「東部」工業と「西部」農業との二地域間分業論が国民経済論の支柱となったのである。そして、両地域間を結びつける交通改善が、保護主義とともに国民経済構築のための経済政策の柱に位置付けられることとなった。以上のように、比較経済史学派の国民経済論は、保護主義を「北部」内の地域間分業を前提にした経済政策・政策思想と概念規定することによって、南北戦争前期の経済を論じたものであった。それゆえ、「大塚史学と近代奴隷制」を論じるにあたり、この概念規定に焦点を当てて考察していくこととしたい。具体的には、奴隷制「南部」における保護主義、そして、ローカルな分業に基づく保護主義、この二つを論点として検証していくこととしたい。

上記国民経済論においては、奴隷制「南部」は次のように一枚岩的に理解されている。棉花利害は常に奴隷制生産の利害である、そして、棉花生産者は必ず自由貿易を支持する、と。しかし、奴隷制「南部」は全て自由貿易の支持基盤であったわけではなかった。南北戦争前期におけるアメリカ保護主義陣営において、奴隷制「南部」は重要な役割を果たしていたのである。それゆえ実際には、棉花利害は全ての奴隷制生産の利害と同じというわけではなかった。しかも、棉花生産者は必ず自由貿易を支持したわけでもなかった。また、上記国民経済論においては、保護主義は地域間分業と不可分のものとして理解されている。しかし、南北戦争前期におけるアメリカ保護主義は、必ずしも地域間分業に基づく経済政策・経済政策思想というわけではなかった。以下、順を追ってみていくこととする。

近代奴隷制は国際的契機によって生みだされたが、ひとたび誕生したこの生産システムは必ずしも国際的分業体制に組み込まれるわけではなく、それ自体独自な運動を展開していく。すなわち、奴隷制生産に基づく商品は必ずしも競争力のある国際商品とは限らない。イギリス領西インドの砂糖が競争力を失っていったようにである。そしてアメリカにおいては、それらはルイジアナの砂糖やケンタッキーの大麻製品であった。これらの「南部」プランター層の要望は、ナショナル・リパブリカン党、ホイッグ党を通じて南北戦争前期の保護主義運動に反映されていった。また、一八四〇年代に入り棉花価格が急落し、イギリス市場に対してのインド産、国内市場に対してのブラジル産・テキサス産の脅威が誇張され言われるようになると、ホイッグ党系の棉花プランター層の中から保護主義を主張する者が現れるようになり、一八四二年関税を支持していったのである。このように、「南部」における奴隷制を、イギリスとの分業体制に組み込まれて自由貿易主義の基盤となり、自立的国民経済構築に必要な保護主義体制を阻害するものと一概に規定することはできないのである。

南北戦争前期における保護主義政策は、主にナショナル・リパブリカン党、ホイッグ党において採用されたが、そのことは両党が地域間分業体制の構築を基本政策としたことを意味するわけではなかった。上述のように、奴隷制「南部」における保護主義勢力は両党内において決して傍流であったわけではなかった。そして、彼らは奴隷制生産に基づく国際競争力のない商品のために保護主義を主張した者達だけではなかった。保護主義によって奴隷制「南部」の工業化を意図していた者達も影響力を保持していたのである。そのことは、保護関税政策とセットとなって主張されていた配分政策の存在が明らかにしている。配分政策とは、連邦の公有地売却益を諸州に配分し、域内の交通改善、貧困白人の教育、解放黒人の植民などの費用に充てさせるものであった。これらは州が主体となるものであり、連邦益に対する州益の尊重が示されたものであった。配分政策は、連邦の財政状態にとってマイナスになるものであったから、その意味で直接保護関税政策と結びついていたが、単にそれだけではなく、地方における農工業の振興機能という点において、保護関税政策とセットになっていたのである。例えば、貧困白人の教育は工業化に必要な技術を持った人材の増加を意図しており、解放黒人の植民は過剰奴隷問題の解決のみならず、過剰奴隷を解放したプランターへの補償金が工業に投下される資本となることも期待されていた。このように、配分政策とセットとなって主張された保護関税政策は、地域間分業を前提としていたものではなかったのである。

上記のような主張を生み出した保護主義思想、すなわち国民経済論とは異なる保護主義思想の背景にあったものは、近代ヨーロッパ諸国との差異を明瞭にする独自の「国家」の性格をアメリカが有していたことであった。アメリカ型連邦制においては州が国家機能を分担していたのであり、連邦全域の利益の尊重が保護主義思想に表れたのである。それゆえ、ローカルな状況に対応できる柔軟性を備えた、多様な地方の産業振興機能を有した保護主義思想が、自立性と自主性の確保を望んだ地方の名望家層によって支持されていたのである。無論、奴隷制「南部」においても、その支持基盤は存在したのであった。

保護主義・地域間分業論に基づく国民経済論は、奴隷制生産を自由貿易主義の基盤となり国際的分業体制に組み込まれた阻害要因と規定した。しかし、自由貿易・国際的分業は普遍的に奴隷制に益するものではなかったし、地域間分業も同様であったのである。

※国民経済論は近代国民国家の経済的基盤を論じるものであるから、移行論と一体化して述べるのが通常である。しかし、後述するようなアメリカの特性から、本章においては分離して考察する。

Ⅶ　大塚久雄とキリスト教――一九七〇年代を中心に

村松　晋

大塚久雄は東京大学経済学部を退官した後、国際基督教大学教授を一九七〇年から一九七八年まで務めた（以後一九八五年まで同大客員教授。石崎津義男［二〇〇六］『大塚久雄　人と学問』みすず書房、二二二‐八頁）。その間、大塚が「講義の疲れを癒すのに二日はかかる」という体調をおして傾注したのが、同大の礼拝堂で持たれたキリスト教講演だった（常行敏夫「せめぎ合う信仰と学問――ＩＣＵ時代の大塚先生」『大塚久雄著作集』第一三巻「月報」岩波書店、一九八六年、八頁。※以下『大塚久雄著作集』からの引用は論考タイトル、刊行年のみ。また巻数を『著作集』一三のように示し頁数と併記）。この時期の大塚は、なぜキリスト教を、特に学生に向けて語りかけることに力を注いだのか。本稿はこの問いに向き合った一試論である。

まず当時の大塚が、同時代をいかに見ていたかを概観しておきたい。空前の経済成長下、「非常な効率の上昇と生活の豊かさ」をもたらしたものとして、「あらゆる現象を数理化し、操作可能なものとしてつかもうとする形式合理的な思考」の「意義」を大塚は認めていた（「この意味喪失の時代に生きる」一九七九年『著作集』一三　一三八頁）。しかし、その「形式合理的な思考」が独走して「文化の全面を覆いつく」し、「科学がそれ自身の人工的コスモスをつくりあげたように、経済、法、政治といったその他の文化領域における営みもまたそれぞれの人工的コスモスをつくりあげ」た結果、「人々はそうした人工的コスモスという観念的世界を現実の世界そのものと思いこんでしまう」に至った（「世俗化のなかでの宗教」一九七九年『著作集』一三　三三三頁）。かくして「一方では、形式合理的な思考原理によってもたらされる非常な効率の上昇と生活の豊かさから多くの恩恵をこうむり、それを享受しながらも、しかも他方では、来るところまで来た意味喪失の状況に苦しんでいる」（「この意味喪失の時代に生きる」『著作集』一三　一三八頁）。一九七〇年代における大塚の思想的営為の基底には、以上の如き危機意識が息づいていたと約言できるだろう。

この、「形式合理的な思考」の自己展開がもたらした「『実質的』には非合理な状態」を克服するための要として、大塚が重視したのがほかならぬキリスト教だった（「もう一つの貧しさについて」一九七八年『著作集』一三　七六頁）。たとえば、講演「学問・思想・信仰」にていわく、「究極の価値から切りはなされ、意味を喪失してしまったこの世界の諸現象に再び豊かな意味をあたえ、現代文化のバベルの塔のような混乱から人々を救いだす、そうした大事業のために、キリスト教はいま、近代科学の力の限界をのりこえて、乗り出すべき時が来ているのではないでしょうか」と（一九七九年『著作集』一三　五七頁）。また前掲「世俗化のなかでの宗教」にても、「正しい意味での宗教の復位、そしてそれを通して、人々の間に実質合理的な思考原則を浸透させていくこと、それより他に道はありえないのではないか」と説き、「もし他にもっとよい道があるというなら、どうか納得のいくように教えていただきたい」とまで述べていた（『著作集』一三　四〇頁）。

かく言えばとて大塚は、排他的にキリスト教の「優位性」を主張したわけではなかった。他宗教に関しては、前掲「学問・思想・信仰」で、「諸宗教の信仰に主体的に参入する体験を私はまったくもっていない」として言及を避ける一方、「お互いに敬意をもって同じ目的のために協力すべきであろうと思っております」と「連帯」をも呼びかけていた（『著作集』一三　五七頁）。またキリスト教それ自体に対しても、「どんな美しい思想でも」「それが美しく立派であればあるほど、腐った場合にはいっそう汚くなる」、「キリスト教については、とくにこの点をよく考えていただきたい」と、きわめて自省的な視点を示していた（「金銀は我になし」一九六九年『著作集』一三　一一頁）。それでもなお大塚が、「意味を喪失してしまったこの世界の諸現象に再び豊かな意味をあたえ、現代文化のバベルの塔のような混乱から人々を救いだす」使命をキリスト教に託すのは、「キリスト教はその実績からみて、十分にその底力をもっている」と大塚が「信じる」ゆえだった（「学問・思想・信仰」『著作集』一三　五七頁）。

ここにおいて、大塚がキリスト教と諸々の「文化領域」との関係、具体的にはキリスト教に根ざす「実質合理的な思考原則を浸透させていく」その方法をどう考えていたかが問われなければならないが、たとえば「宗教と政治」について、「両者の一体化は互いに傷つけあうことになる」とする評言、さらには「宗教団体がそのものとして直接政治や経済の営みの中へ入っていくのはよくない」との戒めが表すように、大塚は諸々の「文化領域」と「キリスト教」とを「直接」に結びつけることを意図したわけではなかった（「大塚久雄先生に聞く」一九八二年『著作集』一三　二九四、二九七頁）。その連関を考えるにあたっては、大塚が「この世俗生活のなかで人々にとって有益な仕事をすること、これはひじょうによいことです。立派なことです。というよりも、それは隣人愛の義務の命じるところであって、われわれはむしろその義務を誠実に果たさなければなりません」と述べ（「鳩のように素直に、蛇のように賢く」一九七九年『著作集』一三　一六五頁）、かつ、「私はやはり、矢内原（忠雄――筆者注）先生が時々洩らされた、『そういうことは大事かもしらんが、要するにこの世のことだからね』という言葉を忘れたくないと思うのです」とも説いている点が示唆に富む（「矢内原忠雄先生と私」一九七八年『著作集』一三　二二七頁）。

これらの提言から察するに、大塚は個々のキリスト者が己の「救い」に自閉せず積極的に「世俗」へと関わり、「隣人愛の義務」として「人々にとって有益な仕事をする」ことを望むのみならず、同時に、「世俗」を覆う「論理」や「価値」を、「現世をこえたところ」から「『永遠の相の下に』おいて」相対化しつつ進むことをも期待した（「鳩のように素直に、蛇のように賢く」『著作集』一三　一六六頁）。それは「独走する『世俗の論理』の中にまきこまれていく人々に警告を与え、そうした『世俗の論理』にいま一度正しい『心情の論理』――それの最も深いものが『信仰の論理』でありますが――の土台を与える、そうした努力をはらうことが、少なくとも現在われわれが先ずもっ、てなすべきことがらではないかと思います」との一文に表れているように、キリスト者が「現世をこえた」眼をもって諸々の「文化領域」に入り込み、持ち場をいわば「聖化」してゆくその先駆けになるイメージと言ってよいだろう（「信仰の論理と世俗の論理」一九七八年『著作集』一三　一四八頁。傍点は原文、以下同じ）。

かくして、個々のキリスト者が醸し出す如上の「力」が周囲に及び、諸々の「文化領域」に「実質合理的な思考原則を浸透させていく」。かようなヴィジョンに大塚が希望を寄せていたことは、キリスト者の「力」に触れた次の言葉に如実であった。いわく「この力は、短期についてみますと、一見きわめてひ弱い、無力なもののようです。金力のように人々を自在に動かすことはできませんし、一打ちでたたきのめされるようなひ弱いものでしょう。集団や組織の前には抵抗するすべも知らないかもしれません。イエスご自身がそうだったわけです。けれども、それにもかかわらず、そうした金力や武力によっては押しつぶしてしまうことのできない何ものかがそこにはある。しかも、その力は逆に、しだいしだいに広がり強まって行《ママ》って、究極においては、それが新しい時代をつくることになるのです」と（「金銀は我になし」『著作集』一三　二〇頁）。

ここに見られる将来への明朗な見通しと可能性への信頼、これこそ大塚の特性と言ってよい。かくして大塚は、キリスト教の現代的意義を確信するゆえに、みずからの言葉でその価値を問いかけようとした。本稿冒頭の問いに対しては、まずこう答えることができるだろう。

しかし大塚が、とりわけ学生にキリスト教を問い語ったことに関しては、さらなる理由を指摘したい。注視すべきは、大塚が国際基督教大学に奉職した一九七〇年代が、いわば「ポスト大学紛争」の時代にあたっていた点である。顧みて一連の大学紛争とそれを支えた思想とは、たとえば「自己否定」の一語が示唆するように、大学改革そして社会変革の域にとどまらず、かかわる当人の実存をも貫く何ものかであった（池田元［二〇一二］『戦後日本の思想と運動――「日本近代」と自己認識』論創社、第十一章）。別の角度から言うならば、大学紛争とその思想とは、自他を含めた「人間解放」を志向する学生たちの渇きを受け止める〈場〉でもあり、ゆえにこそそれは拡がりを持ち、「一九六八年」の高揚をも迎え得たのだった。したがって全国の大学で「紛争」が抑圧され、以後沈静化するなかで、その思想と運動が求心力を失っていくことは、「紛争」の只中で傷ついた学生らの心情は無論、それまで大学紛争とその思想とに託されてきた若き魂の渇仰が、その新たな「受け皿」を見出せないままに捨て置かれることをも意味していた。

この点、大塚が一九七六年の論考「新しい社会と文化」で提起した、「独走する、『鉄の檻』と化した形式合理性の文化」に「抽象的に非合理主義一般を対立させ、ただ拒否的な態度に終始する」立場への批判は、大学紛争とその思想に対する大塚の構えを表すものとも読み得るが（『著作集』一二　四一四頁）、しかし同時に大塚は、「ポスト大学紛争」の若き魂が強いられた精神状況を、ある既視感とそれゆえの同情をもって理解し得た一人でもあったと思われる。というのも一九〇七年生まれの大塚は、その若き日に、学生間にマルクス主義が流行する様とその弾圧後に訪れた「意味喪失」の状況とを目の当たりにした人でもあったからである。

昭和初期のマルクス主義が「理論」としてでなく、人生論的・世界観的希求に応えるものとして若き魂を捉えたことは、同じ一九〇七年生まれでカール・バルトの訳者として名を成した井上良雄が往時を顧みて、「マルクス主義は、私たちにとって単に社会変革の理論ではなかった。それは、『われらいかに生くべきか』を私たちに教えてくれる倫理的な規範であり、さらには宗教的な何物かでさえあった」と述懐し（井上［一九九五］『戦後教会史と共に　一九五〇―一九八九』新教出版社、三七一頁）、また、翌一九〇八年生まれで小児科医の傍ら戦後民主主義の論客としても活躍した松田道雄がやはり学生時代を振り返り、「昭和初期のマルクス主義の『流行』は、今にして思えば信仰であった」と説くなかに明らかであるが（松田［一九八八］『わが生活わが思想』岩波書店、一二四頁）、実は同世代の大塚も同様の評言を遺しているのである。いわく「現在のこのくるしい状況はどうして生まれ、どうしたらわれわれはそこから救い出されることができるのか、その方途を熱心に尋ね求めるような心理状況を宗教的とよぶとすると、マルクス主義は第一義的にはまさしく宗教的なものとして受けいれられていった、と言ってよいでしょう。この現象は私が三高の生徒だったとき、すでに現れていました」と（「私の歩んできた道――宗教と歴史と経済と」一九七九年『著作集』一三二六七頁）。

かくして時代の学生らの渇きを受け止めたマルクス主義は、しかし、度重なる弾圧と一九三三年における日本共産党幹部の「転向」およびそれに基づく「大量転向」を経て、昭和一〇年代に入ると実質的に壊滅する。このことは政治史上の一事件として以上に、『われらいかに生くべきか』を私たちに教えてくれる倫理的な規範」の崩壊として、時代の青年に深刻な「意味喪失」の苦しみをもたらさずにおかないものだった点を読み取らねばならない（村松晋［二〇〇一］『三谷隆正の研究――信仰・国家・歴史』刀水書房、終章）。

大塚は昭和精神史上の如上のプロセスを、学生として、また駆け出しの大学教員として目睹していただけに、時を経て繰り返される「意味喪失」の苦しみ、換言すれば「ポスト大学紛争」の学生たちが強いられた人生論的・世界観的な渇仰を、より内在的に理解し得たと思われる。キリスト教を学生に説く大塚のまなざしの根底に、佇立する若き魂の渇きに応え、各々を新たな次元での自立へといざなおうとする〈教育者〉の志を読み取る所以である。

以上本稿では、一九七〇年代の大塚が、当時なぜキリスト教を、特に学生に向けて語りかけたのかを問うてきた。大塚の多岐にわたる思想的営為のほんの一端に触れた試論に過ぎないが、本稿の試みが大塚の相貌に些かなりとも迫り、ひいては戦後日本思想史像を捉え直すための、ささやかな契機ともなり得れば幸いである。

Ⅷ　私はどのように大塚史学を受容したか

肥前榮一

大塚史学というのは、今から半世紀も前に大きな影響力を持った西洋経済史の研究者集団である。その特徴は二つある。第一に、比較という方法を用いたこと。東大経済学部の大塚久雄（イギリス）、松田智雄（ドイツ）、社会科学研究所の高橋幸八郎（フランス）、鈴木圭介（アメリカ）、という四先生のカルテットにより、近代欧米の四か国が相互に比較された。第二に、封建制から資本主義への移行過程が追及されたこと。当時進行中であった日本の、農地改革、財閥解体をはじめとする戦後改革の歴史的意義を解明するために、対応する欧米諸国における封建制から資本主義への移行と、その政治的画期である市民革命が解明されようとしたのである。このように大塚史学は、比較史的、移行論的な視点を特徴とする、いい意味で日本的な西洋経済史学であった。私は京都大学の学生時代にゼミナールで大野英二先生から大塚史学について教えられたことをきっかけに、その後主として大塚先生と松田先生の業績から学びつつ、英独比較に立脚する、ドイツ資本主義の封建的――プロイセン的特質にかんする習作をものすることから出発した。レーニンに由来する資本主義発展の二つの道論（「アメリカ型」と「プロシャ型」）は一世を風靡する基礎理論であった。

ところで、その後世界史は人々の予見能力を超えて、極めて大きな変貌を遂げつつある。当初、二十世紀末には、ＥＵによるヨーロッパの経済統合の進展、西ドイツ主導の東西両ドイツの統一、ソ連社会主義の崩壊などが、近代民主主義の世界的展開に展望をもたらすかに見えたのであるが、二十一世紀に入って急激な暗転が起こる。まず起こったのが二〇〇一年ニューヨークにおける同時多発テロで、続くイラク戦争に触発されたイスラム原理主義の興隆は、西アジア、アフリカの部族社会に根を持つ軍事活動を活性化させ、地域社会を破壊し、難民問題を深刻化させた。次に中国を筆頭とするいわゆるＢＲＩＣＳ諸国（ブラジル、ロシア、インド、中国）の経済的台頭が挙げられる。特に中国の経済的、軍事的、政治的な覇権国への発展（「中華民族の偉大な復興」）は、極めて重要である。壮大な「一帯一路」構想を通じて、明清王朝的な冊封体制が、新たな装いの下に復活しようとしている。ウクライナ危機におけるロシアの役割も同様に特徴的である。東シナ海、南シナ海における中国やウクライナにおけるロシアの軍事的動向は、新帝国主義と言って良いものである。さらに全般的奴隷制の特徴で際立つ北朝鮮の軍事的挑発は破滅的な核戦争の危険を高めている。他方で、これとは対照的なのがアメリカ、ＥＵ、日本の相対的な経済的政治的停滞である。ＥＵが参加各国の財政機構を温存したままで単一通貨ユーロを導入したことが、ギリシャの経済危機に示されるような、その構造的危機の根源にあることが、しだいに認識されつつある。ユーロ危機と移民

＝難民問題とはEUを脅かす悪夢となっている。かつて封建的後進性の典型国であったはずのドイツが、戦後西ドイツを中心に西欧化を遂げ、ユーロ導入を予期せざる追い風として経済的繁栄を達成し、今やEUを主導するに至った。しかしギデンズはEUの民主主義の問題点（EU1、EU2の二重構造）を鋭く指摘している。そしてその延長線上に起こったのがイギリスのEU離脱(Brexit)であり、最後のかつ最大の事件が、二〇一七年アメリカにおける素人的なアマチュア政治家トランプ大統領の誕生である。アメリカの「外見的立憲制への退行」が始まるのだろうか。同様に、日本の福島原発事故も近代社会の生産力的基礎を問うという意味で、世界史的な意義を持つものである。多様化し激化する自然災害の多くは人為に媒介されて猛威を振るいつつあり、始まったばかりの二十一世紀を暗く彩っている。

さて問題は、このような世界史の変貌に直面して、われわれの近代西洋経済史研究をどのような方向へと発展させるかにある。かつて六〇年安保を受けた吉岡昭彦氏の提言以降、山之内靖氏らかなり多くの人々が対象時期を近現代へと移動させ、欧米近代社会の官僚制的化石化に批判的究明の焦点を当てた。しかしそれだけで済むものであろうか。大塚史学の何人かの人々は英米仏独という枠を超えて、第三世界へと比較の枠組みを拡張した。例えば赤羽裕氏はアンシャンレジーム期のフランスからアフリカ研究に、松尾太郎氏はイギリスからアイルランド研究に移った。宮野啓二氏はアメリカからラテンアメリカへと研究対象を拡張した。そうした中で私自身も、ドイツからロシアへと関心を広げ、比較史の枠組みを従来の英独比較から、独露比較へと拡張しようと模索するに至った。そして私の場合は、これらの人々とは異なって、比較史の新しい枠組みに対する模索は同時に、移行論の新しい枠組みへの模索と結びついていた。すなわちレーニンのロシア革命に始まるソ連社会主義の歴史的性格を批判的に解明するという課題である。すなわち、私の大塚史学に対する批判的なかかわりは、比較史的、移行論的な大塚史学の外枠を受容しつつ、同時にそこに新たな世界史的現実に即応した新たな内容を盛り込むことにあった。つまり、(1)比較史のレベルでは従来の英米仏独に、新たに露を付け加えたこと、(2)移行論のレベルでは社会主義革命としてのロシア革命＝ソ連社会主義に始まり中国その他の第三世界に波及した現代社会主義の歴史的性格に新たな視線を送ること、である。封建制以前の生産諸様式を視野に収めた、大塚先生の『共同体の基礎理論』（『著作集』七）が出発点になった。そしてマルクスのアジア的生産様式論やウェーバーの家産官僚制論やライトゥルギー論が導きの糸となったのである。特に前者は農民的「ロシア革命」に伴う「アジア的復古」に対するプレハーノフの危惧を「農業綱領」（『レーニン全集』第十三巻）でレーニンが批判していらい、主として政治的な理由から長らくタブー視されてきたのであるが、このタブーを打ち破る勇気を持たないと、経済史をやる資格などないと覚悟を決めて、学界的孤立を恐れないで、アジア的生産様式論の現代的意義について考えてきた次第である（たとえば、マルクスのヴェラ・ザスーリチあての手紙を手がかりとした「アジア的生産様式から社会主義への飛び越し的移行」に関する未熟な問題提起など）。その後、『ウェーバー全集』の進行に伴い、それを底本として彼の『ロシア革命論Ⅱ――ロシアの外見的立憲制への移行』を鈴木健夫、小島修一、佐藤芳行の三氏と協力して訳出する機会があった。そこでウェーバーは一九〇五年の第一次ロシア革命について、レーニンとの間で極めて興味深い論争を行っている。当時革命を主導したカデット党の悲劇的な運命を見据えながら、農民的ナロードニキ諸派に対して根底的に懐疑的であったウェーバーに、「アジア的復古」を恐れたメンシェヴィーキのプレハーノフにはるかに通ずるものを見出した。ちなみに、「アジア的復古」論はウィットフォーゲルによって受け継がれた。池田嘉郎氏の近著『ロシア革命』も、ロシア自由主義者の挫折を扱うことによって、この問題を新たによみがえらせている。ウェーバーは『古代社会経済史』の末尾で、現代社会の官僚制的劣化について言及しているが、単にそれだけではなく、同時にそれがローマ帝政末期的な、あるいは古代エジプトの新王朝ないしプトレマイオス王朝的な特徴を伴っていることをも指摘している。彼はライトゥルギー国家の現代的復活の可能性について語っているのである。そしてその後、晩年の彼は「世界宗教の経済倫理」において、アジア的諸社会の宗教社会学的分析に入っていくのである。

私はまた『東エルベ・ドイツにおける農業労働者の状態』を抄訳し、関連する初期ウェーバーの農業諸論考と内外の研究史を検討する機会を得た。そして彼が内地植民に関する政策提言においてクナップからもっとも規定的な影響を受けていたことを確認したのであるが、半世紀前の研究者たちは逆に、若きウェーバーに歴史学派と対立しつつ「アメリカ型」資本主義をドイツに勝ち取ろうとする闘士の歩みを読み取ろうとしていた。戦後啓蒙の時代精神に棹さそうとして、無理な解釈が積み重ねられたのである。

たしかに大塚史学におけるレーニン的契機（資本主義発展の二つの道論、「アメリカ型」資本主義論）は封建制から資本主義への移行という問題領域において偉大な索出力を発揮し、戦後期に一世を風靡する影響力を獲得した一要因となったのであるが、しかしそれは同時に後継者たちがアメリカ型論あるいはそのいくつかのヴァリエーションに対して、レーニンが忘れ去られた今日にもなお、無意識のうちに過大な役割を与え、いわば教条化し、上述のような初期ウェーバーの誤読にとどまらず、その後の世界史の新たな多様な動向に対応することを困難にする、狭さと硬直を生む要因ともなったのではないだろうか。「人類はどこから来てどこへ行こうとしているのか、歴史家たる者はこれを多様なレベルで問い続けねばなりません」と大塚先生が、出席を許された大学院ゼミナールで折に触れて指摘されていたことを、感慨をもって想起するのである。

端的に言って、一方における英米近代のたそがれとドイツを主導国とするEUの困難、他方における中華帝国、ロシア帝国の復活、カリフ帝国の復活を目指すイスラム原理主義の復活との同時進行という二十一世紀の新事態を、比較史的、移行論的見地から、注視しなければならない。

かつて福沢諭吉はその主著『文明論之概略』において、ギゾーやバックルについて西洋文明から深く学びつつ同時に、帝国主義的西洋と儒教的アジアとのせめぎ合いのなかに日本を位置づけて、その危機を論じた。古きは良し！　「封建的危機」の克服を課題とした大塚史学がかつて開発した、ユニークな一国史的な西洋経済史学は、今日、アジアとその多様性をも十分に視野に収めた、世界史的危機の時代のヨーロッパ経済史学として再構築されねばならないのではないだろうか。ウェーバーに立脚したミッテラウアーのヨーロッパ史把握や湯浅赳男氏のウィットフォーゲル研究における「流れに抗する」学問精神は範例をなすと言っていいだろう。

われわれの学問的営為における深さ＝専門的研究に求められる史料的根拠の偏重と、広さ＝主体的に選んだはずの自己の研究テーマの射程距離あるいは現実的意義に対する相対的な無関心との、現今の極端なアンバランス（戯画化して言えば「些末実証主義」）は是正されねばならない。現実感覚＝危機意識に支えられることのない「精神のない専門家」のギルド的支配をこそ問題とするべきである。野﨑敏郎氏によって最近改訳されたウェーバー『職業としての学問』が、この問題状況に対して示唆を与えてくれることであろう。

IX　大塚先生・大塚史学とわたくし

近藤正臣

(1)　はじめに

大塚先生・大塚史学のことを考えると、つい、どのようにしてわたくしのような者が先生に出会ったのか……というところまで戻ってしまう。ＩＣＵ（国際基督教大学）で先生に卒論の指導をしてもらうことになったとき、社会学をきちっと勉強していた友人にこのことを言ったら、「それは〈井の中の蛙大海を知らず〉だよ、近ちゃん」と言われた。よく言ったものだと今でも思う。当時、まだまだ世間が見えていなかったわたくしは、もともと、愛知県は三河湾のダボハゼだったと自分のことを思っている。「このダボハゼ、見えていなくてほんとうによかった」！

わたくしは、高校時代にアメリカはニューヨーク州北部の、人口たった二〇〇〇人の寒村で、ほぼ一年間ホームステイをし、そこの高校に通った。帰国して愛知県の高校を終えると、ＩＣＵに入学した。そして、二年のときに、アメリカの国務省で随行通訳者の仕事を一六か月ほどし、そこで貯めたお金をもってドイツに行き、四か月ほどドイツ語の集中教育を受け――シューベルトの『冬の旅』をドイツ語で理解したいというのが一番の目的であった――、古いフォルクスワーゲン・ビートルに新しいエンジンを乗せた車を一〇万円以下で買い（だから〈ボロクソ・ワーゲン〉なんて呼んでいた）、冷戦時代のヨーロッパを東ドイツからポーランド、ハンガリー、チェコスロバキア、それに南欧・北欧を漫遊し、最後はモスクワからシベリア鉄道でバイカル湖湖畔のイルクーツクまで来て、そこからハバロフスクに飛び、ナホトカから船で横浜に帰ってきた（より詳しくは、岩波ジュニア新書『通訳者のしごと』参照）。

以下、この〈三河湾のダボハゼ〉がどのようにして大塚先生・大塚史学と接し、そこからいかにしてとてつもない巨大な知恵を与えられたかについて、きわめて個人的な回想を書かせていただきたい。大塚先生・大塚史学との関連について書くとなると、わたくしの場合、こうならざるを得ないのである。ご了承いただきたい。

(2) アジアを考える会を通して

二年間の休学のあとＩＣＵに復帰すると、「アジアを考える会」という読書会があるのが目に留まり、さっそく参加させてもらった。休学している間に、「アジアの貧困の研究をしよう」と、どうやら専攻分野を決めていたからである（そもそも、ＩＣＵでの勉強を中断してアメリカに行くことを考えたのは、この決定を遅らせるためでもあった）。ＩＣＵには、創設当初から、アジア研究を専攻分野とする先生もいたし、学生もいた。そして、最初にこの読書会で読んだ飯塚浩二著『アジアの中の日本』は、その日本語を読むのがたいへんだったこと、技術の進歩では、ヨーロッパより中国のほうが印刷術・火薬などではるかに進んでいたと論じていたのを覚えている。しかし、この読書会で読んだ本でもっとも大きな衝撃を受けたのは、竹内好の評論集であった。かれは、日本人は「奴隷根性」の持ち主だと書いていた。戦後の混乱と貧困の時代を必死で生きてきたわれわれが、「奴隷根性」をもっている!!! ダボハゼが日本の思想問題に関心を持ち始めた初めの出来事であった。その後、竹内好の評論集全三巻を買って、読んだ（アメリカで貯めたお金がまだあったし、英語を教えるなどのアルバイトができたので、たしか全三巻を買うことができた）。こんなことも、この時が初めてであった。そして、このような日本人観は大塚先生ももっていたことを後になって知る。

この読書会で、「大塚久雄先生がICUに来る」ということを聞いた。日本における学問の世界についてはまったく無知だったわたくしは、彼が戦後日本の社会科学研究を支え、欧州経済史で世界的な業績を挙げている大先生だ……なんて知るはずがなかった。しかし、この読書会に顔を出しているうちに、彼がたいへんな人物だということを、おぼろげながら、じょじょに知り始めた。

当時のICUは、ふつうの授業は週に三回、行われていた。月・水・金の一時限目は経済原論だ……という具合である。しかし大塚先生は戦争中の手術で脚を悪くされており、歩くのに二本の杖が必要で、しかも、三鷹市にあったICUには巣鴨の自宅からタクシーで通われていた。こんなこともあってか、彼の授業だけは週一回、三時限分が一度に行われた。そして、いつも助手の赤羽裕先生が付き添っていられた。赤羽先生は、大塚史学の見地からアフリカの問題を研究されていた。実はわたくしも同じことを、ただしアジアについて研究することになったので、赤羽先生の本も何度も読ませていただいた。

授業が始まると、わたくしは、広い教室の一列目に座り、真剣に授業を聴いたことは聴いた。そして、授業の後、別の教室で先生が学生たちと懇談をされる……ということを聴き、そこにも顔を出すようになった。ただここでは、後ろの方に黙って座っていただけだった。

先生は期末テストの問題を前もって発表して、学生が、準備のためということで勉強をするようにされていた。もちろんわたくしは、必死で答えを準備した。しかしそれでも、最終成績はBであった。それはおそらく、イギリスの産業革命について、ただただ、中産的産業者層がギルドの支配を逃れて the country に行き、そこで、合理的な manufacture を営んで、これが産業「革命」にまでなった……くらいしか書けなかったからであろう。もう少し広く、長い歴史の中でのイギリスの産業革命の意味をとらえ、他の経済の歴史との比較ができるようになったのは、学生だけで読書会をしたり、自分でも開発経済学の論文を書くようになったり、大塚先生の論文のいくつかを英訳する仕事をさせていただいたからであった。

(3) 卒論の指導を受ける

ICUでは、卒業要件として卒業論文を書かなくてはならない。そして、この卒論の指導教授として、アジアを考える会にいた友人とふたりで、「大塚先生にお願いしてみよう」ということになり、わたくしがまず、丁寧に手紙を書いた。先生からは承諾する旨の返事があり、電話をするように言われ、第一男子寮の受付から電話をさせていただいた。そして、巣鴨から先生のご自宅までの道順を教えていただき、そこにお邪魔することになった。

ふたりは、その家を見つけると、まず、門のベルをどちらが推すかで譲り合った後、こわごわとベルを押す。まず奥様が門まで出てこられ、深々とお辞儀をされた。今でもよく覚えている。

家に招き入れられ、応接室にたどり着いてかしこまっていると、先生が和服で姿を現わされた。そして、どんなテーマで卒論を書きたいかを問われた。友人はブラジルのプランテーションについて研究したいと明快に答え、それを先生は快諾された。わたくしは日本のことについて勉強したい……という程度のことしか言えなかった。すると先生は、農村社会学の有賀喜左衛門の実証研究を読んでみないか……と提案してくださった。

わたくしは実は有賀喜左衛門の名前も知らなったし、彼の業績についてももちろんまったく無知であった。しかし、かれの著作集の第一巻をさっそく買う。農村における本家・分家の研究を実証的に行った実証研究を、初めはあまり意味も分からないまま、とにかく丁寧に読んだ。この卒論のコピーがまだ我が家の本棚にある。題名には、「Principles of Patrimonial System as Observed in Ishigami Village：石神村より見た家族的構成の原理」とある。そして、この論文を書く間に、福武直『日本農村社会論』や川島武宜『日本社会の家族的構成』、さらに、日本語で読んだことを整理するひとつの方法として、Thomas C. Smith, *The Agrarian Origin of Modern Japan* をも読んでいった。

卒論の英文要約を見ると、以下のように始まっている。わたくしの書いた英文なので、それほど難解とは考えられないので、英語をそのまま出させていただく。

Abstract in English

The subject matter of this paper is what may be called the principles of human relations in *Patrimonialismus* (best translated as patrimonial system) to be learned through an examination of the life in a pre-war Japanese village.

本論文の主題は、一言で言えば、戦前の日本の農村の生活を検討することによって、家父長制と言われる人間関係の原理を学ぼうとするものであった。以下のふたつの意味において、このテーマが重要であるとわたくしは見た。

The present writer views this subject matter as important mainly in the following respects:

(1) A peculiar feature of Japanese culture or in the mentality of the Japanese populace, which is termed the “slave-like mentality” by Yoshimi Takeuchi, has been pointed out to be

prevalent throughout Japanese society by various observers, including Takeyoshi Kawashima, Hisao Otsuka and Masao Maruyama (as interpreted by this writer). Takeyoshi Kawashima sees the origin of this mentality in the Japanese patrimonial system. The understanding of the patrimonial system, therefore, should contribute much to the proper understanding of Japan at least in one of its most essential aspects.

(2) The most formidable task assigned to mankind of this century is, possibly next to the issue of arms control, economic development of underdeveloped regions of the world. Seeing the general failure of the purely economic approach (based on economics developed in the West) and the hitherto socio-economic approach in providing a workable frame of reference adequate for the problem, certain economic historians, notably Hisao Otsuka in Japan, have begun attempts to learn lessons from the experience of presently developed countries in seeking the proper social force initiating and motivating the basic change in the pre-modern traditional society in underdeveloped areas ('pre-modern' and 'traditional' in the sense that it still has the 'Gemeinde' or rural community as its controlling factor not only in land ownership but in its social system generally). The patrimonial system should provide an essential element to the understanding of the nature of the traditional society.

ひとつは、竹内好などは日本人の国民性を奴隷根性としたが、日本の家族的構成の原理がこの国民性を理解する上で役立つのではないか？　ということ。いまひとつは、開発途上国の発展を考える上で、村落共同体の近代化の道を歴史から学ぶことができるのではないか、ということであった。

そして、戦後日本における社会科学の発展などという問題にはほとんど無知だったわたくしが、この卒論では、「序章　問題意識」を設けて、竹内好、丸山眞男、日高六郎、川島武宜、大塚久雄、赤羽裕、板垣與一、隅谷三喜男などの名前が頻出する、わたくしなりの問題点の整理をしている。

(4)　大塚論文英訳の仕事を通しての理解

わたくしは、大学二年の時に、アメリカ国務省の随行通訳者（escort interpreter）をした。通訳の仕事は、その後、ＩＣＵの大学院で勉強を続ける傍ら、さらに大東文化大学で教鞭をとり、研究を続けながらも、続けてきた。たとえば、ＩＬＯ総会（毎年六月の三週間ほど）を一〇年弱、ＰＴＴＩ（国際郵便電信電話労組世界連盟）の世界会長山岸章氏の専属通訳を一〇年ほどした。そして、アメリカ各地、さらに世界各地を回り、世界の貧困の問題・労働組合運動について通訳した。内容を理解できないのでは通訳はできないので、この間にとてもたくさんのことを勉強させてもらった。通訳という仕事は決して単語の置き換え（word-for-word correspondence）ではないことを身に染みて体験した。日本の出版社社長がコロンビア大学の高名なる日本文学研究者のドナルド・キーン氏と会って、長く、細かい話をする、組合指導者が、アメリカ南部のタバコ労働者の組合幹部と会って、事情を知る(この時には、この黒人労働者の南部なまりの英語が理解できなくて、随行してくれていたアメリカ人女性に「標準英語」で言い直してもらって、やっとわたくしの任務が果たせた)、AFL-CIO(アメリカ労働総同盟産業別労働組合会議)の幹部に会って、日米の組合運動について論じる、そして、ラスベガスに行って、一緒にギャンブルも体験する(一日に損をする最高限度額を一〇ドルと決めて、これだけのお金を失ったら、その日はこれでおしまいとしていた)。

通訳をしたらその話の内容を理解できるようになるのが本当なら、翻訳作業についてはどうであろうか? ゆっくりと何度も何度も原文を読み返し、和英辞典・『英和活用大辞典』を引きながら、どうやら読める英語にし、さらに、少し時間をおいて、もう一度、英訳を読み直し、内容に間違いはないか、それがすぐに分かるような英語になっているかどうかなどと考えながら、何度も推敲をする。そして、多くの場合、英語母語話者にもう一度読んでもらって、英語として間違っていないか、内容はすーっと頭に入ってくるか……などのことを確認してもらう。こんなことを考えれば、翻訳の仕事こそ、その内容を理解できるようになる……と言えよう。

ICUの大学院を出て、大東文化大学に奉職してしばらくして、大塚先生に、先生の論文の英訳を頼まれた。はじめは、この論文を『アジア経済』の英語版 *The Asian Economies* 誌に載せてもらった。その後、こうした既訳論文を含めて、他の論文も訳して、それらを集めて一冊の本にするという計画に携わるよう、先生に頼まれた。今でも覚えている電話での話のなかで先生は、「君に犠牲になってもらいたい」と言われた。この翻訳作業がたいへんなことを重々承知されていたからであろう。これが実現したのが、Otsuka Hisao（tr., Masaomi Kondo）, 1982, *The Spirit of Capitalism: The Max Weber Thesis in an Economic Historical Perspective*（Iwanami Shoten, Publishers＝岩波書店）である。

本書には Translator's Notes（pp. 173-8）があり、これはわたくしが実際に初めから英語で書いたもので、ここまでは、自分で、英語を読む人に分かりやすいような言い方で説明できるところまで理解できた。その一部が本書のカバーにそのまま使われている。

Being a late-starter on its path to modernization, Japan has been a seat of intensive studies on how the West early on had achieved industrialization, and more importantly on what has caused these pervasive and often violent socio-economic changes in the West. It was in such a unique academic environment that a coherent pattern of development of modern capitalism was identified by Professor Otsuka out of the quagmire of accumulated empirical findings on the subject.

An essence of many years' study by this leading economic historian of Japan is presented here for the first time in English.

The author offers a forceful antithesis to the conventional view which has found the promotors of modern capitalism in the growth of merchant activities in general. He argues that the factors essential for the birth of the modern industrial system were present in the industrial middle stratum only once in the history of the modern West. Made up of farmer artisans and town "small masters," the industrial middle stratum took the initiative in creating a socio-economic environment conducive to the growth of modern industry. They also harbored a specific ethos (the spirit of capitalism) which moved them from within to the discharge of their duties as a calling and to a rational organization of their economic activities. Modern capitalism was firmly established as this industrial middle stratum went through a process of bi-polar separation into industrial entrepreneurs on the one hand and well-trained wage laborers on the other, equally equipped with the spirit of capitalism.

This book, made up of two parts, complementing each other, presents the author's view of the spirit of capitalism in the Weber thesis in relation to the development of modern capitalism. This should be a welcome contribution on the recently revived interest in the origins of the modern industrial system, in such specific issues as proto-industrialization and the significance of rural industry.

本書は二部構成。後発国日本での研究者として、西洋が早くから産業革命・近代資本主義を成し遂げたのはなぜかということについて、西洋の歴史資料を駆使して、明晰な仮説を提示した。それがここに初めて英文で示される。それは、まず、商人の活動から産業革命は生まれたという通説を批判し、中産的生産者層と名付けた〈中小の商品生産者となった農民層と町の職人層〉が、ギルドの規制のないカントリーで近代的商品生産を行った。やがてこの層は、企業家と労働者に二分化する。ともに、ウェーバーのいう「資本主義の精神」という（内から人を動かす力としての）エートスをもち、勤労を自分の宗教的義務と心得ていた。プロト・インダストリアライゼーション仮説にも一石を投じることになろう。

(5) 日本の社会経済史の理解に進む

もう一つの重要な命題に、産業化と近代化の違い、さらに「早期産業革命」についてのものがある。先生は「近代化と産業化の歴史的関連について――とくに比較経済史の視点から」（『著作集』四　二七三－九二頁）という、とても丁寧な、そして広い視野からの論文を書いておられる。こんなに簡単に言うと叱られてしまいそうであるが、まず「近代化 modernization」とは、伝統的社会の体制を支えた諸制度が解体され、そこから近代社会が形成されていくという意味に解する。だから、近代化とは、西欧諸国の近代化過程にみられたような「封建制から資本主義への移行をもちろんふくみながらも、その意味内容は、これよりはるかに広い概念となっているとされる。そして「産業化 industrialization」とは、経済の諸部門がしだいに営利企業（ビジネス）あるいは経営として営まれるようになっていく過程を意味するとされる。だから、生産過程はできるだけむだのない、合理的なものになっていくし、農業もビジネスとして営まれるようになっていくことを含む。こうした概念を日本に当てはめようとして、いろんなことを考えさせられる。明治維新によって日本は単なる産業化を達成したのか、あるいは近代化を達成したのか？

　こうなると、日本資本主義論争、労農派対講座派の論争を考えざるをえなくなる。いささか公式的になるが、労農派は、一九二七年当時、すでに日本は資本主義化しており、よってそれからの革命の主体は労働階級であるとしたのに対して、講座派の主張は、『日本資本主義発達史講座』が一九三二～三三年に発行された当時、日本資本主義は軍事的・封建的性格をもっていて、まだブルジョワ革命を達成していない、天皇制は地主とブルジョワジーを結んだ絶対主義権力で、農業は寄生地主制の支配下にある、よって、民主主義革命が当面の目標だとした。正直を言うと、わたくしはこのような定義を初めて読んだときには、その意味があまりよくわからなかった。少し広く捉えられるようになったのは、西洋史の時代区分を理解できたときである。西洋では、長い中世のあと、しばらく絶対主義と言われる時代がある。フランスでは、「朕は国家なり」と言ったルイ一四世（在位一六四三～一七一五）や、ルイ一六世（在位一七五四～一七九三）の時代を指し、イギリスではピューリタン革命（一六四二年に始まる）、クロムウエルによる独裁の期間・王政復古を経て、名誉革命（一六八八～一六八九年、無血革命とも呼ばれる）のふたつの革命からなるとされる。そして、アメリカではその独立戦争がアメリカにおける市民革命の意味を持ったとする説もある。

　すると、日本資本主義論争はどのような意味をもつことになるか。労農派は、明治維新を市民革命とすることができるとして、その後の明治時代は市民社会の時代だということになり、講座派では、明治維新は絶対主義をもたらしたのであって、よって明治時代は市民社会ではないということになる。大塚先生は講座派の立場であったと思う（もっと詳しい人たちには「それどころではない」と言われそうであるが……）。そして、太平洋戦争が終わり、戦後民主主義の時代になって、やっと日本は市民社会になった。

ちょっとだけ私事を挿入させていただきたい。わたくしの母は大正九年の生まれで、尋常小学校四年しか出ていない。農家の末子であったが、なんどかわたくしにはこんなことを言っていた――「こんなことを大きな声では言えないけど、あの戦争に日本は負けてよかった。もし勝っていたら、戦時中にあんなに威張っていた連中が、どんな顔をして威張り散らしていることになっているか……」と。母は、市民革命派であったと言えよう。しかし、吉田茂が軍事費を使うことを嫌って平和憲法に賛成して、ほっておけば四〇〇万人の餓死者が出ると占領軍が試算したこともあるのに、朝鮮戦争による軍需景気のあと、一九六〇年「安保の年」を経ると、あとを継いだ池田内閣は国民所得倍増を唱え、それを計画より早く実現する。しかし、その頃から、間人主義なる説が唱えられ始める。

大阪大学の社会学者浜口恵俊は、こう唱えた――西洋は個人主義の世界で、個人の identity を決めるのはその人個人であるとされる。それに対して日本では、その人の identity を決めるのは、その人がどのような人と付き合ってきているか、交わっているかによって決まり、この間人主義は個人主義より劣るものではなく、ただ、違いがあるだけだ……と。その頃から、たとえば池袋を出る最終電車は帰宅者で満員になっていた。つまり、サラリーマンたちは、五時に仕事が終わって帰るのではなく、夜の一一時までも仕事をし、そうでないとしても、他の社員と飲んでいた。日曜日には、一緒にゴルフまでした。だから、彼の付き合っていた人というのは、同じ会社の同僚たちであった。こうして、トヨタ人間ができ、松下人間、ソニー人間ができていった。しかも浜口はこれは個人主義に劣るものではない（あまりはっきりとは書かなかったと思うが）、かえって、高度経済成長をもたらすという、価値のあるものだった、そして、会社への忠誠心抜群の日本人労働者、過労死をもいとわない労働者が褒められる社会になっていたのである。

なんのことはない、市民社会の元である、独立した個人はいつの間にか、経済成長により適した、企業への忠誠心をもった「間人」になっていったのである。現在の安倍内閣が「働き方改革」を掲げるが、これはただ単に超過勤務の時間を制限すればすむようなものではない。われわれ一人ひとりの在り方（その identity）をも変えていかなければ、とても改革などできるものではない。

話をもとに戻すと、明治期はやはり市民社会とは言えなかった、いわば絶対主義であった。しかし、〈他のアジアの国々のように〉西洋の国の植民地にならないよう、必死で「富国強兵」を達成しようとし、ここには市民社会の原理は働いていなかった。つまり、「産業化」には成功したが、「近代化」はならなかったのである。

しかも、これは戦後社会においても達成されているわけではない。高度経済成長期を経て、日本は豊かになり、それを自慢までしている。わたくしは、開発途上国の研究をして、絶対的貧困としか言えない貧困のことを学ぶにつれて、たしかに、最低限、経済的な豊かさを遂げるだけでも意味があるのではないかと考えるようになっていった。アジア・アフリカ諸国を援助することも意味がある。しかし、わたくしが埼玉県の田舎に引っ越しをした頃（一九七六年）には、「よそ者」ということばがあって、公然と使われていた。同じころに近くに引っ越して来た人が、生後間もない赤ちゃんを亡くしたが、この「集落」の墓には埋葬させてもらえなかった。これを知っていたわたくしは、父親が死んだとき、集落とは関係ない、ここからほぼ一時間かかる巨大な民間の霊園の一角を買った。母もここにいる。戦後になっても、やはりPatrimonialismus の精神はなんと強靭で、長生きをしていることか。そして、「奴隷根性」（竹内好）も？

(6) 開発論、Senghaas論、世界システム論、オーストラリアの新保護主義

この間に、大学から海外研究を許され、一九八三年にドイツにおよそ半年ほど滞在し、Hannover 大学の先生たちと実に意味ある交友を深めることができた。その一つが、同大学でともに読んだ Dieter Senghaas である。比較経済史論がもとにあって、彼をよく理解しつつ、批判的に読むことができた（近藤正臣［一九八五］）。

わたくしの専攻はもともと開発途上国研究（あるいは開発経済学）であり、大東文化大学経済学部において（教養課程の英語のほか）「開発論」を担当した。そして、かつては〈低開発国〉とよばれていた国々の研究を比較経済史の枠組みで理解することができるようになり（近藤［一九八九］）、やがて、ウォーラーステインによる世界システム論を講義することを要請され、同氏の邦訳・一部

は英語の原書を読む機会を与えられ、これらの論者の論をどうしても大塚先生の比較経済史と比較せざるをえなくなっていった。その結果が、近藤正臣［二〇一〇aおよびb］である。

そして、この間に通訳をするためにも何度もオーストラリアに行き、この国との関係が深まった。クィーンズランド大学には、世界で初めての本格的な英日通訳論のコースがあったが、この卒業試験審査員を委嘱され、数年間、一一月の連休中にブリスベンに滞在し、じょじょにオーストラリアの社会経済史にも関心をもつようになっていった。こうした経験をしつつも、頭にあったのはいつも大塚先生の比較経済史であり、その比較対照から、さらに世界史の理解を深めることができた。オーストラリアでは、後発国として保護主義をとったのはもちろんであるが、この国独自の政策「新保護主義」という政策が採用された。保護主義によって海外の先進国から守られていた産業では、その企業が、その労働者にfair and reasonableな（公平かつ理にかなった・ほどほどの）賃金を払わなければならないという思想・政策である。この新保護主義をたいへんな苦労をして実現したのが、魅力的な文人政治家Alfred Deakinであった（近藤［二〇一三］）。

すでに「はじめに」にも書いたように、拙論はきわめて個人的な体験として大塚先生と大塚史学について述べさせていただいた。

参考文献

近藤正臣［一九八五］「ゼンハースの開発思想――従属理論から比較経済史へ（Dieter Senghaas on Economic

Development in the Third World – from Dependency to Comparative Economic History)」『大東文化大学紀要〈社会・自然科学〉』第二三号。

近藤正臣［一九八九］『開発と自立の経済学』同文舘。

近藤正臣［一九九〇］「開発途上国研究と比較経済史」『大東文化大学経済学部創設五〇周年記念論文集、アジアの伝統と近代化』。

近藤正臣［一九九三］「マレーシア経済――もう一つの見方」大東文化大学経済研究所『東南アジア経済調査報告』。

近藤正臣［二〇〇六］「オーストラリアにおける保護主義の起源――サイムとディーキン」大東文化大学経済学会『経済論集』第八七号。

近藤正臣［二〇〇七］「オーストラリアにおける新保護主義（New Protectionism in Australia)」大東文化大学経済学会『経済論集』第八九号。

近藤正臣［二〇一〇ａ］「Ｉ・ウォーラーステインの近代世界システム論〈私〉論　上」大東文化大学経済学会『経済論集』第九四号、三月。

近藤正臣［二〇一〇ｂ］「Ｉ・ウォーラーステインの近代世界システム論〈私〉論　下」大東文化大学経済学会『経済論集』第九五号、七月。

近藤正臣［二〇一三］『オーストラリアを創った文人政治家アルフレッド・ディーキン』明石書店。

Kondo, M. [1991] 'What Comparative Economic History Offers Development Economics: A Conceptual Approach,' *Ex Oriente,* Vol. V, the Institute for Oriental Studies, Daito Bunka University.

Kondo, M. [2012] 'Wallerstein Illuminates Otsuka on Modernity: A Very Personal Look at H. Otsuka's View of Modernity as Illuminated by I. Wallerstein's World-Systems Analysis'（大東文化大学経済学会『経済論集』第九八号。

X　二つの補遺――『大塚久雄著作ノート』に関連して

上野正治

大塚久雄没後二〇年記念シンポジウムに参加したのを機に、大塚にかんする著作ノートづくりを手がけてきた者として、この際二つのことを書き留めることにしたい。一つはこの二〇年間に催された大塚史学、大塚の学問と信仰および大塚史学をめぐる研究を対象とする研究会、シンポジウムおよび講演会等を管見の範囲で収録すること、もう一つは筆者翻案の「大塚久雄・略年譜」（二〇〇二年発表）に新たに一項目を加え、その背景をいくらか範囲を広げて説明することである。

(1)　大塚没後に開催された大塚史学に関連する研究会、シンポジウム等の一覧（開催時期、主催者、会場、報告者〔敬称略〕、題目等の順）

①　一九九七年六月　土地制度史学会　春季総合研究会　東京大学（経済）　論題「経済史における人間像――大塚久雄の方法をめぐって」　問題提起小野塚知二、報告小田中直樹　社会思想

としての比較経済史学派の人間像。岩尾龍太郎　大塚久雄氏のロビンソン解釈の問題点。藤井隆至　近代日本の社会認識における人間像。深貝保則　商業精神論の系譜、経済人像の系譜。司会大森弘喜、石原俊時。

② 一九九七年七月　大塚久雄記念キリスト教講演会　明治大学（院）講堂　講演山下幸夫　無教会キリスト者大塚久雄教授を想う。中村勝己　大塚久雄における社会科学とキリスト教。コメント今関恒夫、妹尾陽三、柳父圀近。司会田村光三。

③ 二〇〇一年一一月　聖学院大学総合研究所　東京・池袋　国際シンポジウム　大塚久雄における「歴史と現代」――没後五年を記念して――　報告関口尚志　バブルを拒んだ経営者の魂――大塚久雄の「歴史と現在」――。ヴォルフガング・シュヴェントカー　比較近代化論――大塚久雄と西洋社会科学――。柳父圀近「前期性」の克服――大塚久雄と丸山眞男――。梅津順一　大塚久雄と「新しい共同体」。司会高村孝治。

④ 二〇〇二年一月　福島大学附属図書館　「大塚久雄文庫」開設記念講演会　講演関口尚志　大塚久雄の人と学問。

⑤ 二〇〇六年六月　政治経済学・経済史学会（旧土地制度史学会）春季総合研究会　東京大学（経済）　論題『共同体の基礎理論』を読み直す――共同性と公共性の意味をめぐって――　問題提起小野塚知二、報告黒瀧秀久　『共同体の基礎理論』の現代的位相。荒井聡　現代における「農業共同体」の性格と機能――大塚久雄『共同体の基礎理論』を手がかりに――。渡辺

尚志　日本近世村落史からみた大塚共同体論。三品英憲　大塚久雄と近代中国農村研究。飯田恭　共同体の「ゲルマン的形態」再考――静的モデルから動的モデルへ――。司会小野塚知二、沼尻晃伸。

⑥　二〇〇六年一〇月　社会経済史学会関東部会　東洋大学　報告小田中直樹　大塚史学の今日的意義――小田中直樹『日本の個人主義』（ちくま新書、二〇〇六年）をめぐって――。コメント梅津順一、道重一郎。

⑦　二〇〇七年一〇月　立教大学　経済学部百周年記念公開講演会　大塚久雄の経済史　講演住谷一彦　大塚久雄と私。齋藤英里　コモンウィールと大塚史学。関口尚志　大塚久雄の「歴史と現在」。司会小林純。

⑧　二〇一二年七月　社会経済史学会関東部会　早稲田大学　大塚史学をめぐって　報告齋藤英里　大塚久雄の「イギリス経済史研究」――その問題の立て方と歴史像の形成――。須永隆イギリス経済史研究から見た大塚史学――その批判的継承――。

⑨　二〇一三年九月　社会経済史学会北海道部会　北海道大学（経済）合評会　恒木健太郎著『「思想」としての大塚史学――戦後啓蒙と日本現代史』（新泉社、二〇一三年）　報告長谷川貴彦、橋本努、恒木健太郎。

⑩　二〇一四年六月　日本経済思想史学会全国大会　福島大学　シンポジウム大塚久雄と日本経済思想　イントロダクションと全体コメント菊池壮蔵。報告恒木健太郎　大塚久雄におけるマ

ックス・ヴェーバーの「経営」論受容。齋藤英里　大塚久雄の「比較経済史研究」――英蘭比較のなかの日本――。道重一郎　大塚久雄の国民経済論――局地的市場圏から国民経済へ――。司会中村宗悦。

⑪　二〇一六年一一月　大塚久雄没後二〇年記念シンポジウム実行委員会　青山学院大学　没後二〇年記念シンポジウム――資本主義と共同体――　問題提起梅津順一。報告齋藤英里　資本主義と可能性としてのコモンウィール。小野塚知二　近代資本主義とアソシエーション――永遠の希望と永遠の絶望――。小林純　国民経済と経済統合。討論柳父圀近、須永隆。司会高村幸治。

右にみるとおりその数は十指余り。大塚が設立時から会員、理事であった二つの学会――社会経済史学会（一九三〇年設立）と土地制度史学会（一九四八年、現政治経済学・経済史学会）の研究会と、門下生有志らを中心とした周年記念的なシンポジウムが目を引く。テーマとしては大塚史学の現代的意義を問うもの、それに共同体論の今日的位相と「新しい共同体」の有り様を問う③⑤⑪の間には、明らかに関連性を見出すことができる。

(2)　前項にある「大塚久雄文庫」は、大塚死去の翌年、一九九七年に福島大学に寄贈された大塚の蔵書と資料をもとに〇二年一月、同大学附属図書館に開設された。開設に合わせて刊行された『大塚久雄文庫目録』(A4判、四二六頁)に、筆者は吉原泰助学長(当時)の計らいで全七二項目からなる「大塚久雄・略年譜」を収載していただいた。以下ではその後の調べで明らかになった事柄を一項目として新たに追加し、その時代背景と日本学術会議発足までの一斑についても説明したい。

今回、「略年譜」に加える事項

一九四六年九月　文部省人文科学委員会委員を委嘱される(第五部・経済)。

人文科学委員会は、アジア太平洋戦争の敗北から一年、連合国軍の占領統治下、人文科学(社会科学を含む)の発達、普及を目的に、四六年九月文部省訓令をもって設置された。人文科学委員会は、戦前・戦中の自然科学偏重の学術行政を省み、二つの科学の均衡ある発展を計って設置された、行政機構から独立した合議制の組織という特長を有し、五〇年四月まで活動した。大塚は、省内に設けられた委員会から「学界の中心に活動」し、「人文科学振興の熱意と学問的実力を持っている者」として、第一期委員七八人の一人に推薦されている(任期二年)。委員としての役割についてはは人文科学委員会規程および会則に譲るが、大塚は常任委員に推されて委員会の運営に参画したほか(委員長山田盛太郎)、編集委員も兼ねて機関誌『人文』の編集にもたずさわっている。

しかし、委員就任から一年に満たない四七年六月、委員としての務めを含むすべての活動は病のため休止となる。終戦直後からここに至るまで大塚の活動には目を見張るものがあった。いくつかの側面に少しく触れておくと、まず大学教官として、「全学問的な情熱を傾け、可能な最高水準の講義」を行って、敗戦で虚脱状態にある数多の学生に自信を取り戻させようとしている。また戦時の学問統制から自由になった研究者として、戦後いち早く再起動した歴史学研究会の封建制分科会を足場に「アジア的生産様式」や、当時わが国では未発表のカール・マルクスの原稿《資本制生産に先行する諸形態》をめぐって、長時間の熱心な議論に加わっている。その中で大塚は、「近代の起点」と題する封建制から近代への推転にかんする二つの道について、部会報告を行っている。

論壇（誌）に向けては自らの思想と学問に基づき、啓蒙的な論考を矢継ぎ早に発表しただけでなく、大学の内外で数多い学術講演や文化講演を行っている。キリスト者としても復員した若手研究者らの求めに応じ、「キリスト教社会科学研究会」という名称の読書会を主宰するなどしている。これに人文科学委員会委員としての務めである。家族は大塚の一人で何人分もの働きをただハラハラして見ているほかになかったが、その様は無窮動（松田智雄）で強い使命感に支えられたものであった。しかし戦時・戦後の劣悪な生活条件を生きてきた者にとって、これほどの活動は身体消磨に等しく、四七年六月大塚は胸部疾患と診断され、以後四年に及ぶ病床生活を強いられることになる。折しも「大塚史学批判」が始まっていたが、病状は三回の大手術を要するほどに重く、医師からは一時読書さえ禁じられていた。しかし、この間の観想と思索はのちに局地的市場圏論（五一年）や共同体論（五五年）として結実する。大塚は「死なんとする者の如くなれども、視よ、生ける者」（コリント後書六の九）として、斯界に復帰した。

戦後直ぐのわが国の課題の一つは、学術研究体制の刷新（民主化）にあった。現に敗戦の年の終わりには自然科学の分野で刷新の動きが始まってもいた。しかし、旧学術三団体――帝国学士院、学術研究会議、日本学術振興会における論議は錯そうするばかりで、所期の目的を果たせなかった。結局、新しい学術研究の体制づくりは、ＧＨＱの意向や文部省の仲立ちなどを経て四七年八月、内閣総理大臣のもとに発足した学術体制刷新委員会が主導することになった。この委員会の委員（一〇八人）は科学者たちの選挙で全国から選ばれ、委員会自体、官制に基づかない自主性の強いものであった。委員会は、学術体制の新しい在り方について七ヵ月という短期集中的な審議で結論を得、四八年四月内閣総理大臣に報告した。政府は、委員会の報告をほとんど変更することなく日本学術会議法として法案化し、両院の審議に付したのち同年七月一〇日、日本学術会議法として制定公布した（日本学術会議の発足は翌年一月二〇日）。敗戦にともなう宿題、学術研究体制の刷新は、表向き日本学術会議法の制定をもって解決された。

なお、学術体制刷新委員会は、先の結論の中で人文科学委員会についても言及し、「人文科学委員会の事業のうち研究の助成及び普及、学会の振興策等日本学術会議の任務に属するものは、日本学術会議においてこれを行う」とする文部大臣への勧告も行った。人文科学委員会は予て自らが審議してきたところと重ね合わせて、四九年一一月に「民間移行」を議決した。人文科学委員会は五〇年四月の総会をもって解散し、日本人文科学会という民間学術団体となった。

大塚は、平和的文化国家建設の一翼をになった人文科学委員会の委員を務めたほか、また後年には日本学術会議会員にも就任（六三年一月、第六期・第三部）している。これらはその内実からみて「大塚久雄氏　審議会とは無縁の生涯　「政府とは一線」貫き通」した、とする見方（賀来景英氏。朝日新聞一九九六年七月一〇日付）と齟齬をきたすものではない。

参考文献

赤井達也［二〇一三］『「紙上の教会」と日本近代　無教会キリスト教の歴史社会学』岩波書店。

中田易直［二〇一五］「戦中・戦後の文部省学術行政（下）」『日本歴史』第八一一号。

『日本学術会議二五年史』［一九七四］。

小野塚知二・沼尻晃伸編著［二〇〇七］『大塚久雄『共同体の基礎理論』を読み直す』日本経済評論社。

関口尚志［二〇〇三］『大塚久雄の人と学問』（非売品）福島大学附属図書館。

『聖学院大学総合研究所紀要』第二三号別冊（大塚久雄における「歴史と現代」特集号）［二〇〇二］。

田村光三編［一九九七］『大塚久雄――キリスト者・社会科学者』シャローム図書。

ヨーマン会編［一九九〇］『師・友・学問――ヨーマン会の半世紀』（非売品）。

『歴史学研究』［一九四七］第一二七、一二九号（「会報」欄）。

上野正治［二〇一六］「文部省人文科学委員会について」『桜の聖母短期大学人間学研究所所報』二一号。

XI　大塚久雄について若い友人に話すなら

高嶋修一

学問というのは、あたかも地中に埋もれている素晴らしい宝物を掘り出すかのように、あらかじめ存在はしているけれど人々にはまだ知られていない「真理」を発見していくようなものではない。どんなに広く知られ応用されている命題であっても、それは決して自明ではありえず、極めて蓋然性が高い仮説に過ぎないのであって、そうした「無限の仮説の応酬」こそが学問的営為の本質である。

そんな覚束なさにもかかわらず、なぜ人は学問的探究をするのか。さらに言えば、その営みは何になるのだろうか。この問いに対する、さしあたりの回答は次の通りである。それは、我々をとりまく環境一般、要するに世界に対する不安や戸惑いに対処するためである、と。望みもしないのにこの世に生まれていつかは死なねばならないことの不条理や、一人では決して生きていけないにも関わらず他者との関係がしばしば破滅的な軋轢に帰結することの矛盾、その他もろもろのやり切れなさの根本を何とか説明してやりたいというのが、学問的欲求の根源である。要するにそれは、宗教や芸術などと同様、世界について納得するための様々な仕方の一様式なのだ。

大塚久雄（一九〇七‐九六）という歴史家は、「過去の人々はどうやって世界に納得しようとしたのか」を追求することで、同時に自身を取り巻く世界に納得しようとした人であった。大塚の歴史学は大まかに言えばマルクス理論に立脚していたが、そうした学派のうちで大塚以前に主流の座を占めていたのは「過去の人々が世界の中でどの位置にいたのか」を説明しようとする学問であった。そのためには世界の見取り図を作成し、構造を説明してやらなければならない。それはそれで大仕事であったが、大塚はこれに「人々が世界をどう見て、何を考えていたのか」という論点を加えたのである。こうした方法は、マックス＝ヴェーバー（一八六四‐一九二〇）の影響を受けたものであった。大塚史学が「マルクスとヴェーバーの接合」と言われるゆえんである。

ヴェーバーと大塚はどちらも、西欧で近代社会が誕生するに際して人々の精神がどのように影響したのかを問題にしたのであるが、そのトーンはやや異なっていた。ヴェーバーがプロテスタント的禁欲を帯びた人々により期せずして近代社会が生み出されたとしたのに対し、大塚は封建社会の桎梏に飽き足らない人々がより積極的に近代社会を建設していく側面を強調したのである。自由で自立した精神の持ち主たちがお互いを対等な立場として承認し合い、意見や財やサービスを交換する。このような、主体性を基礎にした近代社会の形成過程を描いたところに、大塚史学の特色があった。

大塚がこのような議論を形成したのは、ちょうど第二次世界大戦の最中であった。戦争が大塚にもたらしたものは、生物学的な死の危機にとどまらなかった。大塚の学問そのものが、政府の抑圧下において存亡の危機にさらされたのである。自らの学問を学問外的な力によって否定されることは、真摯な学者にとって精神的な死を意味する。そんな不条理な世界を、どのように納得してやればよいのか。日本が破局に向かいつつあることを悟った大塚は、そこに至った原因を近代的な主体の未成熟に求め、人々が自発的に社会を形成できなかったゆえにズルズルと戦争へ突き進んだのであると考えた。そして、逆に近代市民社会がいち早く形成された西欧なかんずくイギリスに、普遍的な先進性をみて取ったのである。

戦争が終わると、抑圧から解放された諸学問が一斉に開花の時期を迎えた。大塚史学は、丸山眞男（一九一四-一九六）の政治学とともに、時代の花形となった。丸山は、自由で自立した責任ある主体同士が意見をたたかわせるという近代的な「政治」の欠如を日本社会に見出し、大塚史学と相似をなす議論を展開した。つまり、主体の確立による人類の解放という点で、両者は実践的な問題意識を共有していたのである。世界は変えられる、しかもみずからの手で。こうした希望は、当時の人々の心にどれほど響いたことであろうか。

もちろん、そのことで大塚史学が金科玉条となったわけではない。むしろ、大塚に対する批判は当時から盛んに呈された。とりわけ多く寄せられたのが、近代をポジティブに捉える姿勢がその肯定につながるという批判であった。当時、マルクス主義の影響下にあった思想は多かれ少なかれ資本主義という経済システムあるいは近代という時代を批判的に見ていたのであるが、その中にあって大塚が人々に「近代人たれ」と呼びかけたことが、波紋を呼んだのである。誤解のないように断っておけば、大塚は無批判に近代という時代を受け入れようとしていたわけではない。ただ、日本を近代以前的な社会とみなしていた大塚にとっては、「まず近代を」というのが当面の課題だったのである。

今日から見れば、こうした大塚の立論には封建社会→近代社会→ポスト近代社会という単線的な発展段階論にとらわれていた嫌いがあったことは否めない。より望ましい社会をつくるために、まず欠点だらけの近代社会を作らなければならないという論理的必然性はどこにもなかったはずであるが、こうした批判が全盛期の大塚史学に投げかけられることはなかった。大塚史学（および丸山政治学）を批判した人々もまた、同じような単線的発展段階論を奉じていたからである。

大塚史学の影響力を揺るがしたのは、学界や論壇における応酬よりはむしろ、現実の社会情勢であった。とりわけ重要な転機とされるのは、一九六〇年の安保闘争である。国民的合意が必ずしも形成されないまま日米安保条約を更新しようとした政府に対する人々の反発は高揚し、一時はデモ隊が国会議事堂を包囲する事態にまで至った。しかしこれは結局のところ「敗北」に終わり、人々は世界が依然として自分たちにはままならない大きな力に動かされていることを思い知らされた。世界の不条理さについて人々が抱いた諦念は、大塚史学や丸山政治学を「古典」の位置に追いやったのである。

そして、歴史研究の世界でもこうした時代状況に照応する潮流が生まれていった。大塚史学の問題意識を根本的なところで引き継ぎつつも、それへの批判として展開した諸研究は「社会史」とか「民衆史」と呼ばれたが、そこで彫琢されていった重要な論点のひとつが、「近代人として目覚めた人々でさえ、獲得した主体性の延長上に全体主義を志向する」ということであった。こうした歴史観は、一九九〇年代に「国民国家（批判）論」として全盛を迎えるに至り、やがて大塚その人の思想のうちにさえ上記のような傾向があったと指摘する研究も現れた。また、歴史研究以外の分野、たとえば哲学においても、世界があらかじめ存在していて主体性をもった人間がそれに対峙するという図式そのものが相対化されるようになっていった。

世界の不条理が実は近代の落とし子であったというならば、大塚にとってこれほど悲惨な見通しはない。このようなペシミスティックでシニカルな思想的潮流を大塚がどのように見ていたのか筆者は不勉強にして知らない。しかし、「解放を諦めない」という一線を譲らなかったことだけは確かであろう。この不条理な世界はいつか突破されるという展望を、大塚は抱き続けた。人によっては、そうした事柄が大塚の専門であった経済史学の領分なのかと訝しがるかもしれない。しかし大塚にとっては、経済史の実証作業と、世界観の大元をなす思想ないしは信仰とは密接不可分に結び付いたものであり、学問とはそうした精神的営為のすべてであった。

いささか唐突だが、このような大塚の姿勢から想起されるのが安丸良夫（一九三四－二〇一六）の通俗道徳論である。それは、一九世紀半ば以降の日本人は謹厳や倹約などの規範を内面化し、そうした思想的傾向が第二次大戦後まで続いたとする説である。プロテスタンティズムに類比される世俗的禁欲が日本における資本主義の生成と展開にも伴っていたというのがその要点であるが、同時に人々がそうした規範を内面化するプロセスに主体的契機が見られたというのも重要な指摘であった。ただし、それは大塚史学におけるような世界を変え得る強い主体ではない。人々は世界と自分との極度に非対称な関係の中でごくわずかしか自分を取り囲む環境について認識し得ないまま、しかし一方的に状況に巻き込まれるのではなく、言わば自覚的に翻弄されることで主体性を獲得するというのである。それは、不条理な世界の中で主体性を保ち続けるための、一つの回答であったとも言える。

こうした通俗道徳的な人間像に、世界の不条理さを身に染みて知りながら「それでもなお」と格闘した大塚の姿を重ねるのは誤りであろうか。例えば『社会科学における人間』(岩波書店、一九七七年)という書物において、大塚は孤島に漂流したロビンソン・クルーソーを引き合いに出し、彼が信心深く禁欲的で合理的な生活態度を獲得した末に救援されるというストーリーの内に、近代人としての自覚と解放を読み取っていく。ごく限定された世界認識能力しか持たないまま必死で自身と世界との関係を模索するというやや通俗道徳的なロビンソン・クルーソー像は、同時に大塚自身の投影でもあった。そこには、解放を展望しなければ世界について納得できない、という大塚の意思が込められているようにも思われる。

大塚史学には、学説的な面においては今日の水準に照らして批判されねばならない点がいくつもある。しかしそれは当然のことであって、いまさら大塚史学に学説レベルでの綻びを見つけて「だから古い」と指摘したところで生産的な議論につながる可能性は低いし、逆に「大塚の学説はまだ有効だ」とだけ繰り返すことにも大した意味はないだろう。しかし、大塚史学の思想としての側面、つまりその世界への向き合い方をみるとき、そこには立場や学説の相違といった次元を超えた、黙って頭を垂れるべき真摯な姿勢を見出すことができるはずである。そのうえで思想としての大塚史学の、世界における位置を見極めることが、過去に生きた人を歴史上の人物として取り扱うときの礼儀作法というものであろう。

もし今、大塚の名前さえ聞いたことのない若い人々に対し大塚について話すことがあるとすれば、「大塚はかくかくしかじかの立派なことを言った」と説くのではなく、「大塚という人は苦しんでいた、あなたと同じように」と語りかけるのが良いと思う。「世界について本当は誰も納得などしていなくて、それはあなたと同じで、そういう問題について一生懸命考えた人は昔からたくさんいて、その一人に大塚久雄という人がいました。時と所が違うから今のあなたの苦しみとは少し違って見えるかもしれないけど、彼のことを知れば、もしかしたら何かしらの手がかりが得られるかもしれませんよ」と。

大塚久雄略年譜

略年譜

人文社会科学の動向	日本と世界の動向
Cunningham *The Common Weal: six lectures on political philosphy,* Cambridge	2. ロシア革命
12. リッカート『文化科学と自然科学』近藤哲雄訳，大村書店	
Lederer, Konjunktur und Krisen. In: *Grundriss der Sozialökonomik*, IV-1. Mohr	
Tawney, *Religion and the rise of capitalism: a historical study*, John Murray	
7. リッカート『認識の対象』山内得立訳、岩波文庫	
レーニン『ロシアにおける資本主義の発達』井上満・山内封介訳、レーニン著作刊行会	
12. ヴェーバー『社会経済史原論』黒正巌訳、岩波書店	
本位田祥男『英国経済史要』日本評論社	
ヴェーバー『社会学の方法的原理』坂田太郎訳、岩波書店	3. 内村鑑三死去
9. 中西寅雄『経営経済学』日本評論社	9. 18 柳条湖事件
1932～3.『日本資本主義發達史講座』	3. 満州国独立宣言
ゾンバルト『資本主義の将来』鈴木晃訳、春秋社『世界大思想全集 86』所収	1. 30 ヒトラーの首班指名
6. トーニー『宗教と資本主義の勃興』賀川豊彦・鎗田研一訳、警醒社	
2. 山田盛太郎『日本資本主義分析』岩波書店	
5. 宇野弘蔵『経済政策論（上）』弘文堂書房	2・26 事件
11. ヴェーバー『社会科学方法論』富永裕治・立野保男訳、岩波書店	
ゾンバルト『国民経済学と社会学』宇治伊之助訳、大同書院	7. 7 盧溝橋事件、日中戦争 9. 戦時統制経済の諸法律公布
11. 野村兼太郎『英国資本主義の成立過程』有斐閣	12. 矢内原事件
5. ヴェーバー『プロテスタンティズムの倫理と資本主義の精神』梶山力訳、有斐閣	4. 国家総動員法公布
	1. 平賀粛学

大塚久雄

年	歳	大塚の生涯	大塚の代表的著作・編著・翻訳書など
1907		5. 3 京都市に生まれる	
1917			
1920			
1925			
1926			
1927		3. 第三高等学校卒業	
1928		6. 内村鑑三より受洗	
1930	23	3. 東京帝国大学経済学部卒業 4. 同大学助手　1933 年 3 月まで	
1931			
1932			
1933		3. 立教大学、中央大学講師	
1934		4. 法政大学非常勤講師	
1935		4. 法政大学助教授	
1936			
1937			
1938	31	4. 法政大学教授	2.『株式会社発生史論』有斐閣 12.『欧洲経済史序説』時潮社
1939		4. 東京帝国大学講師 8. 同，助教授	

人文社会科学の動向	日本と世界の動向
10. ヴェーバー『儒教と道教』細谷徳三郎訳、弘文堂書房	
12. ゾンバルト『高度資本主義』梶山力訳、有斐閣	
8. ブレンターノ『近世資本主義の起源』田中善治郎訳、有斐閣	12. 8 日米開戦
4. 高宮晋『企業集中論』有斐閣	
12. ゾンバルト『近世資本主義』岡崎次郎訳、生活社	
6. 大河内一男『スミスとリスト』日本評論社	
	8. 15 終戦
	10. マッカーサー「5 大改革指令」
	11. 財閥解体開始
	12. 第一次農地改革開始
10. 中村常次郎『経営経済学序説』文化堂印刷所	1. 天皇人間宣言
	10. 第二次農地改革開始
	4. 独占禁止法公布
	5. 3 日本国憲法施行
11. 大学新聞連盟編『大塚史学批判』大学新聞連盟出版部	
8. マルクス『資本制生産に先行する諸形態』飯田貫一訳、岩波書店	
10. 白杉庄一郎『近世西洋経済史研究序説』有斐閣	6. 25 朝鮮戦争勃発
11. 矢口孝次郎『資本主義成立期の研究』有斐閣	4. 28 旧日米安保条約発効
9. 角山栄『資本主義の成立過程』ミネルヴァ書房	

年	歳	大塚の生涯	大塚の代表的著作・編著・翻訳書など
1940	33	4. 第一高等学校講師を兼任	
1941		6. 左脚を大けが	
1942			
1943		1. 手術で左脚上部を切断	
1944		3. 神奈川県与瀬町（現相模原市）に疎開	2.『近代欧洲経済史序説（上）』時潮社
1945	38		
1946		4. 文京区本郷のYMCA会館へ転居	
1947		4. 東京大学教授	4.『近代資本主義の系譜』学生書房
1948			1.『近代化の歴史的起点』学生書房 5.『宗教改革と近代社会』みすず書房 9.『近代化の人間的基礎』白日書院
1949	42	10. 経済学博士	10.『近代資本主義の起点』学生書房 10.『近代欧州経済史入門』時潮社
1950			
1952			2.『富──その実態と幻像』弘文堂 2.『近代人の生活態度』御茶の水書房 9.（編著）『近代の産業』毎日新聞社
1955			3.（共訳）ヴェーバー『プロテスタンティズムの倫理と資本主義の精神（上）』岩波書店 7.『共同体の基礎理論──経済史総論講義案』岩波書店 11.（共訳）ピレンヌ『資本主義発達の諸段階』未来社
1956			11.『欧州経済史』弘文堂

人文社会科学の動向	日本と世界の動向
1. 角山栄『イギリス絶対主義の構造』ミネルヴァ書房	2. 25 スターリン批判 10. 23 ハンガリー動乱
6. 角山栄『イギリス毛織物工業史論——初期資本主義の構造』ミネルヴァ書房	6. 23 日米安保条約発効
6. ロストウ『経済成長の諸段階』木村・久保・村上訳、ダイヤモンド社	
12. 堀江英一編『イギリス革命の研究——その農業変革を中心として』青木書店	
	2. 日本ガット 11 条国への移行決定
10. 飯沼二郎『地主王政の構造』未来社	10. 東海道新幹線開通、東京オリンピック
2. 上野正治『大塚久雄著作ノート』図書新聞社	1. 11 中教審「期待される人間像」中間草案
	3. アメリカ、北ベトナム空爆開始
3. 越智武臣『近代英国の起源』ミネルヴァ書房	10. 31 中教審答申「期待される人間像」
	5. 中国で文化大革命　〜’77.10
	大学紛争
	大阪万国博覧会
	ロッキード事件

年	歳	大塚の生涯	大塚の代表的著作・編著・翻訳書など
1958			
1960	53		5.（共編）『西洋経済史講座』全5巻、岩波書店刊行開始、1962. 4. 完結
1961		8. 第二回国際経済史会議（フランス）で報告	
1962		日本学術会議会員に選出	2.（共編）『経済史学論集』河出書房新社 4.（共著）『真理への畏敬　矢内原忠雄先生信仰50年記念講演』みすず書房 8.（共訳）ヴェーバー『プロテスタンティズムの倫理と資本主義の精神』（下）
1963			
1964	57	12. マックス・ヴェーバー生誕100年記念シンポジウム	
1965			4.『国民経済――その歴史的考察』弘文堂 6.（共著）『マックス・ヴェーバー研究』岩波書店 11.（編著）『マックス・ヴェーバー研究　生誕百年シンポジウム』東京大学出版会
1966		4. 国際基督教大学客員教授	6.『ヴェーバー社会学における思想と経済』みすず書房 9.『社会科学の方法――ヴェーバーとマルクス』岩波書店
1967	60		7.（共編）『帝国主義下の国際経済――楊井克己博士還暦記念論文集』東京大学出版会 8.『社会科学と信仰の間』図書新聞社
1968	61	3. 東京大学定年退官 東京大学名誉教授	1.（共編）『資本主義の形成と発展――山口和雄博士還暦記念論文集』東京大学出版会 5.（編著）『西洋経済史』筑摩書房
1969			1.『大塚久雄著作集』全10巻刊行開始，1970. 2. 完結
1970		4. 国際基督教大学教授	6.（監訳）スミス『近代日本の農村的起源』
1972			10.（共訳）ヴェーバー『宗教社会学論選』みすず書房
1973		4. 国際基督教大学ユニヴァシティ・プロフェッサー　～78. 3	12.（編著）『後進資本主義の展開過程』アジア経済研究所
1975		11. 文化功労者に選出	
1976			

人文社会科学の動向	日本と世界の動向
9. アンウィン『ギルドの解体過程——16・17 世紀の産業組織』樋口徹訳、岩波書店 11. フランク『従属的蓄積と低開発』吾郷健二訳、岩波書店 11. 川北稔『工業化の歴史的前提』岩波書店	
	12. バブル景気の始まり 11. ベルリンの壁崩壊 10. 東西ドイツ統一 証券不祥事　12. ソ連邦解体 11. 欧州連合誕生 3. 4 小選挙区比例代表並立制導入

科学の動向欄には、大塚の思想や学問的背景の理解にとって重要と思われる主な著作を記載した。作
作ノート』(図書新聞社、1965 年)、石崎津義男『大塚久雄　人と学問』(みすず書房、2006 年)など

年	歳	大塚の生涯	大塚の代表的著作・編著・翻訳書など
1977			6.『社会科学における人間』岩波書店
1978	71	3. 国際基督教大学定年退職 4. 国際基督教大学客員教授	4.『生活の貧しさと心の貧しさ』みすず書房
1979			1.『意味喪失の時代に生きる』日本基督教団出版局／10.『歴史と現代』朝日新聞社
1980			
1982			*The Spirit of Capitalism: The Max Weber Thesis in an Economic Historical Perspective,* translated by M. Kondo, Iwanami Shoten
1983			
1985		3. 国際基督教大学客員教授辞任	
1986	79		2.『大塚久雄著作集』第 11～13 巻刊行開始，4. 完結
1989			1.（訳）ヴェーバー『プロテスタンティズムの倫理と資本主義の精神』岩波書店
1990			
1991			
1992		11. 文化勲章受章	
1993			4.『社会科学と信仰と』みすず書房
1994			
1996	89	7. 9 永眠	

注：年譜の業績欄には大塚の主要著書のほか、編著、共著・共編著、訳書・共訳書などを、人文社会
成に際して、『大塚久雄著作集』第 13 巻（岩波書店、1986 年）のほか、上野正治編著『大塚久雄著
を参考にした。

大塚久雄の代表的著作案内

『株式会社発生史論』と『近代欧洲経済史序説』

『株式会社発生史論』は一九三八年二月、有斐閣から刊行された。この年、大塚は若干三〇歳。法政大学助教授であった。日中戦争が開始され、学問の自由が失われていった時代に刊行された同書こそ、大塚の学問的原点をなす。

近代資本主義を特徴づける株式会社は、歴史上どのようにして発生したのか。この点を近世の南ドイツ、イタリア、オランダ、イギリスなど各国の史実に探ったのが、『発生史論』のテーマである。その際、大塚は二つの理論を駆使している。①企業形態が歴史上、合名会社→合資会社→株式会社と段階的に発展してきたのは何故か。この点を解明したのが、「結合と支配」の理論である。②初期の株式会社が株主総会を欠き、専制型構造をとったのは何故か。その理由を解明したのが、「前期的資本」の理論である。この前期的資本こそ、大塚史学の根幹をなす理論的概念である。同書で論じられたオランダとイギリスの対比は、初期から晩年まで大塚の比較経済史の一貫したテーマであった。

『発生史論』刊行から一〇か月後の一九三八年一二月、大塚は第二作を著す。『欧洲経済史序説』（時潮社）である。本書は法政大学における経済史講義のテキストであり、学会への問題提起となった『発生史論』とは性格が異なる。だが、『発生史論』のベースになった巨視的歴史像や前期的資本の理論は、『序説』において一層深められている。

ただし、同書については史実の裏付けが不十分だとの批判があった。これに答えるため、『序説』の増訂版として世に問うたのが、『近代欧洲経済史序説・上巻』（時潮社、一九四四年）であった（下巻は、著者の健康状態のため未完に終わった)。新『序説』で大塚が問題としたのは、西欧の世界史的膨張という事実である。帝国イギリス、商業・貿易で発展するイギリスという今日の「通説」は、大塚にとってむしろ自明の前提であった、その事実から出発した大塚がたどりついたのが、「国民的生産力」の問題であった。『発生史論』が株式会社としてのオランダ・イギリス両東インド会社の経営構造を比較したのに対して、新『序説』では両国の国民的生産力が対比され、世界に先駆けて産業革命のゴールに達したイギリスの「国民的生産力」の急激な展開に着目している。

さらに、大塚はこの国民的生産力の問題を掘り下げ、「農村工業」「中産的生産者層」「マニュファクチャー」などの歴史的諸範疇に到達している。前期的資本と結びついた都市の織元にではなく、自由な農村においてマニュファクチャーを営む織元に担われた毛織物工業こそ、初期資本主義の基軸としての経営形態であった。

これらの著作のなかで、大塚は日本について一言も語っていない。しかし、『発生史論』後編には、戦後の民主化による財閥解体についての予言的示唆がみられる。新『序説』には、日本の膨張路線・帝国支配に対する批判を読み取ることができよう。「近代の超克」が叫ばれた戦時期にあって、大塚は「近代への到達」の意義を示したのである。

これらの著作は、日本が国際社会から切断された困難な時代に書かれた。そうした制約にもかかわらず、いや、むしろそうだったからこそ、大塚は日本人としての視点に立ち、ヨーロッパ史を自覚的に再構成できたのである。学問の国際交流と一次史料の利用が当然のこととなり、研究テーマの細分化と実証が進展する一方で、私たちは研究の根本的意義を見失い、迷路をさまよってはいないだろうか。大塚が示した研究姿勢と問題の立て方、そこから構築された歴史像・人間像に改めて学ぶ意義は大きい。

(齋藤英里)

『近代化の人間的基礎』と『宗教改革と近代社会』

戦前の日本は、政治的、経済的に強い「前近代性」を残していた。それだけに、戦後の農地改革や、財閥解体、天皇の人間化などの「制度改革」を大塚は歓迎した。しかし、「人間類型」の近代化は、戦後の容易ならぬ課題だとも見ていた。農村を基本として、閉鎖的な呪術的「共同体」（ムラ）意識や、地主等への擬制的な「親—子」関係を特徴とする共同体的な「人間類型」が、全国に見られた。この心性は都市部に暮らす人々の内面にも広がっていた。こうした集団主義と、擬制的な「親—子関係」は、政治的民主化と、経済におけるフェアプレー（労賃の問題を含めて）を阻害して来た。大塚はこの二つの著書で、戦後の制度改革を論じつつ、同時に「人間類型の近代化」の参考事例として、西欧史上の「封建制から資本主義への移行」において生じた「近代的人間類型」の成立過程を語っている。

特にイギリスにおける、中産的生産者層の経済的発展と、彼らが担った市民革命（ピューリタン革命）への経緯を（またアメリカのニュー・イングランドを中心とする、ベンジャミン・フランクリンの生きた市民社会の形成過程をも）、大塚は、近代化と「近代的人間類型」を考える参考に呈し、そこでは、次のような事情が、近代的人間類型を作り出したと論じている。

①ひとつには、イギリスでは早期の農民解放によって、領主と共同体から自由となった半農半工の独立生産者たちが出現し、局地的な市場を作ってコモンウイール（民富）の世界を形成しはじめ、それがしだいに生産力ないし産業資本主義の発展をもたらしたこと。また一つには、②ルターの宗教改革が、世俗の職業を、単なる「なりわい」（生存手段）と見ることを禁じ、これを、相互の需要を満たす「隣人愛実践」として、

神が人に与えた神聖な使命 Beruf であると意味づけたこと。（爾来、プロテスタント文化の中では、この職業の理念が、人々の職業活動を積極的に動機づけた。とくにイギリスに広がったカルヴァン派では、救いに関する「予定説」の影響が、心理的にも、職業労働に生きる禁欲的な人間類型を作った）。③この①と②が、結びついて「社会的に有益 good of the many」と思われた産業による「民富」の発展が促され、またその政治的な果実は市民《ピューリタン》革命ともなったこと。

ここに、①と②の二つの条件が結びつくことで、「共同体」から自立し、擬制的な親子関係（親方関係）からも自立化した「成人した人間」として、神との内面の関係に基づいて経済や政治において自由に行動する、西欧型の近代的人間類型・市民的人間類型が出現した。きわめて図式化すれば、大塚はこう論じている。（――ちなみに、日本語の「職業」と言う言葉は、江戸時代の儒学の展開の中で独自に成立したものだと言われる。では、その場合の職業の「理念」は、ウェーバーや大塚の説く西洋近代の職業の理念とは、どのような関係にあるのだろうか）。

とはいえ、西洋の初期近代のこうした意識も、やがて「資本主義的営利」の意識へと世俗化を遂げる。「プロテスタントの職業倫理」は「資本主義の精神」へと変質する。人と人との関係としての経済は、商品と商品、貨幣と貨幣の関係に変容し、「資本主義下の人間疎外」が顕わになる。マルクスはこの状況の「止揚」を目指して資本主義を分析した。戦後初期の大塚のこれらの著作には、後年の著書『社会科学の方法・ウェーバーとマルクス』のテーマへの言及も、すでに見られるのは興味深い。

『近代化の人間的基礎』は、戦後日本の人間状況を診断し、『宗教改革と近代社会』は、参考事例としての西洋近代の精神史を論じている。

（柳父圀近）

『共同体の基礎理論』と『国民経済――その歴史的考察』

大塚久雄の目指した経済史研究の根本的な課題は、資本主義の発生と発展だが、その過程は同時に封建制の解体過程であり、また共同体の解体過程でもある。

『共同体の基礎理論』（初版一九五五年）は資本主義の前史としての前近代社会を特徴付ける共同体の本質、成立と解体の条件を総体として理論的に見通すための見取り図である。資本主義社会の理論的見取り図は経済理論であって、それは商品の生産と流通の論理を解明する。前近代社会の理論的見取り図は、土地の占取に注目する。それは資本主義社会の富の基礎形態が商品（そして貨幣）であるのに対して、前近代社会では土地が富の基礎形態であると考えられたからである。土地は生活手段・生活資料の天与の貯蔵庫であり、天与の労働の場所であり、原始的生産手段（棍棒や石器）の天与の武器庫であり、さらに、人間すらも「大地の付属物として、家畜とならんで、客観的な自然物の系列のうちに埋没して現れる」。原始の人の群は土地を共同で占取し、それが原始的な集団性の基礎となり、その後の共同体にも土地の共同所有は引き継がれるが、他方で、自然物を利用して生産された鋤鍬やザルなど労働用具と、農耕牧畜文明における共同体では土地の一部も私的所有されるという「固有の二元性」が発生する。大塚は共同体における所有の二元性を、共同体に固有な内的矛盾（生産力と生産関係の矛盾）といいかえても差し支えないと考えた。

したがって、共同体における私的所有の占める部分は、その共同体の成立する社会の生産力が高いほど拡大する。前近代の共同体の最後に登場するゲルマン的共同体にあっては、衣服や労働用具、家屋と庭・菜園のほか、すべての耕地・牧地が分割されて私的に所有され、相続の対象となっただけでなく、耕地・牧地の外側に広がる共有地（森林・原野・湖沼・池や川）の利用権（入会権）も分割されて私的に所有された。ここまで来れば、共同体が解体された社会、すなわち近代の資本主義を将来に展望することができる。

こうして『共同体の基礎理論』は前近代社会の理論的な見取り図であると同時に、資本主義への移行を可能にする条件が前近代社会の中にどのように用意されたのかを検討するための手掛かりでもある。

『国民経済』ははじめから一つの書物として書かれたのではなく、戦後二〇年の間にさまざまな機会に発表した小論を一九六五年にまとめて一書としたものである。しかし、そこには大塚の一貫した問題意識が貫かれている。第一は、近現代社会を特徴付ける富の基礎形態（商品・貨幣）が、資本主義社会を生み出す際にとる「民富（commonweal, Volksreichtum）」という形態の意義である。それは単なる貨幣資本ではなく、独立自由な中産的生産者、とくに自営農民たちによる自由闊達な経済活動が行われる場ないし、人間関係をも意味した。それゆえ、第二に、大塚の問題意識は、共同体を解体させながら現れる近代資本主義社会に特有な自由な諸個人の構成する社会構造に及んでいた。それは決して、孤立した経済主体が市場で単におのれの欲望・必要を満たすためだけに他者と取引関係に入るというドライな市場社会が形成されたのではなく、「国民」という語で括りうる何らかの凝集力を帯びた経済社会だったというのが大塚の意図である。第三は、国民経済とは国民経済計算（SNA）の単なる単位ではなく、それ自体として完結した経済圏をも意味している。他国の産業に依存した中継貿易型の経済では完結した経済圏は形成できないが、国内で社会的分業が高度に発展して、必要とされるもののほとんどが国内で生産され、国内で消費される自立した経済圏の形成こそが近代資本主義の地理的・経済的な容器となったというのが大塚の主張である。

（小野塚知二）

『社会科学の方法』と『社会科学における人間』

社会現象の理解を課題とする社会科学はどのような方法を用いるのか。経済的利害こそ規定的要因だとする当時の有力な見方(マルクスの唯物史観)に、ヴェーバーのいう「文化諸領域の固有法則性」を対置し、従来の「マルクスかヴェーバーか」を「マルクスとヴェーバー」に書き換えた大塚の『社会科学の方法』(一九六六)は多くの読者を得た。人は経済・政治・法・宗教・性愛・倫理・審美など、様々な文化領域にまたがって生きる。たしかに経済的利害関心は日常的に大きな規定力をもち、行為の強い推進力である。だが行為の向かう方向は、人それぞれに願う望ましい状態である。「いま」と比べ、もっといい経済状態、より美しい世界、より多き善や正義、もっと公平な社会など。例えば法という文化領域では正義や衡平が求められる。そして衡平性を高める力は、経済とは相対的に独自な「法」領域に固有の自律性をもって、歴史的に発展してくる。各領域に独自の合理化が進行するのである。ある時ある所に一定の経済的利害状況があったとして、そこでの法的領域での行為のあり方は、法の世界に固有な利害関心と日常を規制する経済的利害関心両方の影響を受けるだろう。法と経済とは、そのコアにある運動モメントが異なるから、対立し反発するかもしれぬし、惹きあって重なるかもしれない。大塚は、この反発と親和の動態をヴェーバーに倣って「緊張」関係と呼ぶ。文化諸領域それぞれが相互にこの緊張関係に立っている。こう考えると、歴史・社会とは、人の営みのなかに生まれた文化諸領域の固有法則性が緊張関係をなしている場である、と見えてくる。ヴェーバーを読み込んだ大塚は、諸領域の中でもとくに経済と宗教(思想)が重要であり、それゆえマルクスとヴェーバーの方法が相補関係をなす、と論じた。マルクスも非経済諸領域が経済から相対的に自立しているとは言うが、その中味は説明しなかった。それでもマルクス主義が強い影響力を持ち得たことを、大塚は一元論の強さがその理由だ、と受け止めた。

マルクスの『経済学批判・序説』冒頭節は、通例「社会において生産をおこなう諸個人、したがって諸個人の社会的に規定された生産が出発点である」と訳されるが、大塚は「社会をなして生産しつつある諸個人」と訳す。あらゆる社会現象は諸個人の行為連関から成っている。その個人がどのような性質をもつ人間かによって、社会的行為も経済を含む社会現象も変わってこよう。ここから次の研究プログラムが生まれる。すなわち、出発点としての人間にこだわり、その類型的特質の深い理解から多様な経済社会現象の説得的な説明を行おう、というもので、この研究方向の意義を論じたのが『社会科学における人間』（一九七七）である。この書で大塚は、D・デフォーの小説に素材を取り、近代の合理的な産業経営資本主義をつくりあげた「ロビンソン的人間類型」を説明し、併せて大塚史学の基本線を説いた。また資本主義が「自然発生的分業」から発展する過程を描き、そこにマルクスのいう「物神性」、つまり「人はモノのお付き」状況が現れることを説明する。だがロビンソンとは異なる人間類型を前提としたとき、『資本論』や近代の経済学は普遍的な説明能力をもつだろうか。大塚は、マルクスにこの予感があり、彼には人間類型論の萌芽があった、とした。そしてヴェーバーの宗教社会学研究から、世界宗教の諸地域に独自の人間類型が析出できることを学べば、西洋出自の近代的社会科学の限界が理解でき、文化人類学・比較文化研究等の進展によって新たな知見や洞察が得られる、とした。

大塚のマルクス理解については、短いものだが、石崎津義男『大塚久雄　人と学問』（みすず書房、二〇〇六年）に付された「資本論講義」が参考になる。

（小林　純）

『生活の貧しさと心の貧しさ』と『意味喪失の時代に生きる』

大塚久雄は専門の経済史研究とは別に、折に触れ、矢内原忠雄、森有正、湯川秀樹、内田義彦などの著名な学者と「対談」をしている。また、内村鑑三（無教会主義）の流れを汲むキリスト者でもあったことから、求めに応じて、専門分野を越えた「執筆」やキリスト教関連の「講演」もおこなっている。執筆物を含め、そうした「対談」や「講演」を集めたものが、この二著の内容である。ただし、教会（国際基督教大学の礼拝堂）で講演をする場合でも、大塚は専門の伝道者ではなかったから、直接、福音を説くなどの伝道活動はしていない。あくまでも平信徒、一般信徒の立場から、いち社会科学者として、とくにヴェーバーの宗教社会学の概念を駆使して、信仰と世俗、学問（科学）と信仰、信仰と社会など、この世界のさまざまな営み（文化諸領域）と信仰との接点を扱っているのである。実は、このアプローチの仕方こそが大塚の醍醐味でもあり、特徴的なこととして記憶される必要がある。

前著の「はしがき」において大塚は、さまざまな機会に語られたものにもかかわらず、一書にしてみると「全体を貫いて何か一本の線が通っているように感じられる」と書いているが、読者としてこの二冊の本を読んでみると、そうした記述どおりに、後著も含め、大塚の立場や視点が終始一貫していたことに気づかされるであろう。

それでは、その一貫性を形づくる要素はなんであったのか。まず、大塚が好んで用いる言葉に「真理」や「真実」、それに対する「畏敬の念」がある。これは、真理愛を前提とした「事実を事実とする態度」「正しいことを正しいとして勇敢に主張するという心情」と言いかえられる。大塚のこうした発言の根底には、内村鑑三の「事実の信仰」(「事実の子たれよ。理論の奴隷たるなかれ」)が横たわっている。

ついで、大塚の眼差しで印象的なのは、政治的に「虐げられている者」、経済的に「貧しい者」「無きに等しい者」、能力的に「無力で無知な人々」、人生の「苦難のなかにある人々」など、言わば、そうした社会的弱者に対する救済を「苦難の神義論」(この世界における諸々の苦難を通じての神の「義の実現」)から告知した点である。物質的な欠乏から生じる「生活の貧しさ」と並んで、個々人の「名誉感の喪失」や「生きる意味の喪失」(「心の貧しさ」)からの救済も、同様である。大病のために大きな手術を経験し、何度も「苦痛」を味わった大塚ならではの説得力がそこにはある。

そして、大塚にとり、富者や貧者とは関係なく、現代社会に共通の深刻な問題として意識されるのが、「世界の無意味化」「世界の意味喪失」という現象である。何らかの設定された目標を達成するための「形式合理性」(数量化、数字化)の貫徹が、もともと存在した目標(価値意識)を遠のけ、「数字のロマンティシズム」の加速化とともに「無意味化」「意味喪失」を引き起こすという事態。こうした事態に対処する方法を大塚は、正しい意味での「宗教の復位」に求めている。

対談を含む、この二つの講演集は、大塚久雄の経済史学の背後にある価値意識(「知るに値するもの」)を知るためにも、重要な二冊である。大塚は「問題の中心は、この意味を喪失してただ自己運動する機械のようになってしまった世界を、もう一度生き生きした価値の世界に結びつけ、……文化諸領域相互の間に統一とバランスを取り戻すことにあるからです」(「世俗化のなかの宗教」)と唱える。「生き生きした価値の世界」を謳う大塚の価値の源泉はどこにあったのだろか。それをたどることは、大塚の経済史研究の問題の立て方を解明する手がかりともなるだろう。

(須永　隆)

あとがき

本書はまえがきにも記されているとおり、二〇一六年一一月一九日に催された「大塚久雄没後二〇年記念シンポジウム――資本主義と共同体」の成果を一書にまとめたものである。

大塚久雄の没後二十年を経て、現在の世界・社会のありさまを睨みながら、大塚の学問的な遺産を改めて棚卸しして、大塚の編み出したさまざまな概念や方法に積もった埃を払い、今も使えるものと、補修を施したうえで使えるものと、大塚の遺産には足りなかったものを炙り出そうという、現時点での大塚再訪が、シンポジウム参加者に共通した意図であったと思う。

大塚の学問的関心の中心は、何よりも、封建制の中からいかにして資本主義が発生し、発展し、定着したかということにあったが、その結果できあがった資本主義社会には、何の共同性も存在していないかのような誤解をしばしば招いた。確かに、大塚自身も繰り返し明言したように、資本主義の発展過程は伝統的な共同体の最終的な解体局面である。また、資本主義・市場経済とは、各経済主体の間には何の関係もない孤立した状態であり、それを市場が結果として調整するといった通俗的解釈が経済学の世界では広く受け容れられていた。

大塚からじかに教えを受けた者たちの間では、近代資本主義社会における、人の共同性を否定することは大塚の真意ではなかったと回想されている。しかし、大塚が実際に書き残したものは、近代人の独立・自尊・自発性を強調し、また、近代人の隣人愛の実践に注目はするが、近代人の共同性・社会性については、『共同体の基礎理論』のようにまとまった形では、明瞭な議論を示していない。

そこで、本書、殊に第一部では、大塚の遺産を、コモンウィール、アソシエーション（協同性）、国民経済、国民と国家、宗教コミュニティーという五つの、いずれも近代の共同性に関わる主題に即して、棚卸しして、資産評価することを試みた。その結果どのような評価がなされたかは、本書全体をお読みいただくほかないが、おそらくは、大塚が残した概念や方法の現在における静態的な価値だけでなく、大塚が近代資本主義の形成過程を認識する際に、より広くは経済を歴史的に把握する際に、戦前、戦時、戦後、高度経済成長期と大学紛争期、そして高度成長が終焉し、「バブル」を経験するにいたるまでの日本において、いかなる問題意識を持続させていたのか、その学問的営為の基礎的な動因や関心事にまで本書の評価は及んでいるであろう。その意味で、本書は単なる遺産評価ではなく、いま、大塚の学問の成果を動態的に継承しうるとしたなら、何を考えるべきかについての、現時点の覚書という性格を有する。

本書の執筆者はみな、そのことに何らかの意義があると考えているのだが、日本の経済学・歴史学をはじめとした人文社会科学の世界ですでに半ば以上は忘れ去られつつある大塚久雄を取り上げた書物を刊行するのが、現今の出版界の状況では決して容易なことではないのは想像に難くない。日本経済評論社は、そうした本書の刊行を快く引き受けてくださっただけでなく、編集者の新井由紀子さんと吉田桃子さんからはいくつもの有益な助言を頂戴して、本書は完成し、日の目を見ることができた。心よりお礼を申し上げたい。

二〇一七年一〇月の土曜日午後の研究室にて

小野塚知二

近《こん》藤《どう》正《まさ》臣《おみ》（二部 IX）

大東文化大学名誉教授．1942 年生まれ．1976 年国際基督教大学修士課程修了

主要業績：Hisao Otsuka, tr. Masaomi Kondo, The Spirit of Capitalism: The Max Weber Thesis in an Economic Historical Perspective（岩波書店，1982 年），『開発と自立の経済学――比較経済史的アプローチ』（同文館，1989 年），『オーストラリアを創った文人政治家　アルフレッド・ディーキン』（明石書店，2013 年）ほか．

上《うえ》野《の》正《まさ》治《じ》（二部 X）

1935 年生まれ．1960 年東北大学大学院文学研究科修士課程修了．

主要業績：『大塚久雄著作ノート』（編著，図書新聞社，1965 年），「経済史学――体制内での体制批判」（長幸男・住谷一彦編『近代日本経済思想史 II』所収，有斐閣，1971 年），「東ドイツ植民とグーツヘルシャフトの成立」（東北史学会『歴史』63 輯，1984 年），「戦後福島におけるコングレガシオン・ド・ノートルダム修道会の一展開」（桜の聖母短期大学人間学研究所所報 16 号，2011 年）ほか．

高《たか》嶋《しま》修《しゅう》一《いち》（二部 XI）

青山学院大学経済学部教授．1975 年生まれ．2004 年東京大学大学院経済学研究科博士課程単位取得退学，博士（経済学）．

主要業績：『都市近郊の耕地整理と地域社会――東京・世田谷の郊外開発』（日本経済評論社，2013 年），『近代日本の装置と統治』（鈴木勇一郎・松本洋幸と共編著，日本経済評論社，2013 年），『都市の公共と非公共――20 世紀の日本と東アジア』（名武なつ紀と共編著，日本経済評論社，2013 年）ほか．

斎《さい》藤《とう》　修《おさむ》 (二部 IV)

一橋大学名誉教授．1946 年生まれ．1968 年慶應義塾大学経済学部卒業．
主要業績：『比較経済発展論』(岩波書店，2008 年)，『新版　比較史の遠近法』(書籍工房早山，2015 年)，'Growth and inequality in the Great and Little Divergence debate' (Economic History Review, vol. 68, 2015) ほか．

道《みち》重《しげ》一《いち》郎《ろう》 (二部 V)

東洋大学経済学部教授．1953 年生まれ．1985 年立教大学大学院経済学研究科博士課程後期課程満期退学．経済学博士．
主要業績：『イギリス流通史研究』(日本経済評論社，1989 年)，「大塚久雄と松田智雄」(住谷一彦，和田強編『歴史への視線』日本経済評論社，1998 年) 所収，『18 世紀イギリス都市空間を探る』(中野忠，唐沢達之と共編著，刀水書房，2012 年)，『英国を知る』(編著，同学社，2016 年)．

平《ひら》出《いで》尚《なお》道《みち》 (二部 VI)

青山学院大学経済学部教授．1962 年生まれ．1990 年東京大学大学院経済学研究科第二種博士課程単位取得退学．
主要業績：「南北戦争前のアメリカ経済」(馬場哲・小野塚知二編『西洋経済史学』東京大学出版会，2001 年)，「アメリカ型資本主義の創出と経済政策思想」(加藤榮一・馬場宏二・三和良一編『資本主義はどこに行くのか』東京大学出版会，2004 年)，「18・19 世紀スコットランド・ハイランドにおける麻工業」(『青山経済論集』第 59 巻 4 号，2008 年) ほか．

村《むら》松《まつ》　晋《すすむ》 (二部 VII)

聖学院大学人文学部日本文化学科教授．1970 年生まれ．2000 年筑波大学大学院歴史・人類学研究科史学専攻修了，博士 (文学)．
主要業績：『三谷隆正の研究――信仰・国家・歴史』(刀水書房，2001 年)，『近代日本精神史の位相――キリスト教をめぐる思索と経験』(聖学院大学出版会，2014 年)，「近代日本のキリスト者と〈自由〉の位相――柏木義円と『天皇の赤子 (せきし)』論」(『ピューリタニズム研究』第 11 号，日本ピューリタニズム学会，2017 年 3 月) ほか．

肥《ひ》前《ぜん》榮《えい》一《いち》 (二部 VIII)

東京大学名誉教授．1935 年生まれ．1962 年京都大学大学院経済学研究科博士課程単位修得退学，博士 (経済学)．
主要業績：『ドイツ経済政策史序説――プロイセン的進化の史的構造』(未来社，1973 年)，『ドイツとロシア――比較経済史の一領域』(未来社，1986 年)，『比較史のなかのドイツ農村社会――『ドイツとロシア』再考』(未来社，2008 年) ほか．

修了．博士・法学．
主要業績：『ウェーバーとトレルチ――支配と宗教についての試論』（みすず書房，1983年），『エートスとクラトス――政治思想史における宗教の問題』（創文社，1992年），『政治と宗教――ウェーバー研究者の視座から』（創文社，2010年），『日本的プロテスタンティズムの政治思想――無教会における「国家と宗教」』（新教出版社，2016年）．

須《す》永《なが》　隆《たかし》（第5章）
亜細亜大学経済学部教授．1957年生まれ．1989年早稲田大学大学院商学研究科博士後期課程単位取得退学．
主要業績：『歴史のなかの現代――西洋・アジア・日本』（共著，ミネルヴァ書房，1999年），『近代ヨーロッパの探求③　教会』（共著，ミネルヴァ書房，2000年），『Book & Bootsによる経済史概論〈アジアの自立と共生をめざして〉』（増補新版）（共著，亜細亜大学，2002年），『プロテスタント亡命難民の経済史』（昭和堂，2010年）．

石《いし》井《い》寛《かん》治《じ》（二部I）
東京大学名誉教授，日本学士院会員．1938年生まれ．1965年東京大学大学院経済学研究科博士課程単位取得退学．経済学博士．
主要業績：『日本蚕糸業史分析』（東京大学出版会，1972年），『近代日本とイギリス資本』（東京大学出版会，1984年），『経済発展と両替商金融』（有斐閣，2007年），『資本主義日本の歴史構造』（東京大学出版会，2015年）．

保《ほ》立《たて》道《みち》久《ひさ》（二部II）
東京大学名誉教授．1948年生まれ．1975年東京都立大学人文科学研究科修士課程修了．東京大学史料編纂所教授，同所長を経て現職．
主要業績：『物語の中世』（東京大学出版会，1998年），『黄金国家――東アジアと平安日本』（青木書店，2004年），『歴史学をみつめ直す――封建制概念の放棄』（校倉書房，2004年），『歴史のなかの大地動乱』（岩波新書，2012年），『中世の国土高権と天皇・武家』（校倉書房，2015年）ほか．

河《かわ》合《い》康《やす》夫《お》（二部III）
武蔵大学経済学部教授．1960年生まれ．1987年東京大学大学院経済学研究科第二種博士課程単位取得退学，経済学博士．
主要業績：『西洋経済史学』（馬場哲・小野塚知二編，東京大学出版会，2001年），『マルサスと同時代人たち』（飯田裕康・出雲雅志・柳田芳伸編著，日本経済評論社，2006年），『第一次世界大戦開戦原因の再検討　国際分業と民衆心理』（小野塚知二編著，岩波書店，2014年）ほか．

執筆者紹介（＊印は編著）

梅津順一《うめつじゅんいち》（序章）＊
青山学院大学総合文化政策学部教授，学校法人青山学院院長．1947年生まれ．1978年東京大学大学院経済学研究科博士課程単位取得満期退学．経済学博士．
主要業績：『ヴェーバーとピューリタニズム――神と富との間』（新教出版社，2010年），『近代経済人の宗教的根源：ヴェーバー，バクスター，スミス』（みすず書房，1989年），『日本国を建てるもの：信仰・教育・公共性』（新教出版社，2016年）ほか．

齋藤英里《さいとうえいり》（第1章）
武蔵野大学経済学部教授．1955年生まれ．1986年慶應義塾大学大学院経済学研究科博士課程単位修得退学．
主要業績：『アイルランドの経験――植民・ナショナリズム・国際統合』（共著，法政大学出版局，2009年），‘Otsuka Hisao (1907-1996)’ in Hugh Cortazzi (com. & ed.) *Britain and Japan: Biographical Portraits* Vol. VIII (Global Oriental, 2013)，「大塚久雄の比較経済史研究――英蘭比較のなかの日本」（『日本経済思想史研究』第15号，2015年）ほか．

小野塚知二《おのづかともじ》（第2章）＊
東京大学大学院経済学研究科教授．1957年生まれ．1987年東京大学大学院経済学研究科第二種博士課程単位取得退学，博士（経済学）．
主要業績：『クラフト的規制の起源――19世紀イギリス機械産業』（有斐閣，2001年），『大塚久雄『共同体の基礎理論』を読み直す』（沼尻晃伸と共編著，日本経済評論社，2007年），『労務管理の生成と終焉』（榎一江と共編著，日本経済評論社，2014年），『第一次世界大戦開戦原因の再検討――国際分業と民衆心理』（編著，岩波書店，2014年）ほか．

小林　純《こばやしじゅん》（第3章）
立教大学名誉教授．1950年生まれ．1981年立教大学大学院経済学研究科博士課程単位取得退学．
主要業績：『ヴェーバー経済社会学への接近』（日本経済評論社，2010年），『ドイツ経済思想史論集I/II/III』（唯学書房，2012/2012/2015年），『マックス・ヴェーバー講義』（唯学書房，2015年），『続ヴェーバー講義　政治経済篇』（唯学書房，2016年），『マックス・ヴェーバー研究の現在』（宇都宮京子・中野敏男・水林彪と共編著，2016年）．

柳父圀近《やぎゅうくにちか》（第4章）
東北大学名誉教授．1946年生まれ．1976年一橋大学大学院社会学研究科博士課程

大塚久雄から資本主義と共同体を考える
コモンウィール・結社・ネーション

2018年1月20日　第1刷発行

定価（本体3000円＋税）

編著者　梅津順一
　　　　小野塚知二

発行者　柿﨑均

発行所　株式会社日本経済評論社

〒101-0062 東京都千代田区神田駿河台 1-7-7
電話 03-5577-7286　FAX 03-5577-2803
URL：http://www.nikkeihyo.co.jp
振替 00130-3-157198

装幀・渡辺美知子　　印刷・文昇堂／製本・誠製本

落丁本・乱丁本はお取り換え致します　Printed in Japan

ISBN978-4-8188-2483-6